NEUE INDISCHE BIBLIOTHEK

Intime Beziehungen

NEUE INDISCHE BIBLIOTHEK
NIB

Sammlung von Direktübersetzungen aus den Literaturen Südasiens
Begründet von Lothar Lutze und Wolf Mersch

Band 20

Sudhir Kakar
Intime Beziehungen

Erotik und Sexualität in Indien

Deutsch von Thomas Marti

Waldgut

Für Elisabeth und Manfred,
Anita und Vikram

Der Titel der Originalausgabe lautet
Intimate Relations
und ist 1989 bei Penguin Books,
Indien, erschienen

Deutsch von Thomas Marti

Gestaltung und Satz
Atelier Bodoni Frauenfeld
Druck und Einband
Wiener Verlag Himberg

ISBN 3 7294 0120 3

Verlag Im Waldgut
Industriestraße 21
CH-8500 Frauenfeld

Inhalt

Dank

Dieses Buch entstand hauptsächlich während der zwei Stipendienjahre, die mir die Nehru Fellowship gewährte. Ursprünglich war eine Studie über die Beziehungen innerhalb der indischen Familie geplant, die sich an volkstümlichen Erzählungen orientieren sollte. Das Hauptinteresse beschränkte sich aber schon bald auf die Beziehungen zwischen den Geschlechtern, gleichzeitig wurden weitere Überlieferungen einbezogen. Ich bin dem *Jawaharlal Nehru Memorial Fund* für die finanzielle Unterstützung dankbar.

Ich schätze mich auch glücklich, in der Schuld von Dr. Renuka Singh zu stehen. Ihre einfühlsamen und fachkundigen Interviews mit Frauen aus den Slums von Delhi bilden die Grundlage für das fünfte Kapitel.

Teile dieses Buchs wurden in geraffter Form bei diversen Anlässen präsentiert. Die Kapitel zwei und drei wurden erstmals im Rahmen der *George de Vos Lectures* an der Anthropologischen Fakultät der Universität von Kalifornien in Berkeley vorgetragen. Kapitel zwei bildete die Grundlage für einen Vortrag an der Soziologischen Fakultät der Universität von Delhi. Kapitel sechs wurde am Seminar für Soziologie des *Institute of Advanced Studies* in Princeton, an der anthropologischen Fakultät der Universität Princeton und an der Fakultät für politische Wissenschaften der Cornell Universität präsentiert. Ich möchte meinem Freund John Ross für seine Kommentare und Vorschläge danken. Kapitel sieben wurde an der Konferenz über menschliche Entwicklung an der Universität von Chicago, der Schweizerischen Gesellschaft für Psychoanalyse in Zürich und dem Zweiten Internationalen Psychoanalytischen Symposium in Delhi präsentiert. Es wurde unter dem Titel ‹The Maternal-Feminine in Indian Psychoanalysis› in der *International Review of Psychoanalysis* veröffentlicht, und ich bin dem Institut für Psychoanalyse in London für das Abdruckrecht dankbar. Schließlich möchte ich Jayashree und R. Shankar vom *Centre for the Study of Developing Societies* für ihre Hilfe bei der Vorbereitung des Manuskripts danken.

1 Einleitung

Dieses Buch ist eine psychologische Studie über die Beziehung zwischen den Geschlechtern in Indien. Es beschäftigt sich mit Frauen und Männern, mit Liebespaaren, Ehemännern und Ehefrauen. Sie alle leben in jenem intimen Verhältnis, in dem wir für das andere Geschlecht in erfrischender Weise offen und gleichzeitigt äußerst verletzbar sind. Dieses Buch untersucht auch die indische «Geschlechterpolitik» und deren besondere Gefühlssprache. Dabei können die Vorstellungen dieser Kultur über die Organisation der geschlechtlichen Beziehungen ebensowenig übergangen werden wie die Abweichungen von den kulturellen Vorschriften. Aber der Hauptpfad, den ich für mein Vorhaben gewählt habe, windet sich durch ein Gelände, das aus den intimen Phantasien der Menschen geformt wurde. Es ist eine Landschaft, die von den zumeist verborgenen Erwartungen und Ängsten geformt wurde, die Männer und Frauen gegeneinander und gegenüber ihren sexuellen Begegnungen hegen. Was ich aufdecken und hervorheben will, ist der *Oneiros* (Traum) in der indischen Eros-Erzählung, insbesondere die Träume der Frauen, der Heldinnen der Erzählungen.

«Erzählung» bedeutet hier nicht bloß eine sprachliche Figur, sondern das von mir gewählte Vehikel für die Untersuchung. Ihr einzigartiger Wert beim Studium indischer Geschlechterbeziehungen – wie das Studium kultureller Phänomene Indiens überhaupt – verlangt nach einer genaueren Erläuterung. Der Zauber der Geschichten hat in der mündlichen Überlieferung Indiens schon immer eine besondere Macht ausgeübt, und die Inder haben versucht, zentrale und kollektive Inhalte erzählerisch auszudrücken. Während der Westen im zwanzigsten Jahrhundert Philosophie, Dichtung und andere humanistische Bestandteile aus den integrierten Erzähl-Strukturen herausgerissen hat, um sie zu Forschungsobjekten gesonderter Geisteswissenschaften zu machen, ist die Dichtung in Indien weiterhin das bevorzugte Medium zur Lehre und Vermittlung des psychologischen, metaphysischen und sozialen Denkens.

Die Erzählung ist deshalb in erster Linie eine Art des Denkens, eine Art, komplexe Situationen zu erfassen, ein Mittel zur

Erkundung der Wirklichkeit. Richard Shweder sagte im Zusammenhang mit seinen ethnographischen Erfahrungen in Orissa, wenn ein orthodoxer Hindu die Richtigkeit seiner Behauptung beweisen wolle, wenn er seine Ansicht von der Welt – oder wie diese sein sollte – vermitteln wolle, könne man fast sicher sein, daß er seine Erklärungen in jener Tonlage beginne, in der auch der Satz «Laß dir eine Geschichte erzählen» ausgesprochen wird.[1] Die Ansicht, daß die in Epen und Schriften festgehaltenen oder mündlich in den jeweiligen regionalen Versionen überlieferten Geschichten die Antworten der Vorfahren auf die existentiellen Nöte enthalten, daß sie das Destillat ihrer Erfahrungen mit dieser Welt vermitteln, ist weit verbreitet. Die meisten orthodoxen Hindus betrachten Erzählungen als vollkommene Führer zur kausalen Struktur der Wirklichkeit. Der Mythos mit seiner grundlegenden Funktion als Deuter natürlicher und kultureller Phänomene, als «Organisator» von Erfahrungen stellt wahrhaftig den Kern der Dinge dar.

Die Art und Weise, wie die traditionellen Inder in der Erzählung verwurzelt sind, ist für moderne Menschen – ob Inder oder Westler – schwer vorstellbar. Die Geschichten, die sie hören, in Dramen und im Kino sehen, und die Geschichten, die sie selber erzählen, werden in ihre eigene Lebensgeschichte ein- und umgearbeitet. Während einer Zeitspanne kann jemand auch am Schnittpunkt mehrerer Geschichten leben, sowohl seiner eigenen wie derjenigen von Helden und Göttern. In ihrer Arbeit über die tamilische Familie vergleicht Margaret Egnor diese Geschichten mit körperlosen Geistern, die während einer unterschiedlich langen Dauer von Frauen und Männern (manchmal buchstäblich) Besitz ergreifen können.[2] Wer den indischen Menschen und vor allem seine Ängste und Sehnsüchte – und damit seine Phantasien – verstehen will, muß die Bedeutung seiner Geschichten kennen.

Woher stammt die ausgeprägte Neigung der Inder, Geschichten, Erzählungen zur Gestaltung einer zusammenhängenden, integrierten Welt zu benutzen? Warum ist die Bevorzugung der Sprache, von Bildern und Symbolen gegenüber eher abstrakten und konzeptionellen Formulierungen eine so hervorstechende Eigenschaft des indischen Denkens, der indischen Kultur? Diese Vorliebe gründet zum Teil darauf, daß

Menschen, komplexe Angelegenheiten eher verstehen, wenn sie in Geschichtenform präsentiert werden, als wenn sie in Form allgemeiner Konzepte vermittelt werden. Damit soll aber nicht gesagt sein, daß das Konzeptionelle dem Symbolischen, daß das Paradigmatische dem Erzählerischen, oder daß die nüchterne Definitionskunst dem Vergnügen an der Konnotation überlegen wäre. Vielleicht ist die Dichtung mit ihrer Konkretheit, mit ihrem metaphorischen Reichtum tatsächlich der bessere Weg zu den Tiefen der Gefühle und der Vorstellungskraft, zum Kern des menschlichen Geistes und zu dem, was Oliver Sacks das «melodische und landschaftliche Wesen des inneren Lebens, das Proustsche Wesen von Erinnerung und Verstand» nannte.[3] Denn es könnte sein, so meint Sacks weiter, daß die letztendliche Realität – wie das Gehirn auch – Erfahrungen und Taten ikonografisch aufzeichnet und damit tatsächlich «Kunst» ist, auch wenn die vorausgehenden Formen der zerebralen Darstellung berechnend und programmatisch sind.[4]

Abgesehen von Erklärungen aus der Gehirnphysiologie wurzelt die indische Begeisterung für das Erzählerische (und Dramatische) in einer der dauerhaftesten, in größten Ehren gehaltenen Überzeugung der Kultur. Diese spezielle Überzeugung geht davon aus, daß jenseits der mitteilbaren, verifizierbaren, empirischen Wirklichkeit unserer Welt, unserer Körper und unserer Gefühle eine andere, höhere Stufe der Wirklichkeit existiert. Ein Grundwert der meisten hinduistischen und buddhistischen Schulen, der Glaube an die Existenz einer «letztendlichen» Wirklichkeit (die zur alltäglichen Wirklichkeit in derselben Beziehung steht wie die alltägliche Wirklichkeit zum Traum) stellt eine unbestrittene Wahrheit der hinduistischen Kultur dar. Dieser Glaube ist der rote Faden, der die Lehren unzähliger Gurus, Swamis und anderer Mystiker verbindet. Das Erfassen dieser letztendlichen Realität gilt als höchstes Ziel des menschlichen Lebens. Von ihr wird gesagt, sie sei begrifflich nicht erfaßbar, sie liege jenseits des Verstandes. Das intellektuelle Denken, die Naturwissenschaften und andere rationale Systeme, die die Beschaffenheit der empirischen Welt zu begreifen versuchen, haben deshalb einen geringeren Stellenwert als die Meditationspraktiken und sogar die Kunst. Wie Robert Goldman festgestellt hat, wird zwischen ästhetischen und mystischen Erfahrungen eine enge Verwandtschaft gesehen, so daß die ästhetische Kraft der Musik und der Dichtkunst, einer gut erzählten Geschichte oder eines gut gespielten Schauspiels diese fast wirklicher macht als das Leben.[5] Darüber hinaus kann die letztendliche Realität nur durch die Erfahrung begriffen werden. Deshalb kann ihr Klang, ihr Geschmack und ihr Bezug zum gewöhnlichen Leben der Mehrheit der uneingeweihten Menschen am besten durch Geschichten (Mythos, Fabel, Parabel, Erzählung) vermittelt werden, wodurch das Ansehen der Erzählkunst weiter steigt. Da wundert es nicht, daß die Unterbrechung einer Geschichte als ebenso große Sünde galt wie der Mord an einem Brahmanen.[6]

Durch den sinkenden Einfluß des logischen Positivismus im westlichen Denken und das Aufgeben universalistischer und ahistorischer Ansprüche in den Human- und Gesellschaftswissenschaften ist die traditionelle indische Sicht nicht mehr weit von dem entfernt, was einige Gesellschaftswissenschaftler der neuen Generation vertreten. Viele Psychologen sind z.B. der Ansicht, daß das erzählerische Denken (Storying) auf seinem angestammten Gebiet – der alltäglichen zwischenmenschlichen Erfahrung – nicht nur eine erfolgreiche, sondern die effizienteste Methode zur Organisation von Wahrnehmung, Gedanken, Erinnerung und Handeln darstellt.[7] Andere sind davon überzeugt, daß es für das Verständnis einer Gesellschaft keine bessere Methode gibt als das Studium ihrer Geschichten, ihres dramatischen Reichtums.[8] Psychoanalytiker kommen natürlich gut mit der indischen Vorliebe für die Geschichte als Sammlung psychologischer Wahrheiten zurecht. Ihr Vorgehen hat schon immer darin bestanden, dem Patienten beim Aufbau einer umfassenden, zuvor unterdrückte und verleugnete Aspekte des Selbst einbeziehenden Selbst-Schilderung behilflich zu sein, was zu einem besseren Verständnis der Symptome und des Verhaltens führt. Nach einer von Ricouer, Habermas, Steele und anderen formulierten, einflußreichen Richtung besteht die Psychoanalyse im wesentlichen aus dem Erzählen und Wieder-Erzählen einer bestimmten Lebensgeschichte.[9] Demzufolge ist die Auslegung in der Psychoanalyse eher erzählerisch als hypothetisch-deduktiv. Ihre «Wahrheit» liegt in der bestätigenden Konstellation aus Zusammenhang, Dichte und erzählerischer Verständlichkeit. Was der Analytiker und der Patient sonst auch tun mögen – sie arbeiten gemeinsam an der Erschaffung einer persönlichen Lebensgeschichte.

Die Geschichte über die Geschlechterbeziehungen, die ich hier zu erzählen versuche, ist umfassender. Sie setzt sich aus vielen Fäden zusammen, die in die indische Imagination eingewoben sind. Es gibt Geschichten, die vom Volk erzählt werden, und es gibt die Mythen, die von den Familienältesten und den religiösen Geschichtenerzählern vorgetragen oder von Schauspielern und Tänzern aufgeführt werden. Diese waren und sind natürlich für Studenten der Kulturanthropologie seit jeher von Interesse. Heute haben wir darüber hinaus populäre Filme sowie moderne Romane und Schauspiele, die traditionelle gesellschaftliche Anliegen in zeitgenössischer Aufmachung präsentieren. Ich bin mir – zumindest was die indische Gesellschaft angeht, in der sich der Individualismus noch heute erst zaghaft bemerkbar macht – schon immer bewußt gewesen, daß die Unterscheidung zwischen Volkserzählungen und Mythen als Produkte kollektiver Phantasie auf der einen, und Filme und Literatur als individuelle Schöpfungen auf der anderen Seite nicht leicht aufrechtzuerhalten ist. Mythen und Volkserzählungen enthalten fast immer individuelle Variationen des Erzählers, der sich durch das Weglassen oder Hinzufügen von Details, durch seine Akzentuierung von allen anderen Stimmen im großen Chor unterscheidbar macht. Andererseits liegen die meisten indischen Romane in ihrem Geist näher an der literarischen Tradition des neunzehnten Jahrhunderts wie sie zum Beispiel von Dickens, Balzac oder Stendhal repräsentiert wird. Das wichtigste Merkmal dieser literarischen Werke besteht in den großen sozialen und moralischen Folgen, die die Erfahrungen ihrer Romanfiguren nach sich ziehen. Anders gesagt: Die indische Literatur mit ihren vielen regionalen Sprachen versucht, die jeweilige Gesellschaft mit ihren Kämpfen, Phantasien, Schicksalen, Hoffnungen und Ängsten ihrer erfundenen Gestalten in Miniaturform darzustellen. Einer der bekanntesten Hindi-Romane aus der Zeit nach der Unabhängigkeit, Phanishwarnath Renus ‹Maila Nachal›, geht noch weiter, indem er nicht ein Individuum, sondern ein ganzes Dorf in den Mittelpunkt stellt. Vielleicht könnte man sagen, Romane, Filme, Erzählungen und Mythen bildeten eine Reihe, die vom Ausdruck individueller Schicksale bis zu kollektiven Bestrebungen reicht. Die Gestalten jeder Erzählform dienen in unterschiedlichem Maße als symbolische Enthüller eines viel größeren Universums.

Zusätzlich zu den oben erwähnten Erzählformen habe ich auch andere Texte, wie zum Beispiel Autobiographien und Krankengeschichten verwendet. Auch bei diesen handelt es sich um strategisch plazierte Zugänge zur Arena der intimen Beziehungen, weil sie Lebensgeschichten mit Hilfe der Imagination rekonstruieren, und weil sie bei der Suche nach der autobiografischen Wahrheit Fakt und Fiktion kombinieren.

Meine eigene, hier vorliegende Geschichte ist von der psychoanalytischen Perspektive geprägt. Sie bedarf sowohl einer besonderen Form der Imagination als auch eines Interpretationsmodells. Ähnlich der besonderen Sachkenntnis, die einen Literaturkritiker dazu befähigt, ein Gedicht zu verstehen, indem er seine linguistischen Sequenzen in literarische Gliederungen und Inhalte umwandelt, gibt es auch eine besondere Art des psychoanalytischen Lesens (der Äußerungen des Patienten, einer Erzählung oder eines Mythos). Wie wir später sehen werden, wird allerdings nicht jede Erzählart in der genau gleichen Weise gelesen. Die durch didaktische Analyse, klinische Ausbildung und Erfahrung entwickelte «psychoanalytische Kompetenz» (Donald Spence) besteht aus bestimmten Konventionen, die das Allgemeinverständnis des Materials und den Sinn für die wichtigsten Bedeutungseinheiten des Analytikers beeinflussen.[10] Einige dieser Konventionen möchte ich hier aufführen: Erstens gibt es die Konvention der *thematischen Einheit,* insbesondere die Existenz einer tieferliegenden Gemeinsamkeit von separaten, versteckten Einzelheiten – ganz gleich, ob sie aus der Therapiesitzung oder aus dem Text hervorgehen. Zweitens gibt es die Konvention der *thematischen Kontinuität.* Diese besagt, daß wir das ursprüngliche Thema auch in einer offensichtlichen Zusammenhanglosigkeit im Auge behalten sollten, zum Beispiel wenn der Patient das Thema abrupt wechselt oder in einer Sitzung mehr als einen Traum präsentiert. Anders gesagt: Wir müssen trotz der Verzögerungen und Umwege des Patienten auf die Wiederkehr des Themas achten. Drittens: die Konvention der *thematischen Bedeutsamkeit.* Sie besagt, daß wichtige Probleme immer zur Diskussion stehen, mögen die Details noch so trivial sein. Diese dritte Konvention verlangt, daß der Analytiker alles aufmerksam zur Kenntnis nimmt, wobei er natürlich weiterhin den scheinbar offensichtlichen Folgerungen aus dem von ihm Wahrgenommenen mißtraut. Eine andere Konvention, die der *Übertragung,* weist den Analytiker dazu an, die Äußerung eines Patienten auf mindestens zwei Ebenen wahrzunehmen: als Aussage zum offensichtlichen Thema und als Mitteilung über die Beziehung Analytiker-Patient. Diese Konvention gilt eher für die klinische Situation als für die außerklinische, psychoanalytische Deutung von Texten.

Die analytische Kompetenz als Mittel der Reorganisation, die Methode, den Text zu «lösen», geht Hand in Hand mit der Interpretation. Während es in der psychoanalytischen Gemeinde über das «Lösen», über die Kompetenz, über das *Wie* des analytischen Lesens einen genau definierten Konsens gibt, existiert über die psychoanalytische Theorie, die der Reorganisation zugrunde liegen sollte, keine vergleichbare Übereinkunft mehr. Obwohl sich die Psychoanalyse noch kaum in verschiedene, sich konkurrierende Flügel aufgeteilt hat, zeigt sie sich zunehmend toleranter gegenüber Theorien, die nichts mit der klassischen Triebtheorie zu tun haben. Natürlich hatten diese Theorien (ähnlich der Gepflogenheiten in der Hindu-Tradition, Neuerungen nur unter dem Schleier der Interpretation zuzulassen) angesichts von Freuds Gewicht und Autorität ihre liebe Mühe, der Absicht und der Sache des Gründervaters ihre Ergebenheit zu bezeugen. Tatsache aber bleibt, daß viele dieser späteren Beiträge entschieden von den Thesen der Triebtheorie abweichen, die von den meisten Nicht-Fachleuten immer noch als *die* Freudsche Theorie angesehen wird.

Im allgemeinen verstehen die meisten neueren Methoden die Psychoanalyse eher als einen hermeneutischen Betrieb, der sich mehr mit dem Verstand als mit den Ursachen, mehr mit Erklärungen als mit Voraussagen beschäftig. Ohne speziell ins Detail gehen zu wollen, sei hier dennoch angefügt, daß sich das Hauptaugenmerk dieser ‹relationalen› Theorien – um die recht verschiedenen Arbeiten von Theoretikern wie Melanie Klein, Donald Winnicott, Margaret Mahler, Heinz Kohut, Erik Erikson und Otto Kernberg einmal unter einen Hut zu bringen – nicht auf die Ableitungen der instinktiven Triebe richtet, sondern auf die mentalen Darstellungen von Beziehungen zu anderen. Von diesen mentalen Darstellungen wird angenommen, daß sie die Grundsteine des Geisteslebens bilden.[11] Eine relative Verschiebung des Schwerpunkts besteht darin, daß die primäre Frage in einer Sitzung nicht mehr lautet «Welche infantilen Wünsche werden beim Patienten erfüllt?», sondern «Was sagt der Patient zum Analytiker, von wo an erzählt er es, und warum?»[12]

Die Wahl der Theorie für mein Interpretationswerk ist letztendlich eine persönliche. Sie wird von der Frage bestimmt, wie gut die Theorie auf meine eigene Erfahrung anspricht. Deshalb sind die Kriterien, die einer Theorie vor allen anderen den Vorzug geben, letztendlich eher «ästhetisch» als «wissenschaftlich». Sie haben mit der relativen Anziehung zu tun, die die von verschiedenen Theorien heraufbeschwörten Ur-Bilder auf mich ausüben. Auf Freuds Leinwand erscheint der Wirbel der gebieterischen Leidenschaften, die schmerzlichen Verletzungen durch die schwere Schuld. Auf der nächsten, nach-freudianischen Leinwand erscheint das unersättliche Bedürfnis nach Verschmelzung, das schwarze Loch der Verzweiflung, das sich angesichts der Abwesenheit des anderen auftut. Man schaut in seine eigene Seele, man zahlt Geld (d.h. das Honorar des Analytikers), und dann sucht man sich etwas aus. Je nach Kontext habe ich für meine eigenen Interpretationen beide Theorien angewandt.

Neben der analytischen Kompetenz und der Wahl eines theoretischen Rahmens bedarf die Interpretation eines literarischen Textes auch eines Modells, das die Verbindung der literarischen und der psychoanalytischen Unternehmungen in der einen oder anderen Form erlaubt. Anders gesagt braucht die psychoanalytische Interpretation von anderen Erzählformen – im Gegensatz zur Erzählung, die in einer analytischen Situation entsteht – zusätzlich ein Modell, das es uns ermöglicht, diese essentiellen literarischen und kulturellen Erzählungen so zu betrachten, als seien sie psychoanalytische Schilderungen.

Die Anzahl der für unsere Interpretation zur Verfügung stehenden Modelle ist, wenigstens was die literarischen Texte angeht, verblüffend groß. Je nach Einstellung gegenüber der Psychoanalyse, je nachdem, ob die ästhetische Vorliebe dem Barocken oder dem Klassischen gilt, kann dies sowohl auf den Erfolg des psychoanalytischen Theoretisierens oder auf das Versagen der Psychoanalyse bei der Empfehlung der besten Methode für solche Vorhaben hinweisen. Traditionellerweise folgte die Psychoanalyse der Literatur dem einen oder anderen der folgenden Modelle. Erstens: die Interpretation der unbewußten Motivation der Romanfiguren; zweitens: die Psychogenese des Textes, z.B. eine psychoanalytische Untersuchung der Biographie des Autors; drittens: die Psychodynamik der Leserreaktion. Dieser traditionellen Triade aus *Romanfigur, Autor* und *Leser* hat Lacan den *Text* angefügt. In der von ihm beeinflußten Literaturkritik wird das Erzählerische als ein Verlangen betrachtet, mit Gefühlsregungen, Erwartungen, Überraschungen, Rückschlägen, Verzögerungen, Enttäuschungen, Verwandlungen und Erfüllungen.[13] Etwas weniger lang ist es her, daß Meredith Anna Skura in einer einflußreichen Arbeit die Aufteilung der analytischen Modelle für literarische Interpretationen in fünf Kategorien vorgeschlagen hat: Literatur als Fallgeschichte, als Phantasie, als Traum, als Übertragung und als psychoanalytischer Prozeß.[14]
In meiner eigenen Analyse literarischer Texte – zum Beispiel Romane – habe ich diese behandelt, als wären sie Rohmaterial aus Fallgeschichten der Familientherapie. Hier, im Fluß der Ereignisse, in der Strömung der Gefühle, versuche ich, den Figuren einige ihrer Geheimnisse zu entlocken, von denen die Psychoanalytiker gerne annehmen, daß sie den Autoren selbst mehr oder weniger unbekannt sind. In der Tat ist die Beziehung zwischen Mann und Frau für die psychoanalytische Untersuchung deshalb so ergiebig, weil es – wie Freud schon vor langer Zeit feststellte – nichts gibt, über das unser Bewußtsein so unvollständig oder so falsch sein kann wie über den Grad der Zu- oder Abneigung, die wir für ein anderes menschliches Wesen empfinden. Daß bei einem solchen Versuch fiktive Personen wie wirkliche Frauen und Männer betrachtet werden, sollte uns nicht aus der Fassung bringen. Joyce Carol sagte es so:

Ein ernsthafter Autor beschäftigt sich nur mit «realen» Erfahrungen und «realen» Gefühlen, auch wenn diese üblicherweise von Personen mit fiktiven Namen verkörpert werden. Ich glaube ehrlich gesagt nicht daran, daß irgend jemand über Erfahrungen schreiben könnte – oder möchte –, deren emotionelle Entsprechung er oder sie nicht persönlich erfahren hätte. Das Schreiben ist eine viel bewußtere Art des Träumens, und niemand träumt Träume, die für ihn oder sie uninteressant sind, mögen sie anderen noch so trivial und absurd erscheinen.[15]

Die in diesem Buch geschilderten Erzählungen, die ich mit dem «dritten Ohr» des Analytikers gehört habe, sind so vielfältig wie die Kultur, aus der sie stammen und die sie in ihren Ansichten und Einstellungen über die Beziehungen zwischen den Geschlechtern widerspiegeln. Moderne Prosa aus Nordindien, Volkserzählungen, Kinohits der letzten zwanzig Jahre, die Lebens- und Liebesgeschichten von Frauen aus den Slums von Delhi, Gandhis autobiographische Schriften, Krankengeschichten aus den Therapiezimmern indischer Psychoanalytiker – sie alle waren an der Entstehung dieser Geschichte über die indischen Liebesbeziehungen beteiligt. Die Geschichte ist vielschichtig, sie spielt sich im kulturpsychologischen Raum ab, der zwischen den universellen, inneren Wünschen und den spezifischen Einschränkungen liegt, die der Erfüllung dieser Wünsche von der jeweiligen Gesellschaft auferlegt wird. Die Personen der Geschichte mit ihren Drehungen und Wendungen erscheinen manchmal überraschend vertraut, manchmal völlig fremd. Vielleicht ist jede Kultur für die anderen einfach ein magischer Spiegel: Manchmal sieht er aus wie ein gewöhnliches, hinten mit Silber beschichtetes Stück Glas, das die Konturen, Flächen und Details unserer vertrauten Gesichter getreulich widergibt, und manchmal zeigt er uns dunkle, bedrohliche Fratzen, mächtige Andeutungen auf verleugnete Aspekte unseres Selbst, von denen wir gar nicht wußten, daß sie existieren. Mit Hilfe eines solchen Spiegels, «Made in India», möchte ich eine Geschichte erzählen.

In seinem kürzlich verfilmten Buch ‹Ek Chadar Maili Si› (Ein Laken, etwas schmutzig) erzählt der Urdu-Schriftsteller Rajinder Singh Bedi die Geschichte einer armen Sikh-Familie in einem Dorf an der nördlichen Grenze des Punjab.[16] Rano, die Heldin der Geschichte, ist eine temperamentvolle Frau Anfang Dreißig. Ihr Gatte Tiloka verdient den kargen Lebensunterhalt, indem er seinen *Tonga* (Pferdewagen) an Pilger vermietet, die auf ihrem Weg zum Vaishno Devi-Tempel durchs Dorf kommen. Das Paar hat eine Tochter, die gerade in die Pubertät kommt, und zwei kleine Söhne. Zur Familie gehören außerdem Tilokas betagte Eltern und sein zwanzigjähriger Bruder Mangla.

Tiloka ist ein Tagedieb und Trunkenbold, und Rano kämpft unablässig dagegen an, daß er das wenige Geld versäuft. Dies wird von ihm als eine Beleidigung seiner Männlichkeit verstanden, als Infragestellung seiner Vorherrschaft. Der daraus entstehende, heftige Streit führt immer zu Handgreiflichkeiten. Rano versucht, sich mit Kratzen und Beißen so gut zu wehren wie sie kann, aber Tiloka ist ihr so überlegen, daß sie immer geschunden und geschlagen aufgeben muß.

Eines Tages entführt Tiloka ein junges Pilgermädchen in ein zwielichtiges Hotel, wo sie von seinen verrufenen Freunden vergewaltigt wird. In einem grausigen Racheakt wird Tiloka vom wahnsinnig gewordenen Bruder des Mädchens getötet; er beißt ihn in den Nacken und trinkt sein Blut. Der Ältestenrat des Dorfes beschließt, es sei das beste für die Gemeinde und die hinterbliebene Familie, wenn Mangla, der nun den Tonga fährt und auch sonst den Platz seines Bruders einnimmt, auch dessen Frau übernehme. Er solle sie, wie man es im Dorf ausdrückt, «mit einem Laken decken». Rano hatte Mangla wie ihren eigenen Sohn großgezogen, sie ließ ihn an ihrer Brust saugen, wenn der Kleine ebenso gestillt werden wollte wie ihre eigene Tochter. Deshalb ist sie anfänglich gegen diese Idee, aber schon bald überwindet sie ihre Skrupel. Obwohl sie ihr Einverständnis als Unterwerfung unter die Fuchtel der Dorfgemeinschaft empfindet, ist es Rano insgeheim willkommen, die Frau von jemandem zu werden, der sie

oft gegen die Angriffe ihres betrunkenen Ehemannes verteidigt hatte, und für den sie starke Zuneigung empfindet.
Für Mangla hingegen hat diese Heirat einen dermaßen inzestuösen Einschlag, daß er den Gedanken daran nicht ertragen kann. Kurz vor der Heirat rennt er in blinder Panik in die Felder, um sich zu verstecken. Er wird von den Männern des Dorfes wie ein wildes Tier gejagt und geschlagen. Halb ohnmächtig wird er zum Haus geschleppt, wo er dazu gezwungen wird, Rano mit einem Laken zu bedecken.
Mangla wird immer verschlossener und nimmt am Familienleben kaum Teil. Zu Ranos Verdruß und zur wachsenden Bestürzung ihrer Freundinnen weigert er sich, die Ehe zu vollziehen. Eines Tages findet er unter den Habseligkeiten seines verstorbenen Bruders eine Flasche Schnaps. Als er die Flasche aufmacht, beginnt Rano – in einer unheimlichen Wiederholung ähnlicher Szenen mit ihrem früheren Mann – zu protestieren. Dabei empfindet sie sowohl Angst als auch ein intensives Hochgefühl. Sie hat die Ahnung, daß Mangla sie in der bevorstehenden Auseinandersetzung wie ein Ehemann schlagen wird. Damit wird die eheliche Beziehung, die bis anhin nur aufgrund der Entscheidung durch die Dorfgemeinschaft bestanden hatte, endlich etabliert. Der Trinker schlägt sie, und als sie später mit qualvollen Schmerzen im Bett liegt, versucht der reuevolle Mangla weinend, das Blut ihrer Kopfwunden zu stillen (er hatte sie gegen eine Wand geschleudert). Rano ist höchst befriedigt. Als sie sich stritten, hatte ihr Körper die Verteidigung aufgegeben. Er wurde von einem Mann beherrscht, Mangla hatte sie als Ehemann berührt. Noch in derselben Nacht wir die Ehe vollzogen, und das Paar beginnt, als Gatte und Gattin zu leben.
Ranos größte Sorge gilt nun der Verheiratung ihrer Tochter. Die tiefe Armut der Familie macht es fast unmöglich, dem Mädchen einen Mann zu finden. Eines Tages – das jährliche Fest zu Ehren der örtlichen Göttin steht bevor – erhält Rano die Nachricht von der Ankunft eines reichen, stattlichen jungen Mannes. Dieser hatte geschworen, keine außer Ranos Tochter zu heiraten. Die Familie ist verwirrt, aber auch überglücklich ob der guten Schicksalswendung. Als die Prozession der singenden und tanzenden Männer beim Haus vorbeikommt, ist der junge Freier mit seiner demütigen Büßermiene

und der Inbrunst seiner Verehrung leicht auszumachen. Rano erkennt in ihm den erst kürzlich aus dem Gefängnis entlassenen Mörder ihres Ehemannes. Die Prozession hält vor Ranos Haus an – als wartete sie auf ihre Entscheidung. Rano ist aufgewühlt und zögert. Der blinde Schwiegervater sagt, der Heiratsantrag sei ein Werk des Schicksals, das Spiel unsichtbarer Kräfte, die über das Geschick der Menschen bestimmen, und sie soll nicht den geringsten Versuch unternehmen, deren Absicht zu ergründen. Rano willigt in die Heirat ihrer Tochter mit dem Mann ein, der den Vater des Mädchens ermordet hat. Dieser verkörpert eine Variante des «wilden Mannes», wie er in vielen indischen Geschichten vorkommt und mit dem die Heldin eine sexuelle Beziehung hat.

Ähnlich der ersten Befragung im Therapiezimmer, bei der der Patient sein Hauptproblem unbewußt in eine theatralische Szene umsetzt – die durch die charakteristische Weise entsteht, wie er den Raum des Sprechzimmers nutzt, wie er ins Zimmer ein- und austritt, wie er sich bewegt und seine Sprache verwendet –, wird auch das Hauptthema des Romans in der Eröffnungsszene dramatisiert. Es geht um den Wunsch der Frau, vom Mann als Frau und Gattin anerkannt zu werden, als *seine* Frau, und es geht um ihre Sehnsucht nach Zärtlichkeit, die eine solche Anerkennung mit einschließt. Die Szene selbst ist im Roman ‹Ek Chadar Maili Si› kurz: Es ist später Nachmittag, und der Hund der Familie läuft auf die Straße hinaus, wo er seine Liebelingshündin tot auffindet. Der Hund schnüffelt ein paar Mal am Kadaver und trottet dann unbekümmert weiter. Rano hatte den Hund zusammen mit einer Freundin beobachtet, die bemerkt: «So sind die Männer eben! Die sind doch alle gleich.» Rano spürt, wie ihr die Tränen kommen, aber sie beherrscht sich und ringt sich zu einem Späßchen durch: «Aber *dein* Hund ist doch nicht so!»
Im Gedächtnis des Lesers löst diese kurze Szene psychologische «Wirbel» aus, die nach und nach größere Kreise ziehen. Das Ausmaß der Kämpfe zwischen Rano und Tiloka wird bereits auf den ersten Seiten skizziert. Hinter dem Konflikt zwischen Gatte und Gattin wird der immerwährende Kampf zwischen Mann und Frau deutlich, der, nebenbei bemerkt, in diesem Roman ebenso offen ausgetragen wird wie in weiten

Teilen des indischen Familienlebens und in der Folklore. Margaret Egnor berichtet zum Beispiel aus Tamil Nadu:

Im Haushalt und bei der Arbeit ist die Rivalität zwischen Ehefrauen und Ehemännern groß. Die Frauen unterwerfen sich nicht widerspruchslos. Das gleiche gilt für ihre Männer. Deshalb herrscht in den Beziehungen, soweit ich beobachten konnte, oft Streit… Der ewige Konflikt zwischen Gatte und Gattin wird in der indischen Mythologie ausgiebig dargestellt, besonders in der tamilischen. Darin wird das Thema «männliche Überlegenheit oder weibliche Überlegenheit» auf einer kosmischen Ebene anhand von Schlachten und Wettkämpfen zwischen Gottheiten oder Dämonen und ihren wirklichen oder Möchtegern-Partnern endlos hin- und herdiskutiert.[17]

In der Folklore streiten Shiva und Parvati zum Beispiel fortwährend darüber, wer von ihnen besser tanzen könne, während Vishnu und Lakshmi zur Erde hinabsteigen müssen, um herauszufinden, wer die bessere Gottheit sei.
In den meisten Landesgegenden bietet die männliche «Volksweisheit» ähnlich offensichtliche Gründe für den immerwährenden Krieg, den die Männer gegen die Frauen führen. Sie sind einhellig der Meinung, dem weiblichen Geschlecht fehle sowohl die sexuelle Moral wie auch die Intelligenz. Punjabis und Gujaratis sind sich darüber einig, daß «die Intelligenz einer Frau in ihren Fersen steckt» *(Strini akkal edi mâ)*.[18] Tamilen behaupten: «Wie gebildet eine Frau auch sein mag, ihre Intelligenz ist immer auf der niedrigsten Stufe», und die Malayen warnen: «Einer, der dem Rat einer Frau folgt, wird als Bettler enden» *(Penachollu Kalkkunnavanu peruvali)*. In den nördlichen Sprachregionen hingegen wird eindeutig mehr Gewicht auf die Anwendung von Gewalt und die körperliche Züchtigung gelegt, wenn weibliche Unzulänglichkeiten korrigiert werden sollen. So bekommen wir in Hindi zu hören: «Pferde und Frauen gehören unter die Oberschenkel» *(Ghoda aur aurat rân talê)*, und in Gujarati: «Gerste und Hirse verbessert man mit Salz, Frauen mit einem Stößelschlag» *(Usî jawâr bâjri musê nâr pâdhrî)*. «Es ist besser, das Weibervolk unter dem Absatz eines Schuhs zu halten» *(Rândni jât khâsdane talê râkhelij bhalî)*; *(Mûrkh nâri ne nagârâ kutyani kâmnâ)*. Die Sprichworte des Südens andererseits drücken angesichts der allgemeinen

weiblichen Boshaftigkeit und ständigen Provokation eher eine gewisse Hilflosigkeit und Resignation aus. Der Spruch «Wind läßt sich in einer Tasche festhalten, aber nicht die Zunge einer Xanthippe» ist sowohl in Kannada wie in Telugu gebräuchlich. «Weder der Gatte noch der Schwager können eine streitsüchtige Frau im Zaume halten» lautet ein anderes Telugu-Sprichwort. Ein anderes behauptet, sogar ein König sei hilflos angesichts der weiblichen Streitsucht.

Wie die Frauen in anderen Romanen, verwendet auch Rano harte, verächtliche Worte, mit denen der anmaßende Mann gedemütigt und ein schon wütender Gatte rasend gemacht werden soll. Mit spöttischen Bemerkungen verleitet sie den Gatten zu körperlicher Gewalt, um anschließend, blutend, aber triumphierend, den Erfolg davontragen zu können, sich seinem Willen nicht unterworfen zu haben.

Ranos Hauptwaffe im Kampf gegen Tiloka, eine Waffe, die sie ständig zu schärfen und zu verbessern sucht, ist ihre Kontrolle über die sexuellen Gelüste Tilokas. Wenn sie beim Dorfheiligen *(Baba)* ein Amulett holt, dann nur, um mit seinem Zauber Macht über ihren Mann zu bekommen. Diese Amulette sind bei den Frauen begehrter als die Talismane für die Geburt eines Kindes. Der Talisman, den man vom *Baba* bekommt, dient der Verzauberung des Ehemannes. Falls er funktioniert, so stellt sich Rano vor, würde sie Tiloka jeglichen sexuellen Kontakt verwehren. Erst nach langem Bitten und Flehen, erst nachdem er sich in tiefster Selbstaufgabe vor ihre Füße geworfen und seine Nase in reuevoller Ergebenheit auf dem Boden gerieben hatte, würde sie ihm genau dosierte Annäherungen gestatten.

Ranos Verwendungszweck des Amuletts ist weit entfernt von demjenigen der Frauen in der *Rig-Veda* und in der *Atharva-Veda* (zum Beispiel Sachi, Indras Frau). Ihnen dient der Zauber dazu, die Aufmerksamkeit der Ehemänner von den Mit-Frauen abzulenken.[19] Rano und ihrer Freundin dient die Sexualität in erster Linie dazu, die einseitige Machtverteilung zwischen den Geschlechtern auszugleichen.

Dadurch, daß sie in ihrem Gatten ein passendes Ziel findet, wird Ranos Feindseligkeit gegen die Männer von ihren erotischen Bedürfnissen abgespalten. Ohne die Zärtlichkeit der Liebe, die ihn neutralisieren oder transformieren könnte, ist ihr Zorn sogar nach Tilokas Mord grenzenlos und ungestillt. Als sie Tilokas Leiche sieht, möchte sie sich am liebsten schön herausputzen und feiern. Sie muß sich eine Zwiebel auf die Augen drücken und sich ihres miserablen Schicksals als Witwe bewußt werden, bevor sie die von ihr erwarteten Tränen vergießen kann. Sie kann nur um ihrer selbst willen weinen. Ranos Liebe – die emotionelle wie die sinnliche – muß sich innerhalb der Familie ein neues Objekt suchen.

Traditionellerweise war dieses Objekt oft der jüngere Bruder des Gatten. In einem bestimmten Abschnitt der indischen Sozialgeschichte wurde die erotische Funktion des Schwagers vom *Niyoga*-Brauch sogar offiziell anerkannt. Der Brauch selbst geht auf die Zeiten der *Rig-Veda* zurück, wo ein Mann beschrieben wird, der von den Kommentatoren als Schwager identifiziert wurde. Dieser reicht einer Frau, die ihrem Mann auf den Scheiterhaufen folgen will, die Hand zur Heirat.[20]

Dieser Brauch wird seit dem Verbot der Wiederverheiratung von Witwen immer seltener praktiziert wird, er überlebte nur in abgelegenen Gemeinschaften, wie etwa bei den Bergbewohnern von Uttar Pradesh. Trotzdem ist der psychologische Kern des *Niyoga,* das gegenseitige Sich-Bewußtwerden der verheirateten Frau und des jüngeren Schwagers als potentielle Geschlechtspartner, auch heute noch sehr aktuell. Das Bewußtwerden ist in Sita präsent, der keuschesten aller mythologischen Frauen. Im *Ramayana* beschuldigt sie Lakshmana, er würde ihrem Gatten und dessen Bruder Rama wegen der Gefühle, die er für sie empfindet, die Hilfe verweigern. Später gibt Lakshmana gegenüber Rama das Gespräch so wieder: «Sita sagte zu mir ‹Du Böser wurdest von einem Übermaß an Gefühlen für mich heimgesucht. Aber selbst wenn mein Gatte fallen sollte, könntest du mich nicht gewinnen.›»[21] Diese Art der Beziehung, die sich in einer gewissen Zärtlichkeit, in erotisch gefärbten Neckereien oder in tatsächlichen körperlichen Intimitäten ausdrückt, macht in der Tat einen Teil des Gefühlsraums einer Ehe aus.[22] In der klinischen Praxis habe ich festgestellt, daß Frauen, die mit einem Schwager sexuellen Kontakt hatten, nur selten irgendwelche Schuldgefühle zeigen. Ihre Bedenken richten sich mehr darauf, daß er weggehen oder bald heiraten könnte, denn dies wird von der Frau als das Ende ihres Sexual- und Gefühlslebens betrachtet.

Inzestuöse Beziehungen haben den Stoff für manches Drama geliefert, und die Probleme von Rano und Mangla im Hinblick auf ihre bevorstehende Heirat basieren einzig darauf. Manglas Leiden ist jedoch viel größer als dasjenige von Rano, weil er vor der lang ersehnten Erfüllung eines inzestuösen Wunschtraumes steht, vor der leibhaftigen Verkörperung einer Phantasie, die bis anhin nur in seiner Imagination lebte. Er ist wie ein Knabe, der sich schuldig fühlt, weil ihn seine Mutter erregt hat. Von seinem sexuellen Verlangen nach ihr gequält, nimmt er Ranos Sehnsucht nicht richtig wahr. Sie hingegen ist realistischer und akzeptiert die Paradoxien der sexuellen Welt. Wie viele andere Frauen möglicherweise auch, scheint sie mit der Schuld des inzestuösen Verlangens besser umgehen zu können als ihr «Sohn», der sie erst schlagen muß, bevor er die Sünde begehen und sein beunruhigend gefährliches, sinnliches Eindringen akzeptieren kann.

Krishna Sobtis Roman ‹Mitro Marjani› liegt ein ähnliches Thema zugrunde. Es geht dort weniger um eine Geschichte als um das Portrait einer Frau, gezeigt vor dem Hintergrund einer Familie der unteren Mittelklasse.[23] Die Geschichte wird von der Heldin dominiert, Mitro, einer jungen Punjabi. Ihr Gatte, die beiden Schwager samt ihren Frauen und die betagten Eltern des Paares, sind in der Dramatisierung von Mitros Sehnsucht nur Statisten, die dazu dienen, Mitros Stimmungen und Taten hervorzuheben und zu kontrapunktieren.
Wie ‹Ek Chadar› beginnt auch dieser Roman mit einer gewalttätigen Auseinandersetzung des Ehepaares. Wenn Mitro von ihrem Gatten geschlagen wird, schaut sie ihm bewegungslos und herausfordernd ins Gesicht. «Willst du endlich die Augen senken!» befiehlt er ihr bei jedem Schlag. Mitro weigert sich hartnäckig. Die Schwiegermutter, eine Vertreterin der älteren Generation, redet eindringlich auf sie ein: «Warum senkst du nicht deinen Blick, wenn er so dickköpfig ist, meine Tochter? Wie sollten wir hilflosen Frauen uns den Männern entgegenstellen können, die unsere Herren sind?»
Wie wir später sehen werden, geht es beim ständigen Kampf zwischen Ehemann und Ehefrau nicht nur um Überlegenheit und Unterwerfung, um die Machtverteilung zwischen den Geschlechtern. Mitro unterstellt seiner jungen Frau ehebre-

cherische Neigungen, und sie unternimmt nichts, um diesen Verdacht zu entkräften. Im Gegenteil: mit ihrem unverhüllten Stolz auf ihren fülligen, blühenden Körper, mit den sexuellen Neckereien ihrem Schwager gegenüber und ihrem sexuellen Appetit, den sie ihrer Schwägerin freimütig eingesteht, verstärkt sie diesen Eindruck noch. «Hast du bei einer anderen Frau jemals solche Brüste gesehen?» fragt sie ihre Schwägerin beim Ausziehen mit unschuldiger, sehr sinnlicher Genugtuung. «Dein *Devar* (der jüngere Schwager, Mitros Gatte) nimmt mein Leiden nicht wahr. Er nähert sich mir höchstens einmal in der Woche oder in vierzehn Tagen... Dieser Körper ist so durstig, er zappelt wie ein Fisch, den man aus dem Wasser gezogen hat.» Die Schwägerin, eine gute Frau im herkömmlichen Sinn, ist empört. Für sie ist der Körper einer Frau kein Objekt des Stolzes oder des Vergnügens, sondern etwas, das täglich beschmutzt wird, ein Hort der Sünde. Verärgert hält sie Mitros Begierde das frömmlerische Bild der Frau entgegen, wie sie von der Hindu-Kultur definiert wird: «Für Töchter und Schwiegertöchter sind Heim und Herd wie die *Lakshmana-rekha,* die Linie, die von Lakshmana um Sita gezogen wurde, damit ihr nichts geschehen kann. Wenn diese Linie absichtlich oder unabsichtlich überschritten wird...» Die Stille, die dem angefangenen Satz folgte, hatte etwas Bedrohliches.
Mitro hingegen äußert freimütig ihre sexuellen Bedürfnisse und ihren Spott über die Unfähigkeit ihres Mannes, sie zu befriedigen. Einmal erwähnt die Schwiegermutter die Schwangerschaft ihrer Schwägerin und versucht, Mitro zu trösten: «Wenn du erst einmal damit anfängst, werden sieben Kinder im Hof spielen, nicht nur eines.» Darauf entgegnet Mitro:

Wenn es in meiner Macht läge, würde ich einhundert *Kauravas* gebären (der «böse» Klan im *Mahabharata*-Epos). Aber zuerst, Mutter, mußt du dafür sorgen, daß dein Sohn etwas Bewegung in diese nutzlose Steinstatue bringt.

Die Familie ist durch die zwielichtigen Geschäfte des jüngsten Sohnes, der das Haus mit seiner Frau verlassen hat, bereits etwas aus dem Gleichgewicht geraten. Das unverschämte Verhalten Mitros läßt weitere Skandale befürchten. Die Familie bittet sie, für eine Weile zu ihrer Mutter zu ziehen. Dieser Vorschlag macht Mitro überglücklich, denn er eröffnet ihr die Aussicht auf erotische Abenteuer im Haus ihrer Mutter, die wegen ihrer anhaltenden Affäre mit einem Dorfbeamten als Gefallene angesehen wird. Sie wird auf dem Weg zu ihrer Mutter von Sardari, ihrem Ehemann, begleitet. Mitro erzählt ihrer Mutter von ihrer mißlichen Lage, und diese bietet ihr Hilfe an, indem sie, wie sie es nennt, «einen Gärtner für Mitros Garten» bestellt. Sie bietet ihr sogar an, vor der Tür ihres schlafenden Schwiegersohnes zu wachen, und sie arrangiert für Mitro einen Besuch bei ihrem eigenen Liebhaber. Am vereinbarten Abend kleidet sich Mitro wie eine Tänzerin. Während sie versucht, ihren Ehemann betrunken zu machen, kokettiert sie wie eine Nutte aus einem Luxusbordell. Das anfängliche Entsetzten des betrunkenen Sardari verwandelt sich schließlich in Entzücken. Als der Gatte in einen Vollrausch fällt und Mitro bereit ist, zum wartenden Mann zu gehen, wird sie von der weinenden Mutter aufgehalten. Diese wurde inzwischen von Zweifeln befallen. Mitro kehrt ins Zimmer ihres Mannes zurück. Als die beiden am Morgen aufwachen, hält sie ihn eng umschlungen, bedeckt sein Gesicht mit Küssen und gibt damit ihrer Zuneigung für ihren Mann ebenso stark Ausdruck wie am Vorabend ihrem Verlangen nach einem Seitensprung.

Meine Wahl fiel auf ‹Ek Chadra› und ‹Mitro Marjani›, weil die beiden Porträts Aspekte der Mann-Frau-Beziehung beinhalten, deren Allgemeingültigkeit von meiner persönlichen Berufserfahrung bestätigt werden. Wie bei Freuds *Ratten-Mann,* einem Einzelfall, der sich später als psychodynamisch repräsentativ für eine Vielzahl von zwangsneurotischen Fällen erwies, können auch fiktive Familiengeschichten vielschichtige Themen indischer Ehen ans Licht bringen – selbst wenn sich deren Situationen von ihren Romanvorlagen unterscheiden. Daß es bei diesen Themen um Ehekonflikte und nicht um die schönen Seiten des Lebens geht, liegt natürlich in der Natur des literarischen Unternehmens. Wenn glückliche Familien, wie Tolstoi behauptete, alle gleich sind, dann haben glückliche Ehen keine Geschichte. Konsequenterweise bildet das «...Und sie lebten glücklich bis ans Ende ihrer Tage» das Ende der Geschichte, nicht den Anfang oder die

Mitte. Natürlich muß sich die Abstraktion der Romanthemen hin zur Allgemeingültigkeit auf ein sorgfältiges Studium anderer kulturhistorischer und sozialanthropologischer Materialien über die Ehe und die Mann-Frau-Beziehung in Indien stützen. Der Roman und das, was ich als Kulturpsychologie bezeichnen möchte – die seelische Repräsentation der Geschichte einer Gemeinschaft und ihrer gesellschaftlichen Institutionen im Individuum – können zur gegenseitigen Erklärung beitragen.

Mit ihrer unverhüllten Sexualität, ihrer Unruhe und ihrem Widerstand gegen die kulturellen Schranken, die sie als zu eng empfindet, ist Mitro für ihr Milieu und ihre Klasse sicher eine ungewöhnliche Frau. Neben ihrer Lebens-Rolle als Kämpferin gegen ein beengendes kulturelles Schicksal, stellt Mitro eine in Schwierigkeiten geratene Gestalt dar, wie sie von Romanciers und Seelenärzten auf der ganzen Welt gleichermaßen bevorzugt wird. Wie viele fiktive und reale Frauen in Indien äußert sie ihren Zorn verbal, oder besser: mit verbalen Pfeilen, die mit Spott vergiftet und von messerscharfem Sarkasmus geschärft sind. Doch schon zu Beginn der Geschichte läßt sich erahnen, daß Mitros Konflikt zu groß ist, als daß er mit geschickt angebrachten sarkastischen Vorwürfen gelöst werden könnte. Es ist zu befürchten, daß sie gewalttätig, selbstzerstörerisch oder apathisch wird, wenn sie sich nicht einen größeren Freiraum erkämpfen kann.

Für mich stellt ‹Mitro Marjani› eine der bezeichnendsten Umsetzungen eines zwar verschwiegenen, aber dennoch sehr aktuellen Themas der indischen Ehen dar. Gemeint ist das kulturelle Unbehagen, die Angst vor der Frau als geschlechtliches Wesen. Es geht um die uralte, immer noch bestehende Spaltung der Ehefrau in eine Mutter und eine Hure. Diese Spaltung, die der Beziehung zwischen Gatte und Gattin zugrunde liegt, erklärt die oft widersprüchlichen Ansichten der Hindus über die Frau. Bei der Zweiteilung in Mutter und Hure handelt es sich um ein bekanntes Freudsches Syndrom, das die Abspaltung der Sexualität von der Zärtlichkeit, des Objekts der Begierde vom Objekt der Bewunderung umschreibt. Freud hat die Psychodynamik des Mannes, der eine bestimmte Art von Frauen – in der Regel aus seiner eigenen Schicht – idealisiert, beschrieben. Der Mann betrachtet sie als «höher» und «reiner» als sich selbst, aber er ist bei ihr impotent, während er mit einer Frau aus einer niedrigeren Schicht, zumeist eine Prostituierte, zu einer sexuellen Beziehung fähig ist.[24] Diese Spaltung kann oft auf die Angst zurückgeführt werden, die aus den inzestuösen Vorstellungen und der damit verbundenen Abscheu vor einer Ent-Idealisierung der Mutter entsteht. Diese ist für den «Mann-Knaben» ein Sinnbild der Reinheit, auf das er bezüglich Ernährung und Unterstützung immer noch angewiesen ist. Die Spaltung des Mutterbildes in eine Göttin und eine Hure macht es dem Mann möglich, ein minimales Geschlechtsleben aufrechtzuerhalten, ohne von Angst übermannt zu werden.

Die Zweiteilung in Mutter und Hure – oder in der Hindu-Version die Dreiteilung in Mutter, Hure und Ritual-Partnerin – ist für das Verständnis der offiziellen Haltung dieser Kultur gegenüber Frauen und Ehefrauen entscheidend. Manu, der Gesetzgeber der Hindus, und seine Kommentatoren, die die formelle Ansicht der Gesellschaft über das andere Geschlecht formuliert haben, wurden vielleicht zu Unrecht zu Frauenfeinden gestempelt. Die sorgfältige Lektüre ihrer Texte zeigt, daß sowohl Frauenfeindlichkeit wie Frauenverehrung ausschließlich kontextbezogen sind. Mit anderen Worten: Eine Ehefrau ist nicht immer eine Ehefrau; der Kontext bestimmt, ob sie als gut, schlecht oder göttlich angesehen wird. Bei den vorgeschriebenen Opfergaben für die Ahnen und die Götter – also im rituellen Kontext – ist die Frau als Partnerin ihres Gatten ein respektiertes Wesen. Deshalb kann Manu sagen: «Wo die Frauen geehrt werden, sind die Götter erfreut; aber da, wo sie nicht geehrt werden, erwächst aus keinem heiligen Ritus eine Belohnung.»[25] Auch in ihrer tatsächlichen oder potentiellen Rolle als Mutter ist die Gattin wiederum eine Person, die vollen Respekt genießt. «Zwischen Frauen, die [dazu bestimmt sind] Kinder zu gebären, die viel Segen bringen, die verehrungswürdig sind und die [ihre] Behausungen erleuchten, und den Glücksgöttinnen, die [wohnen] in den Häusern [der Männer], gibt es nicht den geringsten Unterschied.»[26] Nur in ihrer Rolle als weibliches sexuelles Wesen ergießt sich die Abscheu und der Hohn der patriarchalen Gesellschaft über die unglückliche Ehefrau.

Es gibt einen vielzitierten Vers: «Der Vater schützt sie in der

Kindheit, der Gatte beschützt sie in der Jugend, und die Söhne beschützen sie im Alter.»[27] In diesem Zusammenhang geht es ganz klar nicht um den Schutz der Frau vor äußeren Gefahren, sondern vor ihren eigenen sexuellen Neigungen. Der vorangegangene Vers tadelt den Vater, der seine Tochter im Pubertätsalter nicht verheiratet, den Gatten, der sich ihr nicht in sexueller Absicht nähert, wenn sie in ihrer *Ritu*-Zeit ist, und den Sohn, der die Mutter nach dem Tod des Vaters nicht vor den Annäherungen anderer Männer und vor ihrem eigenen Verlangen schützt. Die Folgen sind klar.

In ‹The Laws of Manu› bilden die ersten sechsundzwanzig Strophen im Kapitel über die Pflichten von Mann und Frau die tragende Säule des offiziellen Frauenbildes. Sie können in der Tat als eine Phantasie über die mögliche sexuelle Unabhängigkeit und die potentielle Untreue verstanden werden. Die Phantasie entspricht in weiten Teilen derjenigen des ödipalen Knaben, der sich vorstellt, seine Mutter wende sich von ihm ab – dem Vater und seinem Penis zu. Sie ist eine Sirene, die ihn erst verführt und dann verläßt.

Die Phantasie geht also vom Wunsch aus, die Frau vor ihren überwältigenden sexuellen Versuchungen und vor den Eindringlingen, die diese zu ihrem eigenen und zum Vergnügen der Frau ausnützen würden, zu «bewahren». Da es aber nicht möglich ist, sie gegen ihren Willen in «Schutzhaft» zu nehmen, wird sie ausgiebig mit Arbeiten im Haushalt beschäftigt, wodurch sie «frei» und unbewacht bleiben kann. «Der Ehemann soll seine Frau damit beschäftigen, seinen Besitz zu mehren, [alles] sauber zu halten, die religiösen Verpflichtungen [zu erfüllen], seine Speisen zuzubereiten und sich um die Utensilien des Haushalts zu kümmern.»[28] Allerdings reichen auch die mittels dieser «Geschäftigkeit» errichteten Schranken nicht aus, um die erotische Unruhe der Frau zu bändigen. Deshalb appelliert unser Ödipus-Liebhaber an ihr Gewissen, an ihren inneren Wächter. «Frauen, die mit vertrauenswürdigen und ergebenen Dienern im Haus eingeschlossen werden, sind nicht (wohl)behütet, sondern nur diejenigen, die aus freien Stücken über sich selbst wachen.»[29] Wenn die eher primitiven Vorstellungen des eifersüchtigen und enttäuschten Liebhabers an die Oberfläche dringen, genügen die Hilfe der Außenwelt und das Über-Ich der Frau allerdings nicht mehr.

«Frauen kümmern sich weder um Schönheit noch um Alter; [sie denken] Hauptsache, er ist ein Mann, sie geben sich dem hübschen und dem häßlichen hin.»[30] «Mit ihrer Leidenschaft für die Männer, mit ihrem wankenden Gemüt, mit ihrer angeborenen Herzlosigkeit werden sie ihren Ehemännern untreu, wie gut sie [in dieser Welt] auch immer bewacht sein mögen.»[31] «[Als er sie schuf,] gab Manu den Frauen [die Liebe zu ihrem] Bett, [zu ihrem] Sitzplatz und Schmuck, unreine Wünsche, Zorn, Falschheit, Bosheit und schlechtes Benehmen.»[32] Darauf folgen Zorn und Vergeltung, in denen die Frau für ihr Vergehen büßen muß, bevor sie als reine und begehrte Mutter auferstehen kann. Das Mantra, das sie zur «Sühne ihrer Sünden» wiederholen muß, ist in Wahrheit nicht das ihre, sondern das ihres Sohnes: «Wenn sich meine Mutter, vom Wege abgekommen und untreu geworden, verbotenen Wünschen hingab, möge mein Vater diese Saat von mir fernhalten.»[33] Die bestrafte und reumütige Hure verschwindet schließlich, um durch die makellose Mutter ersetzt zu werden, die in den nachfolgenden Versen gepriesen und der Glücks-Göttin gleichgestellt wird.

Das Bild von der Frau als geschätzte Mutter und gefürchtete Hure widerspiegelt sich heute noch in den Sprichwörtern aller wichtigen indischen Sprachen. Dies zeugt von der einheitlichen Ansicht des Subkontinents über die grundlegenden menschlichen Beziehungen zwischen Eheleuten, Geschwistern und Generationen.[34] Wie nicht anders zu vermuten ist, bildet die Untreue der Frau das Hauptthema der zahlreichen Sprichwörter, die das Wesen des Weiblichen zu erfassen versuchen. «Eher würde Feuer kalt werden, der Mond brennen oder der Ozean mit schmackhaftem Wasser gefüllt werden, als daß eine Frau rein ist», lautet einer der diesbezüglichen Sanskrit-Sprüche. Die Tamilen sagen: «Sie ist eine Frau, solange sie in ihren Schranken bleibt; außerhalb wird sie zur Eselin.» Die wenigen Sprichworte, mit denen die Frauen gepriesen werden – zum Beispiel in Assamese oder Bengali – beziehen sich alle auf ihr mütterliches Wesen: «Wer könnte die Frauen herabsetzten? Frauen, die Kinder gebären?» Ein Punjabi-Spruch bringt das Dilemma eines Gatten und dessen Auflösung in einem Aufguß: «Eine Frau, die mehr Liebe für dich zeigt als deine Mutter, ist eine Schlampe.»

Bei einer solchen kollektiven Vorstellung von der Frau ist es unvermeidlich, daß das Schicksal der Sexualität innerhalb der Ehe unter einem schlechten Stern steht. Die körperliche Liebe gerät zur schandhaften Angelegenheit, zur spitzen, schnellen Begierde mit wenig Liebe und noch weniger Leidenschaft. Diese Behauptung wird vom Sexualkodex für den Ehemann und Haushaltsvorstand voll bestätigt. Es steht kurz und bündig in den *Smritis* (Gesetzesbücher), es wird in den *Puranas* (die nicht nur eine Mythensammlung beeinhalten, sondern auch Kapitel über das korrekte Benehmen im Alltag) behandelt, und es wird in den verschiedenen *Religiosi* regional unterschiedlich umschrieben – der Tenor der Aussage lautet immer: «Bitte kein Sex in der Ehe, wir sind doch Inder.»
Man bedenke folgendes: Ein Ehemann sollte sich seiner Frau nur während ihrer «Saison» *(Ritu)* nähern, einem Zeitraum von sechzehn Tagen innerhalb ihres Menstruationszyklus. «Aber von diesen sind die ersten vier, der elfte und der dreizehnte [als verbotene erklärt]; die verbleibenden Nächte werden empfohlen.»[35] Das Angebot von zehn Nächten im Monat für den ehelichen Verkehr ist nur scheinbar großzügig. Die hinduistischen Entsprechungen von Blakes Priestern in «schwarzen Roben, die ihre Runden gehen und meine Freuden und Verlangen mit Zweigen binden» sind mit ihren Vorschriften noch nicht am Ende. Da die überaus wichtigen Söhne in geraden Nächten empfangen werden und die Töchter in ungeraden, schrumpft die Anzahl der empfohlenen Nächte auf die Hälfte. Dann gibt es die *Parvas,* die mondlosen Nächte, und die Vollmondnächte, in denen sexuelle Beziehungen entweder in «die Hölle von Kot und Urin» (Vishnu Purana) führen oder zur Geburt von atheistischen Söhnen (Brahma Purana). Darüber hinaus gibt es viele Feiertage zu Ehren der Götter und Ahnen, an denen alle erotischen Unternehmungen verboten sind. Damit sinkt die Wahrscheinlichkeit beträchtlich, daß die meisten der verbleibenden fünf Tage sexuell unbedenklich sind. Hinzu kommt, daß es nicht um erlaubte und verbotene Nächte geht (Sex am Tage überschreitet selbstverständlich die Grenzen des Anstands): es geht um die allgemeine Mißbilligung der Erotik im Eheleben, und diese Mißbilligung ist kein mittelalterliches Relikt, denn sie prägt das Verhalten bis heute. Dies ist völlig verständlich,

da Veränderungen in der Sexualmoral in kleineren Schritten erfolgen als politische und gesellschaftliche.
In einigen Hindu-Gemeinden sind die sexuellen Tabus noch so groß, daß viele Frauen – speziell aus den höheren Kasten – für ihre Genitalien keine Bezeichnungen haben. Diese werden höchstens verdeckt genannt, zum Beispiel «Stelle zum Pinkeln», aber auch dieser verhüllende Ausdruck stellt eine starke emotionelle Belastung dar. Eine Patientin, die in England erzogen wurde, konnte mühelos über ihre Geschlechtsteile sprechen, solange sie dies in Englisch tun konnte. Sobald sie das Gesagte in ihre Muttersprache übersetzen sollte, also der Sprache ihrer frühen körperlichen Erfahrungen, «vergaß» sie entweder die entsprechenden Worte oder versank in langes Schweigen, das sie auch mit größter Anstrengung nicht brechen konnte. Die Unwissenheit gedeiht unter dem gesellschaftlich verordneten Mantel des Schweigens bestens. Eine Patientin mit Collegebildung glaubte beinahe bis zu ihrem zwanzigsten Lebensjahr, Menstruationsblut, Urin und Kinder kämen allesamt durch die Harnröhre. Eine andere Frau, die in einem Dorf aufgewachsen war und deshalb mit den Tatsachen «rund um den Stall» besser vertraut sein sollte, begriff erst bei der Geburt ihres ersten Kindes, daß diese nicht durch den Anus zur Welt kommen. Auch zweitausend Jahre nach dem *Kamasutra* kann ich dessen Autor noch nicht zurufen: «Lieber Vatsayana, dein Buch ist ein Grundlagenwerk.»
Natürlich weicht der moderne Sexualbegriff wesentlich von demjenigen Vatsayanas ab, und die Psychoanalyse hat einen entscheidenden Beitrag dazu geleistet. Das sexuelle Bedürfnis im psychoanalytischen Sinn ist nicht ein Bedürfnis nach Geschlechtsverkehr, die Sexualität wird auch nicht mit den Genitalorganen oder dem Ausdruck eines biologischen Triebes gleichgestellt. Das psychoanalytische Konzept der Sexualität beinhaltet weit mehr als die einfache genitale Vereinigung oder das Problem «passender» Organgrößen. Auch bei einem normalen Geschlechtsleben kann sich ein Mangel an mentaler Befriedigung bemerkbar machen. In der Psychoanalyse ist Sexualität ein System bewußter und unbewußter menschlicher Phantasien, die aus verschiedenen Quellen aufsteigen und auf unterschiedliche Weise befriedigt werden wollen. Die Phantasien haben eine Reihe von Reizen und Akti-

vitäten zur Folge, die nach einer Befriedigung streben, die über die Befriedigung aller anderen körperlichen Bedürfnisse hinausgeht.

Wir sprechen hier über den Einfluß der Kultur auf die Psychosexualität in der indischen Ehe. Kulturelle Verbote mögen auf den Geschlechtsakt und den Grad des dabei empfundenen Vergnügens keinen Einfluß haben. Hingegen können sie die Konflikte rund um die Sexualität vergrößern, sie können allgemein zu ihrer Verarmung beitragen und sie vielen Menschen vergällen. Dies hindert viele Männer und die meisten Frauen an einer tiefen und vollen Erfahrung der sexuellen Liebe und an der Hingabe des Körpers – dem einzigen Gefäß, das wir für unsere Seele haben. Kulturelle Vorschriften sind für die Familie deshalb wichtig, weil die bewußten und unbewußten Phantasien der Eltern rund um den Zeugungsakt die Bedeutung jedes Kindes mitbestimmen, was für die Beziehung zwischen ihnen einen grundlegenden Aspekt darstellt. Ich stimme Winnicott darin zu, daß sich an der Art und Weise, wie unsere Familien strukturiert sind, der Zustand unserer Kultur ablesen läßt. Damit erhalten die Ansichten und Normen über die eheliche Sexualität für das Verständnis einer Kultur eine größere Bedeutung.[36]

Diese bedenkliche Situation der Sexualität läßt sich nicht nur aus den Idealen der hinduistischen Kultur und den Verboten für die eheliche Sexualität oder aus der modernen Literatur ableiten. Die riesige Anzahl von Frauen aus der Mittel- und Oberschicht, die sich wegen ihrer sexuellen Nöte in Psychotherapie begeben, ist unübersehbar. Es gibt aber auch direkte Hinweise darauf, daß das sexuelles Unglück in den untersten Kasten weit verbreitet ist, obwohl die Oberschicht immer geglaubt hat, diese müßten sich nicht an den restriktiven Sittenkodex ihrer Kultur halten. Interviews mit niedrigkastigen, «unberührbaren» Frauen aus einem Armenviertel Delhis (die meisten von ihnen waren aus Dörfern in Uttar Pradesh zugewandert) haben gezeigt, daß deren Sexualität eher von Feindseligkeit und Gleichgültigkeit geprägt ist als von Zuneigung und Zärtlichkeit. Die meisten dieser Frauen schilderten den Geschlechtsverkehr als einen heimlichen, in einem engen, überfüllten Raum vollzogenen Akt, der nur wenige Minuten dauert und der jegliche körperliche und emotionelle Zärtlichkeit vermissen läßt. Die meisten Frauen empfinden ihn als schmerzhaft oder widerlich, oder beides zusammen. Der Geschlechtsakt ist etwas, das sie – oft aus Furcht vor Schlägen – über sich ergehen lassen. Keine der Frauen dabei die Kleider ab, weil das als beschämend gilt. Auch weniger verbitterte Frauen, die sich noch nach körperlicher Zärtlichkeit sehnen, empfinden den Akt an sich als ein Vorrecht und ein Bedürfnis des Mannes: *«Admi bolna chahta hai»* (Der Mann will sprechen).

Wenn wir mit Lakoff und Johnson darin übereinstimmen, daß Denkvorgänge größtenteils metaphorisch sind und daß wir Dinge und Begriffe im Netzwerk ihrer metaphorischen Ähnlichkeiten verstehen und erfahren, dann ist es aufschlußreich, auch andere Metaphern zu untersuchen, die von den Frauen dieser Gruppe für das «Liebe machen» benützt werden.[37] *«Hafte mein ek bar lagwa lete hain»* (Ich kriege es einmal in der Woche besorgt) hat im Hindustani die Nebenbedeutung einer wöchentlichen Injektion – schmerzhaft, aber gut für die Gesundheit. Die häufigsten Ausdrücke für Geschlechtsverkehr sind *Kaam* und *Dhandha,* «Arbeit» und «Geschäft». Für diese Frauen (und Männer) scheint der Geschlechtsverkehr den Charakter einer vertraglich vereinbarten, unpersönlichen Geschäftsbeziehung zu haben, in der immer die Möglichkeit besteht, daß ein Partner den anderen ausnützt oder betrügt.

Der eheliche Geschlechterkonflikt, wie ich ihn in diesem Kapitel dargestellt habe, entbehrt nicht der Momente der Zärtlichkeit und – besonders für die Frauen – der Gefühle des Mangels und der Trauer, wenn diese fehlt. Mitros gelegentliche Gesten der körperlichen Zuneigung und finanziellen Großzügigkeit gegenüber Sardari in Zeiten großer finanzieller Schwierigkeiten, oder Ranos Qual und Betrübnis, als sie Mangla sagt, der Krieg zwischen den Geschlechtern sei wie derjenige im *Mahabharata,* sind nur zwei beispielhafte Szenen aus unseren Romanen. Ranos Vergleich mit der Schlacht von Kurukshetra trifft tatsächlich auf den wesentlichen Kampf zwischen den Ehepartnern zu: der Kampf findet zwischen Gegnern statt, die einander gut kennen und die sogar für das eine oder andere Mitglied des feindlichen Trupps Ergebenheit und Bewunderung empfinden.

Die tiefe Sehnsucht der Gattin nach einer intimen Beziehung mit ihrem Gatten wird in diesen Romanen nur angedeutet. In der Literatur und bei den Patienten der Mittel- und Oberschicht wird diese Sehnsucht zum überwältigenden Problem. Der Wunsch, innerhalb der Großfamilie – nicht in Opposition zu ihr – ein «Paar» zu bilden, wird vom Schicksal zumeist nicht gewährt. Er ist das dominierende Thema, von dem das Leben der realen wie der fiktionalen Frau geprägt wird. Der Wunsch nach einem Zwei-Personen-Universum geht ihr nie ganz aus dem Kopf. Wie ein Leuchtturm der Hoffnung steht er inmitten ihres turbulenten Lebens in der Großfamilie mit seinen Mühsalen, Plackereien, Streitigkeiten, Enttäuschungen und gelegentlichen Freuden. Im Gegensatz zur Sehnsucht, die man aus vielen westlichen Romanen kennt, geht es bei der «romantischen» indischen Sehnsucht nicht um die Erkundung erotischer Leidenschaften oder um die unsterbliche Liebe zu einem Mann. Es handelt sich um eine viel stillere Angelegenheit, die einem Mukesh-Lied gleicht. Die Nicht-Erfüllung dieser Sehnsucht läßt das Gefühlsleben vieler Frauen verkümmern, und viele fristen ihr Leben als mütterliche Automaten. Andere wiederum reagieren mit innerer Verzweiflung, in der, wie es eine Frau ausdrückte, sogar der Geruch des Ehemannes zur täglichen Folter wird, und die sich in einem stillen Schrei Luft verschaffen muß. Die ersehnte Intimität, die die Feindschaft zwischen Mann und Frau für immer überwinden sollte, wird kulturell überhöht. Sie ist das wahre *Sasural,* das Heim des Gatten, auf das sich ein Mädchen nach der Heirat freut, und dem sogar verheiratete Frauen in ihrer Phantasie immer wieder einen Besuch abstatten.

Ich bin in den vierziger Jahren aufgewachsen, und damals wurde das Kino – zumindest von der Mittel- und Oberschicht des Punjabs – als etwas Anstößiges, wenn nicht gar Unmoralisches betrachtet. Als besonders gefährlich galt es für die sensiblen, kleinen Kinder. Natürlich wurden nicht alle Filme gleich mißbilligt. In Indien gab und gibt es für alles und jedes – von den Pflanzen bis zu den Menschen – eine streng hierarchische Ordnung, so auch für den Film. Im Kastensystem des Kinos stehen die Actionfilme (die indischen Kung Fu-Filme) als niedrigkastige Shudras auf der untersten Leitersprosse, während die mythologischen Filme (die Brahmanen) mit den Historienfilmen (die Kshatriyas) auf der obersten Sprosse um die Spitzenposition kämpfen. Das einzige Mal, als ich im ‹Prabhat Talkies›, dem Kino meines Großonkels in Lahore, in die Vorführkabine gelassen wurde, lief ein Mythologiefilm mit dem Titel *Kadambari,* den man getrost vergessen kann. Als Kind sah ich am liebsten Actionfilme, doch mein Geschmack war eigentlich ziemlich vielseitig. Dank der Komplizenschaft eines freundlichen Türstehers, der nebenbei im benachbarten Haus meines Großonkels als «Mädchen für alles» arbeitete, war ich in der glücklichen Lage, meiner geheimen Leidenschaft fürs Kino immer frönen zu können, wenn wir in Lahore waren. «Leidenschaft» ist hier wörtlich und nicht als Metapher zu verstehen, denn mein Bedarf an Filmen war unersättlich und mein Konsum entsprechend. Ich habe mir *Ratan* sechzehnmal und *Shikari* vierzehnmal angesehen, und sogar *Kadambari* sah ich mir noch dreimal an, nachdem ich ihn von der Vorführkabine aus gesehen hatte.

Ich erinnere mich meiner Kinobesuche mit jener Nostalgie, die den Kindheitserinnerungen – zumindest den guten – einen einzigartigen Glanz von Unvergeßlichkeit verleiht. In der anonymen Dunkelheit, in der das flackernde Licht eine magische und gleichzeitig vertraute Welt auf die Leinwand zauberte, war ich kein kleiner Junge mehr. Ich nahm Teil an der beneideten Erwachsenenwelt, auch wenn ich die Bedeutung der Riten und Mysterien jener Welt nur dumpf erahnte. Ich stimmte auch dann in das Gelächter ein, wenn ich eine

Pointe nicht verstanden hatte. Auch ich wollte meinen Atem anhalten in der geheimnisvollen Stille, die einer besonders gut gespielten Liebesszene folgte. Auch ich legte heimlich Daumen und Zeigefinger unter die Zunge, um die bewundernden Pfiffe nachzuahmen, mit der die obligate Szene begrüßt wurde, in der die Heldin ins Wasser fiel oder sonstwie naß wurde. Solche Szenen gibt es auch heute noch: als Miß Zeenat Aman kürzlich in *Satyam Shivam Sundaram* unter einem Wasserfall stand, was ihre beträchtlichen Reize durch den nassen, auf der Haut klebenden Sari sichtbar werden ließ, fühlte ich mich der Welt der Hindi-Filme zu Dank verpflichtet, weil sie so inmitten einer unsicheren, sich stets verändernden Welt wenigstens in diesem Punkt für Kontinuität sorgte. Als Kind brachten mir die Filme die begehrenswerte Welt der Erwachsenen verlockend nahe, heute helfen sie mir, den Weg zur Kindheit offenzuhalten.

Ich habe meine Beziehung zum Hindi-Film nicht deshalb so ausführlich beschrieben, weil ich für mich eine große persönliche Erfahrung oder eine spezielle Kenntnis in Anspruch nehmen will. Vielmehr möchte ich die dauerhafte, nachhaltige Verbindung mit dem populären indischen Kino unterstreichen. Dieses Kino, das Bilder und Symbole aus den traditionellen regionalen Kulturen mit modernen, westlichen Themen kombiniert, ist heute die wichtigste Gestaltungskraft der im Entstehen begriffenen pan-indischen Kultur. Das feste Repertoire an Geschichten, das dem Publikum vermutlich gänzlich vertraut ist, weist auffallende Parallelen zum traditionellen Volkstheater auf. Aber die im Kino gezeigte Populärkultur geht weiter als die klassischen und folkloristischen Elemente, auch wenn es diese in sich vereinigt.

Der Film richtet sich an ein so unterschiedliches Publikum, daß er gesellschaftliche und räumliche Grenzen überwinden muß. Die Werte und die Sprache des Volkskinos, das täglich fast fünfzehn Millionen Besucher anzieht, haben die Grenzen der Großstädte schon längst überschritten, sie sind inzwischen in die Kultur der ländlichen Bevölkerung eingedrungen. Dort beginnen sie nun, die Maßstäbe der Lebensqualität genauso zu beeiflussen wie die gesellschaftlichen, familiären und die geschlechtlichen Beziehungen. Ein Volkstanz einer Region oder ein bestimmter Musikstil – zum Beispiel der hingebungsvolle *Bhajan* – wird, sobald er die Pforten der Studios in Bombay oder Madras passiert hat, zu einem Film-Tanz oder einen Film-*Bhajan* umgestaltet, indem man ihn mit musikalischen und tänzerischen Motiven aus anderen Regionen und manchmal auch aus dem Westen kombiniert. Anschließend wird das Ganze in Technicolor-Farben und in Stereo-Ton (womit das Original entscheidend verändert wird) im buchstäblich «wiedergegeben». Umgekehrt wird das Volkstheater von Szenen, Dialogen und Dekors aus Filmen kolonisiert. Sogar die Ikonographie der traditionellen religiösen Statuen und Bilder wird von den filmischen Darstellungen der Götter und Göttinnen beeinflußt.[38]

Meiner Vorstellung nach ist der Film eine kollektive Phantasie, ein Gruppen-Tagtraum. Mit «kollektiv» und «Gruppe» will ich nicht sagen, der Hindi-Film sei Ausdruck eines mythischen, kollektiven Unbewußten oder eines Gruppen-Geistes. Vielmehr betrachte ich das Kino als primäres Vehikel für die gemeinsamen Phantasien der riesigen Menschenmasse des indischen Subkontinents, die kulturell und psychologisch miteinander verbunden ist. Den Begriff «Phantasie» verwende ich nicht in seiner üblichen Bedeutung, in der ihm etwas «Spleeniges», Exzentrisches oder Triviales anhaftet, sondern als Ausdruck der Imagination, die von der Sehnsucht genährt wird, und die uns eine alternative Welt bietet, in der wir den alten Streit mit der Realität fortführen können. Sehnsucht und Phantasie sind natürlich auf Gedeih und Verderb miteinander verbunden. Der Satz von Aristoteles, wonach es ohne Phantasie keine Sehnsucht gebe, erhält in seiner Umkehrung sogar noch mehr Sinn. Phantasie ist die Inszenierung der Sehnsucht, ihre Dramatisierung in visueller Form.

Die Ursprünge der Phantasie liegen im unvermeidlichen Konflikt zwischen unseren vielen Sehnsüchten, die als Forderungen an die Umwelt (besonders gegenüber Menschen) geäußert werden, und der Unfähigkeit oder der Weigerung der Umwelt, diese Sehnsüchte zu erfüllen. Die Kraft der Phantasie kommt uns also zu Hilfe, indem sie die Sehnsüchte über das Mögliche oder Vernünftige hinaus ausdehnt oder zusammenzieht, indem sie die Vergangenheit neu schafft und die Zukunft erfindet. Phantasie, der «Stoff, aus dem die Träume sind», ist die Brücke zwischen Sehnsucht und Wirklichkeit; sie überspannt die Kluft zwischen dem, worum man bittet, und dem, was einem gewährt wird. Sie verdient also die Lobpreisung des Psychoanalytikers Robert Stoller sehr wohl: «Die Phantasie ist die Hoffnungsträgerin, die Heilerin des Traumas, die Beschützerin vor der Realität, die Verschleierin der Wahrheit, die Bestimmerin der Identität, die Wiederherstellerin der Ruhe, die Feindin der Angst und der Traurigkeit, die Reinigerin der Seele.»[39] Die Hindi-Filme sind, vielleicht mehr als das Kino vieler anderer Länder, Phantasie in diesem speziellen Sinne.

Allein schon die Menge an Phantasie, die in den vielen Filmen angeboten wird, ist überwältigend. Der Gedanke daran, daß die darin angebotenen magischen und märchenhaften Erklärungen für weite Teile der indischen Gesellschaft die einzigen Lösungsmodelle für ihre anstehenden Lebensprobleme darstellen, ist beängstigend. Manche mögen die gründliche Verleugnung der äußeren Realität durch das indische Kino als krankhaft bezeichnen, zumal das Argument nicht sticht, wonach die Phantasie in den Filmen das Bedürfnis der bettelarmen Bevölkerung nach Weltflucht befriedige. Erstens sind es nicht die Armen, die das Hauptkontingent der Kinobesucher stellen, und zweitens gibt oder gab es in keinem anderen Land ein Kino, das auch in den schlimmsten wirtschaftlichen und politischen Zeiten eine so einheitlich phantastische Kost aufgetischt hätte. Weder das deutsche Kino während der Wirtschaftskrise in den zwanziger Jahren, noch das japanische Kino in der Zeit nach dem Zweiten Weltkrieg haben die Phantasie zu einem so dominierenden Prinzip erhoben. Wenn man dazu noch in Betracht zieht, daß der Neorealismus in Italien sogar im wirtschaftlichen Chaos nach dem Sieg der Alliierten gedieh, dann wird man erkennen, daß die Phantasien, die den indischen Film durchdringen, nicht allein wirtschaftlich erklärt werden können.

Der Grund für die Allgegenwart der Phantasie im Hindi-Film ist meiner Ansicht nach eher im Reich der Kulturpsychologie zu suchen als in den sozio-ökonomischen Bedingungen. Wie in anderen Kulturen gibt es auch bei uns Filmbesessene. Es sind die unglücklichen Menschen, die in der Kindheit dazu gezwungen wurden, die Welt wie Erwachsene zu betrachten. Jetzt brauchen sie die Phantasie des Films, um das Vakuum aufzufüllen, das durch die verfrühte Unterdrückung des Magischen verursacht wurde. Einmal abgesehen von dieser Gruppe, würde kein zurechnungsfähiger Inder glauben, die Hindi-Filme würden ein realistisches Abbild von der Welt liefern. Allerdings habe auch ich den Eindruck, unsere Bereitschaft zur Unterdrückung einer diesbezüglichen Skepsis sei etwas größer als in anderen Kulturen. Dies liegt aber nicht daran, daß die Gedankengänge der Inder von der Phantasie besessen sind. Die Tendenz, von außen kommende Meinungen und Überzeugungen zu übernehmen, eher nach Bestätigung zu suchen als für neue, beunruhigende Erkenntnissen offen zu sein, lieber in einer lockeren, assoziativen Weise zu denken als genau und logisch, ist weder indisch, amerikanisch, chinesisch, japanisch oder deutsch, sie ist den meisten Menschen eigen. Trotzdem, und ohne ein Werturteil zu fällen, möchte ich die Hypothese aufstellen, daß in Indien die magische Welt des Kindes im Bewußtsein der Erwachsenen stärker präsent ist als in anderen Kulturen. Aufgrund des spezifischen Einflusses der Kultur und der adäquaten Kinderbetreuung, die ich anderswo detaillierter beschrieben habe, ist das indische Ego flexibel genug, vorübergehend in einen kindlichen Zustand zurückzufallen, ohne sich gleich bedroht oder vereinnahmt zu fühlen.[40] Eine riesige Anzahl Menschen scheint im Hindi-Film einen solchen regressiven Zufluchtsort gefunden zu haben.

Wenn ich vorher festgestellt habe, daß ich das indische Kinopublikum nicht nur als Konsumenten der Hindi-Filme betrachte, sondern auch als deren wahre Autoren – welche Rolle spielen dann die scheinbaren Schöpfer, also die Produzenten, Regisseure, Skriptautoren, Komponisten und so weiter? Meiner Ansicht nach ist ihre Funktion rein instrumental; sie ist derjenigen eines Verlegers vergleichbar, der aus einer Anzahl eingereichter Manuskripte eine Auswahl trifft, um sie zu bearbeiten und zu publizieren. Die Notwendigkeit, die Kinokassen zum Klingeln zu bringen, garantiert, daß die Filmemacher keine «abnormalen» Tagträume auswählen und produzieren. Sie müssen sich intuitiv nach den Themen richten, die vom Publikum gemeinsam geteilt werden; wenn sie dies nicht tun, ist die Anziehungskraft des Films verheerend klein. Wie in der Pornographie muß der Filmemacher ein

Werk schaffen, das gleichzeitig einmalig genug ist, um zu faszinieren, und allgemeingültig genug, um viele zu begeistern. Darüber hinaus sind die Filmemacher natürlich bestrebt, daß es ihr Werk unter den jährlich etwa siebenhundert produzierten Filmen unter die zehn oder fünfzehn schafft, die am meisten bejubelt werden. Deshalb wiederholen und variieren sie Tagträume, die sich zu immer ausgiebigeren Substituten der Realität entwickeln. In der allgemeinen Rubrik «Phantasie», die von den ursprünglichsten Traumbildern bis zu den rationalisierten Fehlinterpretationen der Alltagsrealität reicht, kommt der Hindi-Film dem Tagtraum wahrscheinlich am nächsten. Die visuelle Landschaft dieser Filme hat deshalb eine so große Tagtraum-Qualität, weil sie sich nicht vollständig außerhalb der Realität befindet, sondern mit dieser eindeutig verbunden ist. Wie Arjun Appadurai und Carol Beckenridge feststellten, werden Orte, soziale Typen, topologische Eigenschaften und alltagsähnliche Situationen so abgewandelt oder übertragen, daß sie auf raffinierte Weise ein phantastisches Milieu schaffen.[41] Die Filmsprache beeinflußt sogar die Umgangssprache: «Don't *maro filmi* dialogues, *yaar*» (Wirf mir keine Filmzitate an den Kopf, mein Freund) – diese oft gehörte Warnung in «Indinglish» zum Beispiel richtet sich an jemanden, der aufgeblasene Freundschafts-, Liebes- oder Feindschaftserklärungen abgibt, die für die Dialoge im indischen Film charakteristisch sind.

Wie in den Tagträumen der Erwachsenen wird auch im Hindi-Film die zentrale Funktion der Phantasie betont: die Erfüllung von Wünschen, die Demütigung von Rivalen und die Zerstörung von Feinden. Die Stereotypie der Handlungen und Wandlungen der Filmstories sorgt dafür, daß die eigentliche Botschaft – die zum Beispiel das Märchen bei Kindern so beliebt macht – immer wiederholt wird. Sie lautet: Der Kampf gegen die Schwierigkeiten und die oft ungerechtfertigten Bürden des Lebens ist zwar unvermeidlich, aber wenn man ihnen mutig und standhaft gegenübertritt, wird man sie schließlich bezwingen.[42] Am Ende des Märchens und des Films sind die Eltern meistens stolz und glücklich; die Prinzessin wurde gerettet, die Schurken haben entweder reumütig aufgegeben oder sie dekorieren die Landschaft zur allgemeinen Zufriedenheit als Leichen. Der Böse erleidet im Film das gleiche

Schicksal wie im Märchen: er mag vorübergehend überlegen sein, es mag ihm gelingen, die angestammten Rechte des Helden an sich zu reißen, aber seine Niederlage und seine Vernichtung sind gewiß. Ähnlich der Versuchung eines Kindes, «schlecht» zu sein, weil es immer zum Wohlverhalten angehalten wird, kann auch das Böse im Hindi-Kino dazu verleiten, heimlich dem Appetit auf narzißtische Vergnügungen nachzugeben. Üblicherweise kommt der uneinsichtige Schurke in den Genuß von Vergnügungen wie Weintrinken und der freiwilligen oder unfreiwilligen Gesellschaft attraktiver Damen.
Eine andere Gemeinsamkeit der Hindi-Filme und Märchen ist die Vereinfachung von Situationen und das Weglassen von nicht unbedingt benötigten Details. Die Figuren des Films sind immer typisch, nie einmalig, und sie kommen ohne die entnervende Vielschichtigkeit realer Menschen aus. Der Held und der Bösewicht, die Heldin und ihr bester Freund, der liebevolle Vater und die grausame Stiefmutter sind nie ambivalent, sie verkörpern nie die Vielschichtigkeit, die wir eigentlich in uns vereinigen. Allerdings: Im Gegensatz zum Roman beabsichtigt der Film nicht, das Verständnis für die individuellen Eigenschaften von Frauen und Männern zu fördern oder uns zum Nachdenken über unsere Lebensbedingungen anzuregen. Es geht vielmehr darum, das Kind in uns anzusprechen und innert kürzester Zeit Sympathien und Antipathien zu erzeugen, damit uns die so gesteigerte Identifikation ermöglicht, noch tiefer in unseren Phantasien zu schwelgen.
Wenn dogmatische Rationalisten die Hindi-Filme als unrealistisch abtun und sich darüber beschweren, die Handlung sei unglaubwürdig und die Darsteller würden die Vorstellungskraft strapazieren, dann beruht dieses herablassende Urteil auf einer eingeschränkten Sicht der Realität. Würde man das Wirkliche auf das reduzieren, was tatsächlich nachgewiesen werden kann, würde man den Bereich des psychologisch Realen ausschließen – all das also, was als dauerhafte, innere Wirklichkeit des Einzelnen angesehen wird. Oder, um mit Bruno Bettelheim zu sprechen: Hindi-Filme mögen im vernünftigen Sinn unrealistisch sein, aber sie sind sicher nicht unwahr. Sie mögen die äußere Welt mangelhaft wiedergeben, ihre Wichtigkeit für die Situation des Zuschauers mag gering sein. Aber der Hindi-Film liefert eine glaubwürdige und ver-

läßliche Einsicht in die Topographie der Sehnsucht, weil er, wie wir sehen werden, seinen Schwerpunkt auf die unbewußt wahrgenommene Phantasie legt und nicht auf die bewußt wahrgenommene Geschichte. Die Geschichten mögen oberflächlich banal und ihre Unterschiede mögen klein sein, ihre Bedeutung mag einfach und leicht durchschaubar sein, sie mögen die kulturellen Sitten eher verstärken als in Frage stellen. Doch unter der Oberfläche sind diese Phantasien keineswegs banal, auch wenn sie sich wiederholen, und das bewußte Verständnis verschiedener menschlicher Beziehungen wird um überraschende Wendungen bereichert.

Nachdem ich die Beziehungen zwischen dem indischen Kino, der Kultur und der Psyche beschrieben habe, möchte ich mich dem Kinopublikum zuwenden, genauer gesagt dem «Liebestheater», das sich im Kinopublikum beim Betrachten der flimmernden Bilder auf der Leinwand abspielt. Die Liebesgeschichte, die ich hier darzustellen versuche, habe ich größtenteils aus den erfolgreichsten Kinohits der letzten zwanzig Jahre zusammengestellt.[43] Da es nicht möglich und auch langweilig wäre, die Handlung all dieser Filme zu erzählen, werde ich nur einen Film als Textbeispiel verwenden. Es handelt sich um *Ram Teri Ganga Maili* (Rama, Dein Ganges ist verschmutzt) von Raj Kapoor, den erfolgreichsten Kassenschlager des Jahres 1986. Zusätzlich werde ich Beispiele aus anderen Filmen anführen, um Aussagen zu erläutern und die Prototypen der Liebesgeschichte im Hindi-Kino zu vervollständigen.

Narendra, der Held des Films, studiert als Sohn eines reichen, völlig korrupten Geschäftsmannes an einem College in Kalkutta. Sein Vater ist ein enger Vertrauter von Bhag Choudhary, einem fiesen Politiker, dessen einzige Tochter Radha ein Auge auf unseren Helden geworfen hat. Narendra ist sich der Gefühle von Radha allerdings nicht bewußt. Er ignoriert ihre nicht gerade zurückhaltenden Annäherungsversuche und pflegt mit ihr ein freundliches, asexuelles Verhältnis.

Narendra besucht auf einem College-Ausflug Gangtori, die Quelle des heiligen Ganges im Himalaya. Er verspricht seiner Großmutter, reines Ganges-Wasser von der Quelle mitzubringen, da der Fluß stark verschmutzt ist, wenn er bei Kal-

kutta ins Meer fließt. Um zum Bach zu gelangen, klettert er eine Bergflanke hinunter, und dabei rutscht ihm der mitgebrachte Krug aus der Hand. Er versucht ihn einzuholen, und nur der Warnruf von Ganga, der Heldin des Films, bewahrt ihn vor dem Sturz über die Klippen. Ganga ist ein hübsches, junges Mädchen aus den Bergen, sie ist rein und unschuldig. Unverhohlen beteuert sie dem Stadtjungen ihre Zuneigung, und oft ist sie es, die in der aufkeimenden Beziehung die Initiative ergreift. Auf ihren Exkursionen durch die Berge nimmt sie ihn an der Hand, sie geht barfuß und ist unempfindlich gegenüber der Kälte, er hingegen stolpert hintendrein und zittert vor Kälte. Während sie umeinander werben, singen sie auf blumenübersäten Wiesen Lieder und toben in Bächen umher. Dabei wird Ganga natürlich naß, und ihr dünner, weißer Sari legt sich eng um ihre wohlgeformten Brüste. Narendra bewahrt Ganga vor der Vergewaltigung durch einen seiner College-Freunde, was die Gefühle des Mädchens für den jungen Mann und ihre gegenseitige Bindung verstärkt.
Ganga hat sich bereits einem der ihren versprochen, aber sie beschließt, die Verlobung aufzulösen und Narendra zu heiraten. Der Heiratszeremonie geht ein mitreißender, erregender Volkstanz voraus, danach folgt die Hochzeitsnacht. Im Zimmer wird Ganga von Narendra mit dem Ernst und der Hingabe eines Priesters entkleidet, der die Statue einer Göttin für die allmorgenliche Verehrung vorbereitet. Unterdessen ist Gangas Bruder in einen mörderischen Kampf mit ihrem Ex-Verlobten verwickelt, bei dem beide den Tod finden.
Narendra geht mit dem Versprechen nach Kalkutta zurück, Ganga nachkommen zu lassen, sobald er seine Familie über die Heirat unterrichtet hat. In Kalkutta stellt er fest, daß er von seiner Großmutter inzwischen an Radha versprochen wurde, der Tochter des Politikers. Beide Familien sind über die Verbindung erfreut. Nach vielen emotionellen Szenen zwischen dem Jungen und seinen Eltern, bei denen die Großmutter einen Herzschlag erleidet und schließlich stirbt, widersetzt sich Narendra den Wünschen seiner Eltern und macht sich in die Berge auf, um Ganga zu holen. Der politische Einfluß von Choudhary sorgt dafür, daß Narendra schon vor der Ankunft in Gangas Dorf von der Polizei gewaltsam aus dem Bus geholt und nach Kalkutta zurückgebracht wird.

Unterdessen erhält Ganga einen Brief von Narendras Großmutter, der sie von der Heiratsabsprache unterrichtet, und Ganga geht davon aus, daß ihr Mann nun mit einer anderen Frau verheiratet ist. Ihre Hochzeitsnacht mit Narendra hatte allerdings Folgen; sie bringt einen Sohn zur Welt. Weil die Kinder in der Hindu-Tradition dem Vater gehören, fällt Ganga den edlen Entscheid, ihren Sohn zu Narendra im fernen Kalkutta zu bringen. Damit begibt sie sich in Gefahr. Als Ganga am Fuß der Berge aus dem Bus steigt und nach dem Bahnhof fragt, um mit dem Zug nach Kalkutta weiterzufahren, wird sie in ein billiges Bordell gelockt. Dort wird sie an einen Kunden verkauft, der sie vergewaltigen will, aber Ganga, die das Kind an die Brust gedrückt hält, gelingt die Flucht. Danach wendet sie sich an einen alten Priester, um nach dem Weg zum Bahnhof zu fragen, aber auch der entpuppt sich als Lüstling. Die gerade noch rechtzeitig eintreffende Polizei rettet sie vor seinen Zudringlichkeiten. Nachdem sie schließlich von einem freundlichen Polizeioffizer – der sie dafür nicht einmal vergewaltigen will – in den Zug nach Kalkutta gesetzt wurde, wird Ganga von einem Zuhälter entführt, der sie in Benares in ein *Kotha* bringt, ein Bordell, in dem die Kunden zuerst mit traditionellen Kurtisaninnen-Liedern und -Tänzen unterhalten werden. Ganga wird ein bekanntes Tanzmädchen, obwohl sie ihre geheimnisvolle Reinheit bewahrt – jene «Reinheit des Ganges, die im Herzen einer Frau sitzt und die einen Mann anzieht, ihn mit ihr verschmelzen läßt».
Dann wird Ganga vom Besitzer des *Kotha* an Choudhary verkauft, der in Benares nach einem Mädchen sucht, das ihm im Alter Gesellschaft leistet. Choudhary, der zukünftige Schwiegervater ihres Gatten, bringt Ganga in einem Haus in Kalkutta unter, und eines Tages bringt er Narendras Vater mit, um ihm die Reize des Mädchens vorzuführen. Er verspricht ihm, Ganga mit ihm zu teilen, sobald die Hochzeit ihrer Kinder vollzogen sei. Am Hochzeitstag wird Ganga von Choudhary zur Unterhaltung der Gäste bestellt. Als sie zu tanzen und singen anfängt, wird sie von Narendra erkannt, der an ihre Seite eilt, bevor der Hochzeitsritus vollzogen ist. Sein Vater und besonders Choudhary und seine Spießgesellen versuchen ihn aufzuhalten, aber Narendra und Ganga sind schließlich vereint. Zusammen mit ihrem Sohn verlassen sie die korrupte,

degenerierte Welt ihrer Eltern, gehen einer hoffnungsvollen Zukunft entgegen.
Oberflächlich betrachtet ist *Ram Teri Ganga Maili* eine zuckersüße Geschichte über die ewig reine Frau, die dank ihrer Hingabe und Unschuld von lüsternen Männern nicht versklavt und ausgebeutet werden kann. Ähnlich dem «dritten Ohr», das in der analytischen Sprechstunde als unentbehrlich gilt, kann hier ein solches «drittes Auge» helfen, die bis zur Geschmacklosigkeit übersteigerte Oberfläche des Films zu durchdringen und zu den verborgenen Mustern vorzudringen. Im Gegensatz zum dritten Auge Shivas, das jegliche Realität zerstört, bricht das Freudsche dritte Auge die steinerne Oberfläche der Realität auf, um ihre inneren Phantasie-Formen freizulegen. Wie der Träumer, der nicht nur Autor, Produzent und Regisseur seines Traums ist, sondern auch selbst alle wichtigen Rollen übernimmt, beschränkt sich auch das Publikum des Films nicht darauf, in die Haut des Helden oder der Heldin zu schlüpfen, sondern verteilt sich auf andere Charaktere. Der Analytiker kann dann den Charakteren der Geschichte andere Werte zuordnen als die, die vom Träumer offensichtlich belegt wurden. Er wird zum Beispiel in Betracht ziehen, daß das Publikum nicht nur mit der unglücklichen Ganga leidet, sondern in der sexuellen Bosheit ein geheimes Vergnügen findet und heimlich an den masochistischen Freuden ihrer Torturen teilnimmt. Darüber hinaus zerstört das dritte Auge auch die eigentliche Identität der Filmcharaktere und ersetzt sie durch diejenigen des inneren Familiendramas eines Kindes. Damit wird das Leinwand-Bild von Ganga, die ihr Kind ständig an die Brust gedrückt hält, zur Persona der Mutter aus einer bestimmten Kindheitsphase. Die Gesichter der diversen Schurken vereinigen sich zum Gesicht des bösen, aggressiven Vaters, der die arme Mutter dazu zwingt, sich seiner unbeschreiblichen Begierde zu unterwerfen. Durch das dritte Augen sehen wir indische Männer und Frauen schließlich als Liebende, und wir bekommen einiges von den Situationen und Räumen der Liebe zu sehen, die sie auf die Leinwand projizieren.
Ganga, die einem anderen Mädchen aus den Bergen sehr ähnlich ist, nämlich der Reshma in *Barsaat,* dem vor vierzig Jahren entstandenen ersten Film von Raj Kapoors, stellt die jüngste

Reinkarnation einer Heldin dar, die sich durch nichts von der Hingabe an einen Helden abbringen läßt, der entweder passiv oder abwesend oder beides zusammen ist. Sie lebt unabhängig und sorglos, bis sie von Kamas glühenden Liebespfeilen getroffen wird. Die Liebe brachte ihr nichts als Qualen und Erniedrigungen, besonders der sexuellen Art. Tatsächlich erscheint ihr Leiden – ähnlich demjenigen der Heldinnen Laila und Sohni – fast wie eine Strafe für die Verletzung gesellschaftlicher Konventionen, weil sie es gewagt hat, frei zu lieben. Die tatsächliche oder versuchte Vergewaltigung stellt die schlimmste Erniedrigung dar, der sie sich ihrer Sünde wegen unterziehen muß.

Die Frage, warum die Vergewaltigung ein so gebräuchlicher Bestandteil indischer Filme ist, in denen sonst sogar ein Kuß tabu ist, und warum die sexuelle Erniedrigung der Frau in der Liebesphantasie eine so wichtige Rolle spielt, ist wichtig. Die visuelle Umsetzung der Vergewaltigung ohne die in der Realität traumatisierende Gewalt macht es offensichtlich, daß sie sich ausnahmslos in der Phantasie abspielt. Die Schurken mit ihren Schnauz- oder Stoppelbärten rollen mit den Augen und jagen in verschlossenen Räumen hinter ihrer weiblichen Beute her. Mit tiefem, hämischem Grunzen und lüsternen Äußerungen wie «Ha! Gleich habe ich dich!» springen sie die Heldin immer wieder an, um ihr jedesmal ein Kleidungsstück wegzureißen. Die Heldin ihrerseits versucht, sich in panischer Angst zu entziehen, sie verschränkt die Arme über den Brüsten, um ihre in Mitleidenschaft gezogene Integrität zu schützen, und sie fleht ununterbrochen darum, man möge ihr ein Schicksal ersparen, das schlimmer als der Tod sei. Wie in den volkstümlichen Darstellungen des *Mahabharata,* in denen Dushasana Draupadi zu entkleiden versucht, erfreut sich das Publikum auch hier an der sadomasochistischen Phantasie, die durch die Wehrlosigkeit und Qual einer verängstigten Frau geweckt wird. Masochismsus wird üblicherweise als ein Verlangen nach Schmerz um des sexuellen Vergnügens Willen definiert, wobei das Verlangen oder das Vergnügen (oder beides zusammen) in hohem Maße unbewußt sind. Die Vergewaltigungsphantasien der Männer lassen sich in der späteren Kindheitsphase lokalisieren, die ich anderswo als «zweite Geburt» bezeichnet habe. In ihr wird das frühere Bild der

Mutter als überwältigende weibliche Präsenz durch das der schwachen, leidenden und erniedrigten Frau ersetzt. Dies ist nicht so sehr das Resultat der Konfrontation des Knaben mit der weiblichen Realität in der indischen Familie als vielmehr eine Projektion dessen, was mit ihm geschehen würde, falls er vom Vater oder anderen älteren Männern sexuell beherrscht würde. Je mehr der Knabe zum Mann heranwächst, um so mehr muß diese Phantasie unterdrückt und in immer entferntere Bewußtseinsbereiche verdrängt werden. In der höhlenartigen Dunkelheit des Kinosaals darf sich die Phantasie endlich wieder behutsam an die Oberfläche wagen, und das assoziierte masochistische Vergnügen darf im Schmerz und der Unterwerfung der Frau, mit der man sich heimlich identifiziert, still genoßen werden.

Die Auswirkung der Vergewaltigungsszenen auf die Zuschauerinnen sind komplizierter, auch wenn diese Szenen stark stilisiert sind. Einerseits berührt die erzwungene Sexualität die tiefsten Ängste einer Frau. Andererseits gilt es, auch die weniger bewußte Präsenz einer sexuellen Phantasie zu berücksichtigen. Sie besteht darin, daß es sich bei den Vergewaltigern im indischen Kino oft um ältere Gestalten handelt, von denen die Frau in entscheidender Weise abhängig ist: Arbeitgeber, *Zamindars* (Gutsherren) und ähnliche. In ‹Ram Teri Ganga Maili› sind es – abgesehen von einem anonymen Bordellbesucher – der Priester und der mächtige Choudhary als zukünftiger Schwiegervater ihres Ehemannes, die Ganga vergewaltigen wollen. In vielen anderen Filmen verbirgt sich das Gesicht des Vaters hinter der Maske des Vergewaltigers. So versucht der Stiefvater der Heldin in *Karz,* einem Kinohit aus dem Jahr 1979, zum Schein eine Vergewaltigung seiner Stieftochter, um die Eignung des Helden als zukünftigen Ehemann zu prüfen. Wendy O'Flaherty setzte die Kraft dieser Szene mit dem uralten Mythos in Verbindung, in dem der Gottvater (Brahma, Prajapati oder Daksha) seine eigene Tochter zu vergewaltigen versucht, bis sie vom Helden Shiva befreit wird.[44] O'Flaherty erklärt, dieser bekannte Mythos werde toleriert und in den Hindu-Texten, die die Entstehung aller Tiere auf die inzestuöse Vereinigung von Vater und Tochter zurückführen, als positiv erachtet. Ich möchte die Mythologie kulturpsychologisch ergänzen, indem ich die Anziehungskraft, die für die

Frauen von der Phantasie einer Vergewaltigung durch die Vaterfigur ausgeht, auf die Jugend vieler Inderinnen zurückführe. In diesem wahrscheinlich schmerzvollsten Abschnitt ihres Leben werden dem Mädchen viele Entbehrungen abverlangt, und die Vorbereitungen auf ein Leben als Schwiegertochter werden unerbittlich vorangetrieben, denn schließlich soll sie das Ansehen der Familie mehren. Die Psychoanalyse fördert regelmäßig den aus diesem Lebensabschnitt stammenden, mächtigen Wunsch nach einer intimen Beziehung zum Vater zutage. Dabei wird die Tochter gleichzeitig als kleines Mädchen verwöhnt und als junge Frau behandelt, deren aufkeimende Fraulichkeit wohlwollend zur Kenntnis genommen, und auf die entsprechend reagiert wird. Diese Phantasie ist bei Frauen häufig, weil sich der Vater oft von der Tochter abwendet, sobald sie in die Pubertät kommt. Er meidet die körperliche Nähe zweifellos auch deshalb, weil die Tochter in ihm sexuelle Gefühle weckt. Auf jeden Fall wird die Abwendung des Vaters von der Tochter, die gerade lernt, sich in ihrem fraulichen Körper zu Hause zu fühlen und in ihrer Frauenrolle noch unsicher ist, von ihr als Beweis mangelnder Attraktivität interpretiert. Die ersehnte Intimität zwischen Tochter und Vater stellt in Indien eine der wichtigsten Phantasievorstellungen dar, weil die Abwendung des Vaters von der Tochter sehr abrupt erfolgt, sobald die Pubertätsphase einsetzt. Die Tochter wird vollkommen von der Welt der Frauen vereinnahmt, die genau in dieser Zeit der inneren Unruhe zunehmend strenger ist. Die Vergewaltigung durch den Vater wird zum verbotenen, sexuellen Aspekt ihrer umfassenderen Sehnsucht nach Intimität. Die beängstigende Maske, die der Vater trägt, ist eine Projektion des eigenen «bösartigen» Verlangens der Tochter, die sie von der Schuld befreit, ein solches Verlangen zu hegen.

Narendra, der Held des Films, ein passiver, kindlicher Charakter, läßt sich von den Hindernissen, die seine Eltern der Liebesbeziehung in den Weg legen, schnell entmutigen. Er ist ein schwaches Abbild des romantischen Helden, der die Verzweiflung über das Getrenntsein oder die Enttäuschung in der Liebe mit einer übermenschlichen Intensität erlebt – womit ich weniger die eines wankelmütigen Gottes als die eines treuen Kind-Liebhabers meine. Bis vor etwa zwanzig Jahren waren solche Helden im indischen Film sehr beliebt. Da in Indien nie etwas verschwindet, ganz gleich, ob es sich um religiöse Kulte, politische Parteien oder mythologische Motive handelt, lebt auch der romantische Liebhaber weiter, auch wenn er als Hauptfigur immer weniger gefragt ist. Trotzdem bleibt das Bild des Liebhabers, wie er etwa von Dilip Kumar in *Devdas* oder Guru Dutt in *Pyasa* verkörpert wurde, für meine Generation unvergeßlich.

Der Majnun-Liebhaber, wie ich diesen Typ in Anlehnung an die bekannte islamische Liebesgeschichte nennen möchte, hat seine kulturellen Ursprünge in einer Vermischung islamischer und hinduistischer Strömungen. Er ist überall zu Hause, in den indo-persischen *Ghazals* (Elegien unglücklicher Liebesbeziehungen, in denen der Liebhaber den Verlust, die Unerreichbarkeit oder die Abwendung seiner Geliebten beklagt) genauso wie im Wehklagen des Liebhabers über die Trennung in der Sanskrit- und Tamil-Dichtung, der *Viraha,* von denen Kalidasas *Meghaduta* (Der Wolkenbote) vielleicht das bekannteste Beispiel ist.

Anderswo habe ich die psychologische Herkunft des Majnun-Liebhabers auf die allmächtigen, aber verletzlichen erotischen Wünsche der Kindheit zurückgeführt.[45] Er verkörpert den Wunsch nach einer totalen Fusion mit der Frau; sein Leiden gleicht dem des schreienden Säuglings, der sein aufkeimendes Selbst in Auflösung begriffen sieht, sobald sich die Mutter entfernt. Was er in der Liebe wiederzuentdecken und wiederzuerlangen versucht, ist das, was rückblickend als das verlorene Paradies empfunden wird – der Schoß des Lebens nach der «psychologischen Geburt», bevor die Trennung von der mütterlichen Anima stattfand. Diese Wünsche gehören natürlich zum erotischen Wesen jedes Mannes, aber die phallische Illusion des modernen, westlichen Mannes neigt dazu, ihre Legitimität und Realität zu verleugnen.

Der romantische Liebhaber – ganz Seele und unverbesserlicher Verseschmied über die Kümmernisse und Feinheiten der Liebe – muß seine Körperlichkeit abspalten und dafür ein Zuhause, oder wohl eher ein Waisenhaus finden. Das *Kotha,* das Bordell traditionellen Stils, ist im Hindi-Film der bevorzugte Schauplatz unterdrückter sexueller Begierden, ein Pfuhl niederer Triebe. Manchmal wird das *Kotha* durch einen

schummrigen Nachtclub ersetzt, einem etwas westlicheren Schauplatz. Aber auch im *Kotha* gibt es Alkohol, rhythmische Musik und Tänze, die mit diesen unterdrückten Trieben assoziiert werden. Für den romantischen Liebhaber sind – im Gegensatz zum Bösewicht oder den Freunden des Helden – die sexuellen Vergnügungen des *Kotha* im allgemeinen mit Schuld behaftet. Er genießt sie nur widerwillig, im Nebel des Alkohols, und er macht sich dabei schwere Vorwürfe.
Der Krishna-Liebhaber ist der zweitwichtigste Held im indischen Film. Er tritt meist zusammen mit Majnun in Erscheinung. Der Krishna-Liebhaber ist der zudringliche Held, sein Kontakt zu Frauen grenzt anfänglich an sexuelle Belästigung, im indischen Englisch wird sein Verhalten als «eve-teasing» bezeichnet. Seine kulturelle Herkunft läßt sich auf eine Episode zurückführen, in der der schelmische Krishna die Kleider der badenden *Gopis* (Kuhhirtinnen) versteckte, die er trotz inständigen Flehens der Mädchen nicht mehr herausrücken will. Von Dev Anands Filmen aus den fünfziger Jahren über die von Shammi Kapoor aus den sechziger Jahren bis zu denen von Jeetendra aus unserer Zeit ist der Krishna-Liebhaber immer und überall bei der Heldin. Diese ist anfänglich verärgert und widerwillig, und sie ist sich über den Einfluß seiner phallischen Zudringlichkeit kaum bewußt. Der Krishna-Liebhaber ist auf eine liebenswerte Art narzißtisch, er gleicht einem Knaben, der kurz vor der ödipalen Phase steht. Mit allen Mitteln versucht er, die Aufmerksamkeit der Heldin auf sich zu lenken: mit offensiven Andeutungen, Zweideutigkeiten, vielsagenden Liedern und Tänzen, und er taucht an den unmöglichsten Orten auf, um sie bei ihren täglichen Arbeiten zu überraschen und zu necken (Jeetendra wird liebevoll «Schachtelmännchen» genannt). Je stärker seine Einfälle von der Heldin mißbilligt werden, um so größer ist sein Spaß. Der Held im Film *Aradhana* brachte es auf den Punkt: «Liebe macht nur Spaß, wenn die Frau verärgert ist.»
Für den Krishna-Liebhaber ist es unerläßlich, daß die Frau unberührt ist und daß sie durch seine Bemühungen, auf sein Verlangen aufmerksam zu machen, das ihre entdeckt. Er ist der leibhaftige Phallus mit den Merkmalen eines Machos. Er ist darauf angewiesen, daß ihm die Frau ununterbrochen seine Kraft, seine Intaktheit und besonders seine magischen

Qualitäten bestätigt, die eine kühle Amazone in eine heiße, begehrende Frau verwandeln können. Die Phantasie dahinter ist diejenige des Phallus – im Film ist Shammi Kapoors ganzer Körper ein Phallus –, der den Stolz der unnahbaren Frau bricht und ihre Gleichgültigkeit und ihr Desinteresse in Unterwerfung und Begierde umwandelt. Die Frau ist idealerweise eine temperamentvolle und androgyne Jungfrau, deren Sexualität geweckt wird, und die anschließend auf ein unterwürfiges Wesen reduziert wird, das sich in seinem Masochismus daran ergötzt, wie ein Abziehbild am Helden zu kleben. Aber bevor sie dies tut, geht sie durch eine verspielte Phase, in der sie dem Liebhaber ein spöttisches Abbild seiner selbst präsentiert. In *Junglee* ist es deshalb das Mädchen aus den Bergen (dort liegt das Märchenland des indischen Films, in dem die Ordnung auf den Kopf gestellt wird), das in einer Umkehrung des männlichen Phalluskultes Schneebälle nach dem Helden wirft, ihn neckt und ihm Lieder vorsingt. Jetzt ist es an ihm, sich provoziert zu fühlen und den widerborstigen Geliebten zu spielen.

Die letzten fünfzehn Jahre des indischen Kinos wurden von Amitabh Bachchan dominiert, der eine neue Form des Helden und Liebhabers verkörpert. Seine sensationell erfolgreichen Filme stellen ein total neues Genre dar, das, obwohl stark von Hollywood-Actionfilmen à la Clint Eastwood beeinflußt, weder typisch westlich noch traditionell indisch ist.

Bachchan verkörpert einen gut-schlechten Helden, der am Rand der Gesellschaft lebt. Er hat nur wenige Beziehungen, aber die sind stark und ruhig. Der gut-schlechte Held wird rasch gewalttätig und zieht sich oft grübelnd zurück. Er ist der geborene Gesetzesbrecher, aber von seinen eigenen, strengen Gesetzen weicht er nicht ab. Oft ist er Teil der Unterwelt, aber er beteiligt sich nicht an deren sadistischen Exzessen. Wenn er einen Polizisten verkörpert, umgeht er oft die lästige Bürokratie, um das Gesetz selber in die Hand zu nehmen; mit Kriminellen wird er fertig, indem er ihre eigenen, rücksichtslosen Methoden anwendet. Seine Bosheit wird nicht als ihm innewohnend oder als unabänderlich dargestellt, sondern als Reaktion auf einen entwicklungsbedingten Verlust in der frühen Kindheit. Oft ist es der Verlust oder die Abwesenheit der Mutter, oder ihre Ambivalenz gegenüber dem Helden. Die kulturelle Parallele des gut-schlechten Helden findet sich im *Mahabharata,* im Mythos von Karna. Kunti, die spätere Mutter der fünf Pandava-Brüder, hatte als junge Prinzessin den Sonnengott angerufen. Obwohl ihre Anrufung aus einer spielerischen Laune heraus kam – sie wollte nur ein Mantra ausprobieren –, bestand der Gott darauf, aus der Einladung etwas mehr zu machen. Aus der darauf folgenden Vereinigung ging Karna hervor. Um die Schande der illegitimen Geburt Karnas zu vertuschen, band Kunti ihren Sohn auf ein Floß und übergab ihn den Wellen. Karna wurde von einem armen Fuhrmann gerettet und wuchs zu einem gefürchteten Krieger heran, der den bösen Duryodhana unterstützte. Am Vorabend der großen Schlacht ging Kunti zu Karna und offenbarte ihm, daß er die Sünde des Brudermords begehe, wenn er an Seite Duryodhanas kämpfe. Darauf antwortete Karna:

Es liegt nicht daran, daß ich deinen Worten nicht glauben würde, *Ksatriy*-Frau (Frau aus der Kriegerkaste), auch stelle ich nicht in Abrede, daß das Tor zum Gesetz für mich in der Ausführung deines Befehls liegt. Aber das Unrecht, das du mir durch die Aussetzung angetan hast, hat den mir zustehenden Namen und Ruhm für immer zerstört. Obwohl als *Ksatriya* geboren, ist mir dessen Respekt bis heute versagt geblieben. Welcher Feind hätte mir größeren Schaden zufügen können als du es getan hast? Als die Zeit zum Handeln da war, hast du die jetzt gezeigte Leidenschaft vermissen lassen. Und jetzt willst du mir, dem Sohn, dem du die Sakramente versagt hast, Befehle erteilen. Du hast nie in meinem Interesse gehandelt, wie es eine Mutter tut, und jetzt stehst du vor mir und belehrst mich einzig in deinem Interesse.[46]

Schließlich versprach Karna seiner Mutter doch, ihre Söhne auf dem Schlachtfeld zu verschonen – bis auf Arjuna, ihren Lieblingssohn.

Die Entwicklung und Modernisierung der indischen Gesellschaft hat sich in den letzten zwei Jahrzehnten beschleunigt, und der gut-schlechte Bachchan-Held ist sowohl das Ergebnis der daraus entstandenen Einflüsse und Zwänge als auch eine Reaktion darauf. Damit ist er ein Spiegel der psychologischen Veränderungen, die eine riesige Anzahl von Menschen durchmachen. Sie befinden sich in einem «Übergangssektor», sie stehen auf der Schwelle zwischen den zahlreichen traditionellen Gesellschaftsbereichen und der winzigen, aber wirtschaftlich und politisch mächtigen modernen Gesellschaft. Diese Menschen machen den größten Teil des Publikums der Bachchan-Filme aus.

Die individuellen Eigenschaften des gut-schlechten Helden, die ich skizziert habe, stehen in einer direkten Beziehung zu den häufigsten psychologischen Problemen, unter denen die Menschen dieses Übergangssektors zu leiden haben. Man denke etwa an die Auswirkungen der Überbevölkerung in den Städten, besonders in den Slums und Barackensiedlungen. Das Fehlen fester kultureller Normen und der Umgang mit anderen, fremden Menschen, deren Verhalten nicht leicht zu deuten ist, zwingt diese Menschen zur ständigen Aufmerksamkeit; sie befinden sich in einer permanenten psychischen Mobilisation. Die gesteigerte nervliche Anspannung, die zur Abwehr möglicher Übergriffe notwendig ist, führt zu einer verminderten Kontrolle über die eigene Aggression. Sie stellt gleichzeitig eine Konsequenz und ein Charakteristikum des gut-schlechten Helden dar.

Daneben gibt es die unmenschliche, unübersichtliche Bürokratie, die für den wirtschaftlichen Fortschritt offenbar unentbehrlich ist. Die täglichen bürokratischen Auseinandersetzungen wirken auf das Selbstwertgefühl wie Hiebe; sie haben mit den vertrauten, berechenbaren Beziehungen einer ländlichen Gesellschaft nichts mehr gemeinsam. Der daraus entstehende kumulative Effekt läßt Phantasien entstehen, die entweder einen totalen Rückzug oder persönlich motivierte Racheaktionen beinhalten. Auch diese Phantasien bilden einen Teil der Persona unseres Helden.

Durch das Veschwinden traditioneller Rollen und Anforderungen werden die Menschen des Übergangssektors mit dem plötzlichen Verlust ihrer Erwerbsfähigkeit und ihres sozialen Status konfrontiert; dadurch wird ihre Selbstachtung zerstört. Für die betroffenen Familien, besonders für die Kinder, kann das Vertrauen in die Beständigkeit der etablierten Welt zusammenbrechen. Es tauchen Zweifel auf, ob sich harte Arbeit und umsichtiges Planen auch tatsächlich auszahlen. Die Zukunft wird im Vergleich zur Gegenwart als wenig erstrebenswert erachtet.[47]

Der Bachchan-Held, der weder Mitglied einer Familie noch etablierter Handwerker oder Bauer ist, verkörpert den kollektiven Traum der Menschen im Übergangssektor: Erfolg ohne harte Arbeit und ein Leben, das sich hier und jetzt abspielt.
Der letzte Punkt im Porträt des gut-schlechten Helden betrifft seine innere Traurigkeit. Auf der gesellschaftlichen Ebene läßt sich diese auf die Bevölkerungswanderungen während des Wirtschaftswachstums zurückführen. Die Trennung der Familien, der Verlust vertrauter Dorfnachbarn und ökologischer Nischen führt dazu, daß viele von Trauergefühlen heimgesucht werden. Die Verlust- und Trauergefühle, die manchmal im Zusammenhang mit der Muttertrennung thematisiert werden, spiegeln sich im Bachchan-Helden. Sie sind die Ursache seiner charakteristischen depressiven Abkapselung, in der die Zuschauer einen Teil ihres Selbst erkennen.
Als Liebhaber ist der gut-schlechte Held weder freimütig-emotionell wie Majnun noch knabenhaft phallisch wie der Krishna-Liebhaber. Auf diesen Mann, der seine Leidenschaft beherrscht und der eher in sich gekehrt ist, treffen die bekannten Zeilen des Urdu-Dichters Faiz zu: «In unserer Welt gibt es andere Qualen als die der Liebe und andere Glückseligkeiten als die einer zärtlichen Umarmung.» Die erste Begegnung zwischen Held und Heldin in *Deewar,* Bachchans erstem und oft kopiertem Filmhit, vermittelt uns den entscheidenden Eindruck vom Helden als Liebhaber. Die Szene spielt in einem Nachtclub, Bachchan sitzt brütend an der Bar. Anita, eine Tänzerin (die Hure mit dem goldenen Herzen), die von Parveen Babi gespielt wird, setzt sich neben ihn. Sie zündet ihm die Zigarette an und sagt, er sei der schönste Mann in der Bar. Bachchan, der kurz vor einer schicksalhaften Begegnung mit dem Bösewicht steht, nimmt ihr Kompliment gleichgültig und wie eine Selbstverständlichkeit entgegen; ihren sexuell provokativen Annährungsversuch ignoriert er vollkommen. Die Beziehungen dieses narzistisch-zurückgezogenen Liebhabers zu seiner Familie und zu seinen besten Freunden sind in der Tat gefühlsbetonter als die zu irgend einer potentiellen Sex-Partnerin. Da kann es nicht verwundern, daß Shashi Kapoor, der in vielen Filmen den Bruder des Helden spielte, als Amithab Bachchans bevorzugte «Heldin» bekannt wurde! Da er vor der Verantwortung und der Anstrengung einer akti-

ven Werbung und vor der Passivität und Abhängigkeit einer Frau Angst hat – Symptome aus der frühesten Lebensperiode, die von der Liebe wieder hervorgebracht und intensiviert werden –, möchte der zurückgezogene Held eher bewundert als geliebt werden. Er begnügt sich mit der Gewißheit, daß die Frau nur ihm ergeben ist, und er genießt es, darüber entscheiden zu können, ob er sie will oder nicht. Diese Phantasie scheint die Rache an einer Frau/Mutter zu sein, die entweder einen anderen bevorzugte – in *Deewar* ist es der Bruder –, oder die dem Kind nur konditionelle Liebe und mangelhafte Bewunderung schenkte.

Das neue Film-Genre hat auch eine neue Heldin geschaffen. Sie gleicht in gewisser Hinsicht dem von Wolfenstein und Leites beschriebenen maskulin-femininen Mädchen aus den amerikanischen Filmen der vierziger und fünfziger Jahre.[48] Ihr fehlt die unschuldige Androgynie von Krishnas Gespielinnen, sie verfügt auch nicht über die sari-umhüllte Weiblichkeit von Majnuns Geliebten (sie trägt meist Jeans). Wie die vielen austauschbaren Heldinnen in Bachchans Filmen auch, ist sie für den Helden eher eine Junior-Partnerin als ein romantisch-erotisches Gegenstück.

Der neue Held fühlt sich bei ihr wohl, weil sie wie ein Mann spricht und sich nicht leicht schockieren läßt. Sie ist kein fremdartiges Wesen mit weiblichen Launen, Empfindlichkeiten und Anfälligkeiten, bei dem sich ein Mann unwohl und gedrängt fühlt, es verstehen zu müssen. Sie ist lässig und klug, sie ist die langweilige, aber nützliche Schwester, gewürzt mit einer Prise eines provokativen, kokettierenden Vamps. Sie stellt kaum Ansprüche an den Helden und kann jederzeit in den Hintergrund treten, wenn es für ihn wichtigere Dinge gibt. Trotz allem ist sie nicht total unfeminin. Sie ist auch nicht einfach eine Maske der homosexuellen Versuchung, der viele Männer, die fernab von ihren Frauen in den übervölkerten Slums der Großstädte leben, zweifellos verfallen. Sie ist ein Beispiel für den tiefen Stellenwert der heterosexuellen Liebe im Leben eines Mannes im Übergangssektor, dessen Phantasien eher von der Gewalt als von der Liebe, eher von der Wiedergutmachung narzistischer Verletzungen und vom Zorn als von der romantischen Sehnsucht nach Vollkommenheit genährt werden.

Nachdem ich einige Träume des populären indischen Kinos mit der Begeisterung eines Enthusiasten, aber auch mit der Nüchternheit des Analytikers beschrieben habe, möchte ich abschließend wiederholen, daß der *Oneiros* (Traum, Phantasie) unter den Geschlechtern und innerhalb der Familie nicht den kulturellen Vorschriften über diese Beziehungen entspricht. Der *Oneiros* besteht im wesentlichen aus dem, was durch die Risse des kulturellen Bodens sickert. Heimlich in der Erzählung geformt, vermittelt er uns die Version einer bestimmten Kultur von dem, was Joyce McDougall «das Unmögliche» und «das Verbotene» nennt;[49] er zeigt uns die unbeleuchtete Bühne der Begierde, auf der sich ein beträchtlicher Teil unseres inneren Theaters abspielt.

In Indien gibt es eine besondere Erzählform, die weder mit den volkstümlichen Fassungen gesamtindischer Epen noch mit den regionalen Sagen und Legenden vergleichbar ist. Die Besonderheit dieser in vielen Sprachregionen verbreiteten Erzählform liegt darin, daß das Weltliche nicht vom Übernatürlichen getrennt wird.[50] Die Erzählungen beginnen meist mit einer Rahmenhandlung, in der sich lose miteinander verbundene Geschichten abspielen – ein Muster, das durch ‹Tausendundeine Nacht› bekannt wurde.

Trotz ihrer Fülle an magischen Ereignissen stehen diese Erzählungen den Volkssagen näher als den Mythen. Wie die Volkssagen erfüllen auch sie die psychologische Funktion, das Archaische zu neutralisieren, Ambivalenz mit Humor zu überbrücken, Angst mit Verspieltheit zu mindern und klare pädagogische Aufgaben zu lösen. Letzteres wird dadurch erreicht, daß bestimmte Verhaltensmuster dargestellt werden. Diese werden vom Leser oder Zuhörer unbewußt registriert, so daß sie später im Leben auf vergleichbare Situationen angewandt werden können. Dadurch wird seine Fähigkeit zur bewußten Situationsbewältigung gesteigert, und der Erfahrungshorizont seines Egos wird erweitert.[51]

Diese Geschichten werden jährlich in Tausenden von Exemplaren gedruckt und auf den Gehsteigen der Klein- und Großstädte verkauft. Sie gehören auch zum literarischen Angebot der Tempelanlagen, wo sie sich stets unter die Literatur über die Abstammung hinduistischer Götter, die Gebetssammlungen, die Beschreibungen von Ritualen und die Hochglanzschriften mit den farbigen Illustrationen diverser Höllenqualen mischen. Die Umschläge, mit denen sich diese Bücher zieren, sind reinster Kitsch, und die blassen, meist in rot, blau und grün gehaltenen Druckfarben laufen auf dem schlechten Papier ineinander. Sie werden in einer außergewöhnlich großen Schrift gedruckt, die im Hindi-sprechenden Kernland als «Bombay-Schrift» und in Tamil als *Periya elutta* (wörtlich: große Schrift) bekannt ist. Sie dient der Belehrung und Unterhaltung von Männern und Frauen, die nur schlecht Lesen können und nachts kaum ausreichende Beleuchtung haben.

‹Kissa Tota Myna› (Die Geschichte vom Papagei und dem Star) ist eine beliebte Sammlung von vierzehn in Hindi verfaßten Geschichten, die sich ausschließlich mit der Beziehung zwischen den Geschlechtern befaßt. Die literarische Qualität ist zwar dürftig, aber die Geschichte kann sich auf die vornehme Abstammung von ‹Sukasaptati› berufen, einer Sammlung von Erzählungen aus dem zwölften Jahrhundert, die sich mit der Untreue der Frauen befaßt. Der Erzähler ist ein Papagei, der die Keuschheit einer Händlersfrau während der Abwesenheit ihres Mannes bewachen soll. Wie seine Pendants in anderen Sprachen (zum Beispiel ‹Matankamarajan Katai› in Tamil), weist auch ‹Der Papagei und der Star› eine Fülle an magischen und übersinnlichen Ereignissen auf. Unnötige Beschreibungen und Erklärungen werden zugunsten einer sich rasch entwickelnden Geschichte vermieden. Bei den Charakteren handelt es sich vorwiegend um Prinzen, Prinzessinen und Höflinge aus dem Reich der Phantasie. Die Sprache der Geschichte, obwohl anspruchslos, ist mit bekannten Reimen und volkstümlichen Sprüchen aus dem Hindi und dem Urdu geschmückt, die von der gegenseitigen Durchdringung der hinduistischen und islamischen Ströme in der modernen Massengesellschaft Nord- und Zentralindiens zeugen, wo diese Erzählung ihren Ursprung hat.
Die Rahmengeschichte in der Erzählung ‹Kissa Tota Myna› handelt von einem Papagei, der sich auf der Suche nach einem Ruheplatz für die Nacht auf dem Ast eines Baums niederläßt. Der Baum wird von einer Starenfrau bewohnt, einer militanten Feministin der besonderen Art, die dem Papagei befiehlt, auf der Stelle wegzufliegen. Die Starenfrau kann den Gedanken nicht ertragen, ihr Nachtlager mit einem Vertreter des Geschlechts zu teilen, das sie wegen seiner Grausamkeit und Untreue haßt. Der erschöpfte Papagei verteidigt das männliche Geschlecht und kontert mit Behauptungen gegen die Weiblichkeit. Zum Beweis seiner Behauptungen erzählt jeder Vogel in den folgenden vierzehn Nächten jeweils eine Geschichte. Die folgende, achte Geschichte ist sowohl für die literarische Armut wie auch für den kulturell-psychologischen Reichtum der ganzen Sammlung ziemlich typisch.
Der Papagei sagte: «O Myna! Die Stadt Kanchanpura wurde vom König Angadhwaja und der Königin Chandraphraba

regiert. Die Königin war tugendhaft und ihrem Mann ergeben. Eines Tages kam ein Brahmane zu Angadhwaja und gab ihm zwei Zettel. Auf dem ersten stand geschrieben: ‹Ein König, der die ganze Nacht über wach bleibt, erzielt großartige Erfolge.› Auf dem zweiten Zettel stand: ‹Wer einen Feind ehrt, dem werden alle Sünden vergeben.›

König Angadhwaja steckte beide Zettel in die Tasche und schickte den Brahmanen weg, nachdem er ihn mit Geld belohnt hatte. Einige Tage später wollte der König prüfen, ob die Worte des Brahmanen wahr seien. Eines Abends, als er alle Arbeiten beendet hatte, entschied er, die ganze Nacht wach zu bleiben. Als er in seinem Palast wachte, hörte er draußen eine Frau weinen. Der König hatte großes Mitleid mit der Frau und wurde gewahr, daß in seiner Stadt unglückliche Menschen lebten. ‹Ich muß muß sofort herausfinden, warum sie unglücklich ist›, sagte er sich. Das *Dharma* des Herrschers verlangte von ihm, daß er die Freuden und Leiden seiner Untertanen teilte; er mußte über sie richten, wenn sie ein Verbrechen begangen hatten, und er mußte für sie sorgen, als ob sie zu seiner Familie gehörten.

Nachdem er sich bewaffnet hatte, ging der König in die Richtung, aus der er das Weinen hörte. Er fand eine hundertjährige Frau, die laut schluchzte. ‹O Mutter, warum bist du so unglücklich, daß du mitten in der Nacht weinen mußt?› fragte der König.

‹O Wanderer, warum mischst du dich ein? Geh deines Weges. Der Grund meines Leidens kann nicht einmal vom Schöpfer beseitigt werden, geschweige denn von einem Menschen›, antwortete die Frau.

‹Erzähle mir wenigstens, warum du traurig bist›, sagte der König.

‹Ich sage es dir nur, wenn du es nie jemandem weitererzählst; sonst wirst du in einen Stein verwandelt›, antwortete die alte Frau.

Der König erklärte sich mit der Bedingung einverstanden, worauf die alte Frau sagte: ‹Mein Sohn, morgen Abend um zehn wird Angadhwaja, der König dieser Stadt, an einem Schlangenbiß sterben. Deshalb weine ich. Wo werden wir jemals wieder einen so tugendhaften König finden?›

‹O Mutter, wie du mir den Grund deines Weinens erklärt hast,

erzähle mir doch bitte auch, wo diese Schlange herkommen wird›, sagte der König.
‹Mein Sohn, vor dem Westtor dieser Stadt gibt es einen Shiva-Tempel. In der Nähe des Tempels steht ein Banyan-Baum, und die Schlange lebt in einem Wurzelloch dieses Baums. Die Schlange war in ihrem früheren Leben ein Feind des Königs, und nun will sie sich rächen.›
‹Mutter, warum ist die Schlange ein Feind des Königs?›
‹Mein Sohn, in seiner letzten Inkarnation war der König ein Händler. Er hieß Manisen, seine Frau Kesar. Sie war zwanzig Jahre alt und sehr schön. Eines Tages ging Manisen auf eine Handelsreise in ein weit entferntes Land, Kesar ließ er zusammen mit seinem achtzehnjährigen Diener zu Hause zurück. In seiner Abwesenheit suchte der Liebesgott Kesars Körper heim, und ihr Interesse richtete sich auf den jungen Diener. Sie rief den Jungen herbei und bat ihn, sich neben sie aufs Bett zu setzen, wo sie ihm freimütig von ihrem Wunsch erzählte. Der Junge faltete seine Hände und sagte: ‹O du Tochter eines Händlers! Niemals werde ich mit dir schlafen, denn ich habe von den Ältesten gehört, daß jemand, der einem Speisen und Kleider gibt, wie ein Vater oder eine Mutter ist, und daß ein Mann in die Hölle kommt, wenn er sich an seiner Meisterin vergeht.› Darauf sagte Kesar: ‹Es wird dir schlecht ergehen, wenn du nicht mit mir Liebe machst.› Sie bedrohte ihn auf die verschiedensten Arten, aber der Junge blieb standhaft. Ein paar Tage später kam Manisen zurück, und die Frau befürchtete Schwierigkeiten, falls der Junge ihrem Ehemann erzählen würde, was in seiner Abwesenheit passiert war. So dachte sie sich etwas aus, das sie schützen würde, und das den Diener für die erlittene Beleidigung bestrafen konnte.
Als Manisen nach Hause kam, fand er seine Frau traurig vor.
‹O meine Geliebte! Warum liegst du so lustlos darnieder?›
‹O mein Herr! Jetzt, da du zurückgekehrt bist, wirst du dich um dein Haus kümmern müssen, denn ich werde mich umbringen›, antwortete Kesar.
‹Warum bist du so unglücklich, daß du dein Leben fortwerfen willst?›
‹Herr, ich habe keine Sorgen, weil mir deine Herrlichkeit alle erdenklichen Glückseligkeiten verschafft hat. Aber in deiner Abwesenheit hat mich dein Diener schmerzlich verletzt und

du mußt ihn bestrafen, denn sonst muß ich sterben›, sagte Kesar. ‹Was hat er dir angetan? Erzähl mir alles›, sagte Manisen bestürzt.
‹O Herr! Eines Nachts, als ich auf dem Dach schlief, stieg er auf mein Bett, setzte sich auf meine Brüste und wollte mit mir das Schlechte tun. Aber ich erwachte, und als ich ihn über meinem Körper sah, habe ich laut geschrien. Erst dann hat er von mir abgelassen. Leute hatten meine Schreie gehört und kamen herauf, aber aus Scham konnte ich ihnen nichts sagen. Gott allein hat meine Tugend in jener Nacht beschützt.›
Als Manisen das hörte, wurde er rot vor Zorn. Er sprach: ‹O meine Geliebte, sei nicht traurig. Nimm ein Bad, iß und vergnüge dich. Der Junge wird noch diese Nacht bestraft werden für das, was er dir angetan hat.› Als die Nacht hereinbrach, erstach Manisen den Jungen und begrub die Leiche im Hof. Manisen wurde jetzt als König wiedergeboren, und der Junge ist die auf Rache sinnende Schlange. Nachdem er dies gehört hatte, kehrte der König in den Palast zurück.»
Der Papagei fuhr fort: «O Myna, denk darüber nach. Was konnte der Junge dafür, daß die Frau kein Mitleid mit ihm hatte und ihn ermorden ließ?»
Die Starenfrau antwortete: «Sowohl der Mann wie die Frau sind Schuld, weil der Mann nur auf die Frau hörte und den Jungen tötete, ohne genauere Untersuchungen anzustellen.»
Darauf sagte der Papagei: «O Myna, Ich habe bereits früher gesagt, daß ein Mann den Kopf verliert, wenn er von den Reizen einer Frau umgarnt wird und sie ihn mit süßen Worten und begehrlichen Pfeilen betört.»
«Laß mich darauf antworten», sagte die Starenfrau.
«Zuerst will ich die Geschichte zu Ende erzählen, dann kannst du antworten», erwiderte der Papagei. «Als der König in den Palast zurückgekehrt war, konnte er vor lauter Sorge nicht schlafen. Seine Hand wanderte zur Tasche, wo er den zweiten, zusammengefalteten Zettel des Brahmanen fand. Er öffnete ihn und las darin, daß man seine Feinde ehren solle. Er sagte sich: ‹Was der Brahmane auf den ersten Zettel geschrieben hatte, hat sich bewahrheitet. Jetzt will ich auch seinem zweiten Rat folgen. Zur Zeit habe ich keinen anderen Feind als die Schlange, also muß ich ihr Respekt zollen.› Am Morgen rief er seinen obersten Minister und andere Höflinge zu sich und

erklärte ihnen, in der Nacht würde eine Schlange kommen, um ihn zu töten. ‹Deshalb müßt ihr die Strecke von meinem Bett bis zum Schlangenloch reinigen. Besprengt den ganzen Weg mit Duftwasser, bestreut ihn mit Rosenblüten und stellt Becher mit parfümierter Milch am ganzen Weg auf.›

Als die Zeit gekommen war, kroch die Schlange voller Zorn aus ihrem Loch hervor und machte sich auf den Weg zum Palast des Königs. Aber sie wurde völlig bezaubert vom Parfüm und den Rosenblüten, die den Weg säumten. In welche Richtung sie sich auch wandte, überall gab es köstliche Milch zu trinken. In ihrer Zufriedenheit sagte die Schlange: ‹Dieser König weiß, daß ich sein Feind bin, trotzdem kümmert er sich so gut um mich. Ich werde ihn nicht beißen. Ich muß zu ihm gehen und ihm mitteilen, daß ich meiner Rache abgeschworen habe.› Als die Schlange in die Schlafkammer des Königs kam, griff der Minister nach seinem Schwert. Aber der König verbot ihm, die Waffe zu ziehen. Dann streckte er seine Hand aus und sagte: ‹O Schlange! Nimm jetzt Rache und beiß mich.›

‹Der Ruhm sei dein, o König, und Ruhm den Eltern, die einen so mutigen und tugendhaften Sohn gezeugt haben. Ich bin sehr zufrieden mit dir und werde dich nicht verletzen›, sprach die Schlange und ging.

Die Leute waren erstaunt, als sie dies sahen. Dann wandte sich die Königin an ihren Mann: ‹O König! Bitte sag mir, warum hast du von der Schlange gewußt?›

‹O Königin! Das kann ich nicht sagen. Die Person, die es mir erzählt hat, hat mich davor gewarnt, ich würde in einen Stein verwandelt, wenn ich etwas verrate›, antwortete der König.

‹Ob du dich in einen Stein verwandelst oder nicht – du mußt mir die Geschichte erzählen, oder ich bringe mich um.›

Der König war sehr beunruhigt, denn er liebte seine Frau sehr, und er hätte es keinen Augenblick ohne sie ausgehalten. Die Liebe zu ihr machte ihn so blind, daß er ihr wegen ihrer Dummheit keine Vorwürfe machte. Er sagte nur: ‹Nun, wenn ich denn in einen Stein verwandelt werden soll, dann will ich es am Ufer des Ganges tun. Dann werde ich als Stein wenigstens im Sand der heiligen Wasser liegen.›

Der König bereitete sich darauf vor, zum Ganges zu gehen. Seine Diener und viele Leute aus der Stadt begleiteten ihn. Sein Minister versuchte, ihn zur Vernunft zu bringen: ‹Wenn

Ihr weiterlebt, wird es für Euch noch viele andere Königinnen geben. Sonst seid Ihr doch so vernünftig.› Doch der König war so vernarrt, daß er den weisen Rat nicht beachtete.

Der Minister ging zur Königin und sagte: ‹O Königin! Laßt von Eurem Vorhaben ab, damit das Leben des Königs gerettet wird. Wenn er das Geheimnis verrät und sich in einen Stein verwandelt, wo werdet Ihr je wieder einen solchen König finden? Bis jetzt hat noch jede halsstarrige Frau für ihre Hartnäckigkeit büßen müssen.›

‹Welche Frau hat für ihre Hartnäckigkeit büßen müssen? Nenne mir nur ein einziges Beispiel›, sagte die Königin.

Der Minister antwortete: ‹O Königin! Es gab eine Stadt mit dem Namen Sursen, die von dem stattlichen König Rupadutta regiert wurde. Seine Frau Chandrakanta war sehr schön, aber sie war bereits vor der Heirat unsittlich. Als sie nach der Hochzeit zu ihrem Mann kam, brachte sie ihren Liebhaber mit, der sich als Eunuch verkleidet hatte. Wenn der König nicht am Hof war, vergnügte sie sich mit ihrem Liebhaber. Als der König eines Tages davon erfuhr, versuchte er, vernünftig mit der Königin zu reden. Aber die Königin sagte: ‹Ich habe mein Herz meinem Liebhaber geschenkt. Du kannst tun, was du willst, aber meinen Liebhaber werde ich nie aufgeben.› Der König ließ ihr die Ohren und die Nase abschneiden und verbannte sie aus seiner Stadt, der Eunuche wurde erhängt. Frauen, die nicht auf ihre Männer hören, nehmen immer ein schlimmes Ende. Also gebt Eure Hartnäckigkeit auf, Euer Mann ist ein König, und niemand ist je vor den Launen eines Königs sicher. Ein Poet hat zu Recht gesagt:

Ein König, ein Yogi, Feuer und Wasser
Ändern häufig ihren Sinn
Man sollte sie stets meiden
Denn ihre Vorlieben sind ungewiß.›

Doch die Königin beharrte auf ihrem Wunsch, das Geheimnis des Königs zu erfahren, und der Minister zog sich zurück.

Am Morgen verließen sie alle die Stadt. Am Mittag erreichten sie einen Fluß, wo der König eine Pause einlegte. Er ging zum Fluß, um sich zu waschen. Dort sah er eine Herde Ziegen, die zum Fluß gekommen waren, um zu trinken. Alle Ziegen entfernten sich, nachdem sie ihren Durst gelöscht hatten – bis auf

eine, die in der Strömung eine Frucht treiben sah. Die Ziege wollte die Frucht unbedingt haben. Als der Ziegenbock bemerkte, daß eine Ziege zurückgeblieben war, fragte er sie, warum sie sich nicht den anderen anschließe. Die Ziege antwortete: ‹Wenn du mir die Frucht aus dem Fluß holst, komme ich mit, sonst rühre ich mich nicht von der Stelle.›
‹Und wenn ich ertrinke?› fragte der Ziegenbock.
‹Was auch immer geschieht, ich werde mich ohne die Frucht nicht bewegen›, antwortete die Ziege.
Der Ziegenbock wurde wütend. Mit zornesroten Augen sagte er: ‹Du kennst mich wohl schlecht. Ich bin kein Dummkopf wie König Angadhwaja, der so in eine Frau vernarrt ist, daß er zum Ganges geht um zu sterben.› Dann stieß er die Ziege so lange mit den Hörnern an, bis sie sich der Herde anschloß.
Die Bemerkungen des Ziegenbocks gaben dem König zu denken, und er sagte sich: ‹Mit meiner Vernarrtheit bin ich schlimmer als eine Ziege. Heute ist mir klar geworden, daß die Königin, die ich so sehr liebe, nicht meine Liebe will, sondern mein Leben. Wie ein Dichter richtig gesagt hat:

Eine Frau ist Mutter um zu gebären
Ein Mädchen für den Beischlaf
Eine Göttin, die verehrt wird
Und ein Tod, der das Leben nimmt.

Ich bin ein Dummkopf. Schande meiner Intelligenz! Schande über Frauen, die mit ihren süßen Worten über die Männer herrschen, und Schande über die Männer, die alles verlieren und zu Sklaven dieses niederträchtigen Packs werden!› Dann rief er seinen Minister und die Königin und sagte: ‹O Königin! Ich werde dir jetzt das Geheimnis verraten und dann zu einem Stein werden. Wie lautet dein Wunsch?›
‹O König! Was immer geschehen mag, du mußt mir das Geheimnis verraten›, antwortete die Königin. Darauf ergriff der König eine Peitsche und verprügelte die Königin. Sie flehte um Vergebung, aber der König war unerbittlich. Er rief seine Henker und befahl ihnen, der Königin die Augen auszustechen und sie im Dschungel zurückzulassen. So wurde die Königin für ihre Taten bestraft.»
Der Papagei fügte hinzu: «O Mina! Den Weibsbildern kann man wirklich nicht trauen.»

Die Starenfrau antwortete: «O Papagei! Übertreib nicht so, ich kann dir von der Untreue der Männer auch so manche Geschichte erzählen.»
In der folgenden Nacht antwortete die Starenfrau dem Papagei mit der Geschichte von den vier Prinzen, die sich auf der Jagd im Wald verirrten. Als sie schließlich aus dem Wald herausfanden, kamen sie in eine von Zauberern bewohnte Stadt. Nach einem Gang durch die Stadt wählten sie ein Gasthaus, um zu übernachten. Die Wirtin war eine Zauberin; sie hatte vier wunderschöne Töchter. Die Mädchen waren völlig in die Prinzen vernarrt, und in der Nacht lockten sie diese mit ihrem Zauber in ihre Zimmer. Die drei älteren Mädchen verzauberten drei Prinzen in Schafe, die sie tagsüber gut fütterten. In der Nacht verwandelten sie die Prinzen in Männer zurück, um sich mit ihnen zu vergnügen. Die jüngste Tochter hingegen verliebte sich in den jüngsten Prinzen und ließ ihn deshalb auch tagsüber als Mann bestehen. Ihre Liebe wurde so groß, daß sie es keinen Augenblick ohne einander aushielten. Eines Tages wurde der Prinz sehr traurig, weil er seine Eltern schmerzlich vermißte. Nach dem Grund für seine Traurigkeit befragt, erzählte er dem Mädchen von dem Unglück, das seinen Eltern durch die Abwesenheit aller Söhne widerfuhr. Er bat sie, ihre Zauberkräfte anzuwenden, damit die Prinzen von ihrem Bann befreit würden und zu den Eltern zurückkehren könnten. Er schlug ihr vor, sie solle mit ihm ins Königreich seines Vaters kommen, dort würden sie heiraten und sie würde seine Prinzessin. Das Mädchen war dem Mann so ergeben, daß es seine Wünsche erfüllte, womit sie den Zorn und die Rache ihrer Schwestern auf sich zog. Zusammen mit ihrem Liebhaber und seinen Brüdern floh sie aus der Stadt. Auf dem Weg ins Königreich der Prinzen verbrachten sie die Nacht in einem Wald, und der junge Prinz ließ das schlafende Mädchen im Stich. Nach einer beschwerlichen Reise erreichte die Zauberin endlich die Stadt des Prinzen, wo sie wieder mit ihm zusammensein wollte. Der aber warf sie ins Gefängnis, wo sie die Nacht verbringen mußte. Am Morgen ließ er sie erhängen.

Von den vielen Erzählformen scheint mir die Volkssage die Anliegen des Egos im dreiteiligen, Freudschen Modell am besten widerzuspiegeln; eines Egos, das zwischen den instinktiven Impulsen der Es und den Befehlen des Über-Ich vermittelt. In der Volkssage werden die primitiven Aspekte des Es und das Über-Ich heruntergespielt. Die Analyse der Volkssage ist demnach gut beraten, wenn sie sich eher an den vordergründigen Text hält. Zudem orientiert sich der Analytiker an einer einzelnen Phantasie (im Gegensatz zum Roman, wo meistens mehrere Phantasien vorkommen), die es ihm ermöglicht, die vordergründigen Elemente der Sage neu zu strukturieren und damit einen neuen Schwerpunkt freizulegen.

Ein wichtiges Merkmal der Tota Myna-Geschichten besteht darin, daß sie zärtliche Gefühle und Vertraulichkeiten zwischen Männern und Frauen in bezeichnender Weise vermissen lassen. Die Menschen bewegen sich durch die Geschichten, als ob sie allesamt einer anderen Spezies angehören würden. Die Sagen enden regelmäßig damit, daß der Liebhaber oder die Liebhaberin verstümmelt, erdolcht, in einem Brunnen ertränkt oder enthauptet wird, wobei die Frauen ein blutigeres Ende nehmen als die Männer. Diese Geschichten sind vielmehr erotische Haß-Phantasien als Liebes-Phantasien, weil die Feindseligkeiten und Aggressionen die zärtlichen Regungen bei weitem überwiegen.

Für die Männer ist die Frau in ihrer Funktion als erotische Partnerin ein sexuell unersättliches Wesen, das dem Diktat ihres Körpers unterworfen ist. Sie ist für die Macht des Eros besonders anfällig, und der Satz *jah uske sharir ko kamdeva ne sataya* (ihr Körper wurde vom Liebesgott schmerzlich geplagt) wird nur auf eine Frau angewendet, nie auf einen Mann. Sie ergreift die sexuelle Initiative, und sobald sie sich in der Gewalt der erotischen Erregung befindet, kennt sie kein Maß und keine moralischen Schranken mehr. In diesem Zustand würde sie in ihrem Verlangen nach sexueller Befriedigung skrupellos ihre Eltern, ihren Mann oder ihre Kinder opfern. In ihrem sexuellen Rausch nimmt sich die Frau einen Liebhaber nach dem anderen, und es ist ihr gleichgültig, ob diese jung oder alt, hübsch oder häßlich, reich oder arm sind. In vielen Sagen haben diese Frauen eine Vorliebe für Fakire und Yogis. Das liegt zweifellos auch daran, daß die ungepflegten «heiligen» Männer mit ihren wilden Bärten und verfilzten Haaren in der Phantasie der Hindus und Muslime über große Potenz verfügen. Es versteht sich von selbst, daß die Frauen auch hinterlistig und unberechenbar sind, und ihre Motive sind den Männern ein ewiges Rätsel. Ein volkstümliches Sprichwort sagt es so: *Triya charitra na jane koye, Khasam mar ke sati hoye* (Niemand kennt das Wesen einer Frau; zuerst bringt sie ihren Mann um, dann steigt sie als Sati auf den Scheiterhaufen).

An anderer Stelle habe ich die Vorstellung von der Frau als Wesen mit einer zügellosen, unbekümmerten Sexualität auf die ‹sexuelle Mutter› der frühen Kindheit zurückgeführt.[52] Sie ist eine Gestalt der männlichen Imagination, die aus der Wahrnehmung einer tatsächlich erlebten mütterlichen Erotik durch den Jungen entsteht. Diese wird vom Jungen überhöht und mit der Projektion seiner eigenen Wünsche auf die Mutter kombiniert. Die Zauberin, die sich mit ihrem Prinzen in der Nacht sexuell vergnügt und ihn tagsüber in ein Schaf verwandelt – die Nacht ist der wiederkehrende Hort der Phantasie und der Imagination –, und die Frau des Händlers, die der Phädra gleich von ihrem Diener verlangt, daß er unter Androhung einer schweren Strafe ihre Wohllust befriedigt, sind nur zwei der vielen Masken der ‹sexuellen Mutter›, die die Frauen in diesen Sagen tragen. Die ödipale Phantasie vieler Geschichten wird zusätzlich von den Liebhabern verstärkt, die die Frauen dem Helden vorziehen oder mit denen sie den Helden betrügen. Oft genug ist der Liebhaber ein Fakir oder Yogi, der, wie Robert Goldmann bezüglich der Gurus in den Sanskrit-Epen feststellt, durchaus als Ersatz für den Vater angesehen werden kann, der auf die Mutter sexuellen Anspruch erhebt.[53]

Obwohl nach Freud die meisten Geschichten die Mutter-Phantasie des Mannes vermitteln, gibt es auch Geschichten, in denen die Klein'sche Mutter auftritt. In diesen wird die Verteidigung gegen die Angst vor der genitalen Sexualität durch eine Absicherung gegen die frühere Angst des Verschlingens und Verschlungen-Werdens durch die Mutter ersetzt. In einer Geschichte wird zum Beispiel ein König von einer Göttin jede Nacht in Öl gebraten. Sie ißt sein Fleisch, und am nächsten Morgen sprenkelt sie Nektar *(Amrita)* über die Knochen, worauf der König wieder seine ursprüngliche Gestalt erhält. Als Belohnung für diesen Dienst erhält er von der befriedigten Göttin täglich eine große Menge Gold.

Die weibliche Sicht des Mannes in ‹Tota Myna› ist die eines Wesens mit kurzlebigen Leidenschaften, das die Liebe einzig durch seine Wollust erlebt. Sobald das erotische Verlangen nachläßt und die sinnliche Begierde befriedigt ist, entpuppt sich der Mann als schuldbeladen, und er läßt die Frau, die er noch kurz vorher wie wahnsinnig liebte, bedenkenlos im Stich. Die Schuldgefühle des Mannes beziehen sich hauptsächlich auf die Eltern, die er verlassen hat, um sexuelle Beziehungen aufzunehmen. In fast jeder Geschichte erweist sich die Bindung des Mannes an seine Eltern als weitaus größer als diejenige zu seiner Geliebten. Den Geschichten zufolge ist der Mann in seinen Bindungen infantil, in der Liebe flatterhaft und im Zorn erbarmungslos. Dadurch beschränkt sich die Liebe für die Frau aufs Beschwichtigen und auf masochistische Ergebenheit.

Schlangen als Geliebte und Ehepartner

Die Schlange, insbesondere die Kobra *(Nag)*, spielt in der hinduistischen Literatur, in der Folklore, in den Mythen und Ritualen und in der Kunst eine überragende Rolle. Sie entstammt einer Tochter von Prajapati, dem Herrn der Schöpfung. Shiva, der Zerstörer, trägt sie um Hals und Arme gewickelt. Die bekannteste Darstellung von Vishnu, dem Bewahrer der hinduistischen Trinität, zeigt ihn auf Sesha sitzend, der siebenköpfigen Kobra. Auf den Reliefs der buddhistischen, jainistischen und hinduistischen Tempel werden die allgegenwärtigen Schlangen einzeln oder ineinander verschlungen dargestellt. Auf einer etwas profaneren Ebene ist *Nag* ein beliebter Name für Frauen und Männer, und *Naga-panchami,* das Fest der Schlangen in der Regenzeit, wird in ganz Indien mit der rituellen Verehrung der Kobra gefeiert.
Das Motiv der (männlichen und weiblichen) Schlangen-Liebhaber ist in der volkstümlichen Erzählung Indiens weit verbreitet. Dieses Motiv läßt sich bis auf die Mythen des *Mahabharata* zurückführen, in denen der große Asket Jaratkuru die Schwester von Vasuki, dem König der Schlangen, geheiratet hat. Auch der große Kriegerheld Arjuna heiratete eine Schwester Vasukis, Ulipi, und während seiner einjährigen Verbannung teilte eine Schlangenprinzessin mit ihm das Bett.[54] Bei

der ersten Sage über den Schlangen-Liebhaber, die ich hier erzählen und interpretieren möchte, handelt es sich um den zweiten Teil der Geschichte einer Prinzessin. Der zweite Teil steht mit dem ersten nur in einem losen Zusammenhang. Die in anderen Teilen Südindiens wohlbekannte Volkssage ist Teil einer tamilischen Erzählsammlung, die bereits früher in diesem Kapitel erwähnt wurde: ‹Matankamarajan Katai› (Die Geschichte von König Matanakama). Meine Version wurde aus der englischen Übersetzung von Kamil Zvelebil zusammengefaßt.[55] Der hier wiedergegebene Abschnitt setzt nach der Hochzeit von Prinz und Prinzessin ein, einer Zeit also, in der sie «glücklich bis ans Ende ihrer Tage» leben sollten. Aber dem ist nicht so, denn der Prinz verguckt sich in eine andere Frau, mit der er unter völliger Vernachlässigung seiner jungen Braut die Tage und Nächte verbringt.

Dieser Zustand dauerte drei Jahre. Dann kam eines Tages eine alte Frau und ehemalige Nachbarin der Prinzessin auf Besuch. Sie sagte: «Liebes Kind! Du bist wahrlich jung und hübsch, trotzdem ist dein Mann ein Schürzenjäger. Was ist das für eine Frau, die ihren Mann nicht in Schranken halten kann!»

«Was soll ich denn bloß tun, Mutter?» klagte die Prinzessin. «Brahma hat mich so geschaffen, und daran läßt sich nichts ändern!»

«Soso, Brahma hat dich so geschaffen», spottete die alte Frau. «Erzähl keine Dummheiten! Es ist deine Schuld, wenn du leiden mußt! Hör auf meinen Rat, du wirst es nicht bereuen.»

Als die Prinzessin sich bereit erklärte, auf die alte Frau zu hören, fuhr diese fort: «Hier, nimm diesen Zaubertrank und misch ihn mit dem *Rasam* (gewürzte Linsensuppe) deines Gatten. Er wird dich für keine Sekunde mehr verlassen.»

Die Prinzessin nahm den Zaubertrank und dachte: «Wüßte ich nur, wie er wirkt! Wenn sie recht hat, werden wir glücklich sein wie früher. Aber was ist, wenn er ihm nicht bekommt? Was soll ich dann machen?» Die Prinzessin konnte sich nicht entscheiden, deshalb ging sie hinaus, schüttete den Zaubertrank in den Hof und brachte ihrem Mann den üblichen *Rasam.*

In einem alten Ameisenhaufen auf dem Hinterhof lebte eine Schlange, und einige Tropfen des Zaubertranks fielen ihr auf den Kopf. So vernarrte sich die Schlange in die Prinzessin. Sobald ihr Gatte das Haus verließ, um ins Haus der *Dasi* (Die-

nerinnen) zu gehen, klopfte die verzauberte Schlange an ihre Tür. Die Prinzessin öffnete und war überglücklich über die Rückkehr ihres Gatten – die Schlange hatte die Gestalt des Prinzen angenommen. Ohne lange zu zögern, gab sie sich dem Schlangenprinzen hin, der die Umarmung sehr genoß.
Dies ging eine Weile so weiter, bis die Prinzessin schwanger wurde. Als der Schlangenprinz von ihrem Zustand erfuhr, spürte er den Wunsch, sich zu offenbaren. Er sagte: «Frau! Ich bin nicht dein richtiger Ehemann! Dein Mann hält sich im Moment im Haus seiner *Dasi* auf. Ich bin die fünffältige Schlange, die hinter deinem Haus lebt. Der Liebestrank, den dir die alte Frau kürzlich gegeben hat, fiel auf mich, und deshalb habe ich mich in dich verliebt. Aber jetzt werde ich der Liebe deines Mannes zur *Dasi,* die deine Rolle als Ehefrau übernommen hat, ein Ende bereiten.»
Der Prinz, der noch immer in die *Dasi* vernarrt war, erfuhr kurz darauf von der Schwangerschaft seiner Frau. Er ging zum Schwiegervater und beschwerte sich, seine Frau sei ihm untreu gewesen, denn sie erwarte ein Kind, obwohl er sie seit etwa zwei Jahren nicht mehr berührt habe.
Der König schickte ein paar Mägde aus, die seine Tochter zu ihm bringen sollten. Die Prinzessin dachte an den Rat der Schlange.
Die Schlange, die sich im Bett der Prinzessin zusammengerollt hatte, lachte und sprach: «Deine schlechten Zeiten sind vorbei. Wenn sich dein Vater, der König, nach deinem Zustand erkundigt, mußt du ihm mutig sagen, dein Gatte sei der einzige, der als Vater des Kindes in Frage komme. Wenn er dies anzweifelt, dann wendest du dich an den Hofstaat und sagst ihnen, du würdest jede erdenkliche Prüfung über dich ergehen lassen, ob im Tempel oder vor irgendeiner Gottheit – du brauchst keine Angst zu haben! Oder, noch besser, sag ihnen dies: ‹Bringt einen Krug und legt eine Schlange und ein Goldstück hinein. Ich bin bereit, das Goldstück mit meiner Hand herauszuholen!› So wird niemand deine Worte anzweifeln. Natürlich werde ich dafür sorgen, daß ich die Schlange im Krug bin!» Damit entfernte sich die Schlange.
Sobald die Sonne aufging, stand die Prinzessin auf, zog die schönsten Kleider und Juwelen an und begab sich in die Audienzhalle des Königspalastes. Der König wandte sich an seinen

Schwiegersohn und sagte: «Nun denn, frage sie jetzt, was du von ihr wissen willst!»
«Herr», sprach der Prinzengatte, «wie kommt es, daß diese Frau ein Kind trägt, obwohl zwei Jahre vergangen sind, seit ich sie zum letzten Mal berührt habe?»
Die Prinzessin sagte zum versammelten Rat: «Ich bin tatsächlich schwanger, und niemand außer meinem Gatten ist der Vater. Wenn ihr irgendwelche Zweifel habt, dann bin ich bereit, mich der Schlangenprobe zu unterziehen!» Der König, der Prinz und die Ratsmitglieder waren einverstanden. Sie beauftragten den Schlangenfänger, unverzüglich eine geeignete Kobra herbeizuschaffen.
Der Schlangenfänger blies auf seiner Flöte, und der fünffältige Schlangenkönig hielt alle anderen Schlangen zurück und kroch in den bereitgestellten Krug, in dem bereits eine Goldmünze lag.
Die Prinzessin nahm ein Bad, und als sie zurückgekehrt war, umschritt sie den Krug und sprach: «Derjenige, den ich an meinem Hochzeitstag berührte, war wahrlich mein Ehemann; heute werde ich wahrhaftig die Schlange berühren.» Dann entfernte sie den Deckel vom Krug, streckte ihre Hand hinein. Zuerst nahm sie die Schlange heraus und legte sich diese wie eine Girlande um den Hals. Dann nahm sie die Goldmünze heraus und legte diese auf ein goldenes Tablett. Der Vater, der Gatte und die Minister jubelten ihr zu und riefen: «Sie ist wahrlich eine *Maha pativrata,* von Grund auf keusch, treu und eine großartige Dame!»
Alle priesen ihre Tugend, und der Prinz bezweifelte nicht mehr, daß er der Vater des Kindes war.
Die *Dasi* wurde neugierig. Sie schickte ihre Dienstmädchen aus, damit sie ihr das Kind herbringen und sie es anschauen könne. «Unsere Meisterin muß das Baby sehen! Bitte gebt es uns!» Die Prinzessin sagte ihnen, sie sollen am nächsten Tag wiederkommen. Die Dienstmädchen gingen also ohne Kind zurück, und die beleidigte *Dasi* berichtete dem Prinzen, was geschehen war. «Was? Ich lasse nach meinem Sohn schicken, und sie wagt es, sich zu widersetzen? Was soll das?» Sofort beschwerte er sich beim König, seinem Schwiegervater, über das Verhalten seiner Frau.
In der Nacht rief die Prinzessin die Schlange und fragte sie:

«Die *Dasi* hat nach unserem Sohn gefragt. Was soll ich tun? Soll ich ihn zu ihr bringen lassen?»
Die Schlange antwortete: «Nun ist es endlich geschehen. Gute Tage liegen vor dir. Dein Mann wird zu dir zurückkehren und diesmal wird die *Dasi* seine Zuneigung verlieren. Schmücke das Kind mit allem Schmuck und lasse es zu deinem Vater bringen. Bevor sie das Kind abholen, mußt du es mit den Juwelen wägen. Sag ihnen, sie müßten es genauso zurückbringen, wie sie es erhalten haben. Sollte das Gewicht kleiner werden, müßte die *Dasi* nicht nur den Schaden ersetzen, sie würde auch deine Sklavin. Der Schmuck des Kindes wird aus *Nagaratna* (Schlangensteinen) bestehen, die sogar noch wertvoller sind als der gesamte Schatz deines Vaters. Ich werde hingehen und die Juwelen stehlen. Hab keine Angst, du kannst das Kind ohne Furcht weggeben!»
Am nächsten Morgen kamen die Dienstmädchen: Prinzessin, Euer Vater, unser Herr und König will Euch sehen.» Die Prinzessin nahm das Kind und erschien vor dem König.
«Tochter», sagte der König, «dein Mann will seinen Sohn sehen!» Als sie schwieg, fuhr er fort: «Warum hast du ihm das Kind nicht bringen lassen?»
Die Prinzessin antwortete: «Herr, ich habe nichts dagegen, meinen Sohn ins Haus der *Dasi* bringen zu lassen. Ich habe nur Angst, daß ihm die wertvollen Juwelen gestohlen werden. Ich ersuche deshalb untertänigst darum, daß er hier und jetzt gewogen wird, mitsamt seinen Juwelen. Wenn er heil und mit demselben Gewicht zurückgebracht wird, bin ich zufrieden. Sollte aber etwas fehlen, dann bestehe ich darauf, daß die *Dasi* enteignet und zu meiner Sklavin gemacht wird. Wenn sie einverstanden ist, dann kann sie mein Kind mitnehmen.»
Der König befragte seinen Schwiegersohn und die *Dasi*. Sie nahmen die Bedingungen an. Die Prinzessin legte ihren Sohn in eine Krippe, in eine andere Krippe legte sie den Schmuck, und alles wurde gewogen, daß es alle sehen konnten und keine Zweifel aufkamen. Darauf nahm die *Dasi* den Knaben mit dem Schmuck mit in ihr Haus, streichelte und liebkoste das Kind, spielte mit ihm, gab ihm Milch zu trinken und behielt es in der Nacht bei sich.
Mitten in der Nacht kroch die Schlange heimlich ins Haus und stahl einige der wertvollsten Juwelen.

Am Morgen bestand die Prinzessin darauf, daß das Kind und der Schmuck in Anwesenheit des Königs und der Ratsmitglieder gewogen werden. Sogleich zeiget sich, daß das Gewicht der Juwelen abgenommen hatte! Die Ratsmitlieder untersuchten alles gründlich und entschieden: «Die *Dasi* muß sich an die Abmachung halten.» Ohne die geringste Widerrede wurde die *Dasi* zur Dienerin im Haus des Prinzen. Die Prinzessin war glücklich. Nach einer Weile hatte sie die Zuneigung ihres Gatten wiedergewonnen, die *Dasi* gehorchte ihren Anweisungen, wie es sich für eine Haussklavin gehört, und alle genossen das Leben in vollen Zügen.

In ihrem neugefundenen Glück hatte die Prinzessin die Schlange völlig vergessen. Die Schlange dachte sich: «Aha! Dank uns hat die Prinzessin ein neues Glück gefunden, und jetzt hat sie uns vergessen! Wenn wir sie jetzt aber beißen und töten, wird uns das keine Freude bringen. Wir können jetzt nicht mit ihr Liebe machen. Das ist alles vorbei. Die beste Lösung für uns ist, Selbstmord zu begehen.» Sie beschloß, sich mit einer Haarlocke der Prinzessin zu erdrosseln. Also kroch sie eines Nachts in ihr Bett, wickelte sich in eine ihrer Haarlocken und starb auf der Stelle.

Am nächsten Morgen wachte der junge Herrscher bei Sonnenaufgang auf und erschrak über die tote Schlange im Haar seiner Frau. Er weckte sie. Ihr Kopf war vom Gewicht der großen Schlange schwer. Die Prinzessin traute sich kaum, sich zu bewegen, aber sie verspürte fürchterliche Gewissensbisse und war sehr traurig. Es wurde ihr klar, weshlab sich die Schlange umgebracht hatte.

«Warum weinst du?», fragte der Gatte.

«O Herr meiner Seele! Dies ist unsere Hausschlange. Ich hatte zu ihr gebetet und sie verehrt, damit du zu mir zurückkehrst. Aber als du wieder da warst, habe ich sie völlig vergessen. Deshalb kam sie hierher und starb.» Und sie fuhr fort: «Bitte laß die Riten vollziehen und die Schlange mit Gebeten und den ihr gebührenden Feierlichkeiten einäschern.»

Der Prinz war einverstanden. Zusammen mit dem Jungen vollzog er die Trauerriten für die Schlange und ließ sie verbrennen. Sie verehrten die Schlange regelmäßig.

Danach lebten die Prinzessin, der junge König und der Junge glücklich zusammen.

Dies beweist, daß man den Frauen in dieser Welt nicht trauen kann. Sie sind durchtrieben und trügerisch.

Die Schlange als Liebhaber der menschlichen Frau ruft geradezu nach einer Interpretation der symbolischen Bedeutung der Schlange. Diese Aufgabe kann selbst dann nicht umgangen werden, wenn man weiß, daß das Thema ‹Symbolik› den Psychonanalytikern die größten Schmähungen und die schärfsten Kritiken eingebracht hat. Die Freudsche Symboltheorie wird von vielen Kritikern mit einem kauzigen, mittelalterlichen Bestiarium verglichen. Ihr wurde vorgeworfen, sie würde bei ihrer Suche nach einer allgemeingültigen sexuellen Bedeutung natürlicher und künstlicher Objekte den übergeordneten Kontext ignorieren. Der Vorwurf ist nicht ganz unbegründet, wenn es auch Wilhelm Stekel und nicht Freud war, der den Begriff einer Eins-zu-Eins-Korrespondenz zwischen dem Symbol und dem Symbolisierten einführte. Der von Freud übernommene und ab der zweiten Ausgabe in ‹The Interpretation of the Dream› aufgenommene Begriff des universellen Symbolismus widerspricht seiner eigenen Traumtheorie.[56] Wie umstritten ihr Platz in der Theorie auch immer sein mag: In der klinischen Arbeit gehen die Analytiker aller Schattierungen von der Einmaligkeit des «Textes» des Patienten aus, und sie entfernen sich nie weit davon. Wenn ein Analytiker die Äußerungen eines Analysanden verstehen und interpretieren will, bedient er sich dazu nicht eines Interpretations-Kochbuchs, aus dem er Rezepte für die Anwendung einer Theorie übernehmen kann. Es hilft ihm auch nichts, wenn er noch so augenscheinliche Entsprechungen in irgend einem universellen Symbollexikon nachschlägt.
Der Eindruck, die psychoanalytische Symboltheorie sei unveränderlich und vom Kontext unabhängig, dürfte auf ihre historische Entwicklung zurückzuführen sein. In den frühen Jahren der Psychoanalyse galt die ödipale Phase sowohl für das mentale Leben wie auch für die Symbolgestaltung als Wendepunkt. Die Verwendung eigener Körperteile durch ein Kind, das seine gestörte Beziehung zu einem Elternteil symbolisieren will – zum Beispiel durch das Abschneiden von Haaren als Symbol für die Kastrationsangst –, ist deshalb auf analytisches Material aus dem ödipalen Kontext begrenzt. In späteren Ent-

wicklungsphasen kann die Kastrationsangst in Symbolen des Identitätsverlustes oder der Erniedrigung ausgedrückt werden, die nicht unbedingt eine Körperverstümmelung beinhalten. Umgekehrt kann ein Symbol mehr als eine Idee ausdrücken, wobei die verschiedenen Details im Kontext darüber entscheiden, ob ein vorhandenes Bild symbolisch ist und was genau es symbolisiert.

Besondere Vorsicht ist im Fall der Schlange geboten, die traditionell ein Symbol mit mehreren Bedeutungen ist. Von den Religionen rund um die Welt wird die Schlange teils verflucht, teils verehrt. Als Behälter aller Mysterien, als Repräsentantin der Unterwelt, als göttliche Gestalt des Mondes, als Symbol sowohl der Unsterblichkeit wie auch der bedrohlichen Todesmächte nimmt die Schlange als Symbol in der Tierwelt eine einmalige Stellung ein.[57]

Auch in der Psychologie hat die Schlange viele verschiedene, vom Kontext abhängige Bedeutungen.[58] Traditionell gilt die Schlange als wichtigstes Phallus-Symbol: sie kann sich ausdehnen, den Kopf anschwellen lassen, sich aufbäumen, in Erdlöcher und -spalten eindringen, eine Flüssigkeit absondern und das schamhafte, beklemmende Gefühl hervorrufen, das mit den Genitalien verbunden ist. Aber sie ist nicht immer ein phallisches Symbol. Wenn wir uns ihre verborgenen Aspekte und das eher python- als kobrahafte Umwickeln, Würgen und Verschlucken kleiner Kreaturen in Erinnerung rufen, wird die Schlange zum Symbol einer verschlingenden Vagina, einer gefährlichen Weiblichkeit. Ihr Gift? Tod durch koitale Umarmung. Darüber hinaus wird die Schlange auch mit der Nabelschnur in Verbindung gebracht, einer Brücke zur Gebärmutter. Die Häutung kann als Veränderung und Verwandlung betrachtet werden, als Hoffnung auf die psychische Wiedergeburt in der Therapie. Eine gründliche Interpretation des Schlangen-Liebhabers aus unserer Sage gelingt erst durch die Konfiguration von drei verschiedenen Kontexten: der Erzählung, der Kultur und der Schlangensymbolik.

Die frisch verheiratete Braut, die sich gegen eine andere Frau für die Zuneigung ihres Gatten wehren muß, stellt in den Erzählungen über indische Geschlechterbeziehungen keine Neuheit dar. Das Thema der *Souten,* der Mit-Frau oder Mätresse, die über das Herz eines Mannes regiert und die von ihrer Position entfernt werden muß, wird in vielen volkstümlichen Sagen und Liedern behandelt. In den meisten Sagen gewinnt die Frau die Liebe ihres Gatten durch ihre Geduld, Tugend und Schlauheit zurück.[59] Trickreich legt sie die Schwächen ihrer Rivalin frei, damit ihre eigene Attraktivität in ein besseres Licht gerückt wird. Die Phantasie des Schlangen-Liebhabers beinhaltet allerdings noch tiefere Schichten der weiblichen Psyche. Der Schlangen-Liebhaber erscheint als Reaktion auf die schmerzliche Enttäuschung über den Prinzen, die die Prinzessin zu Beginn ihrer Ehe erfährt. Die Schlange verhilft ihr zur Mutterschaft, einem für indische Mädchen wichtigen Status, da er die Identität als Frau bestätigt und die Position im Familienverband entscheidend verbessert. Die Schlange verkörpert die schwer erfaßbare Erfüllung eines romantischen wie auch sozialen Strebens. Sie ist der «gute Penis», der idealisierte Phallus in der Phantasie der Frau. Diese Interpretation stimmt völlig mit der kulturellen Symbolik der Schlange überein, wo die Verehrung der *Naga*-Gottheiten in einem engen Zusammenhang mit Sexualität und Reproduktion steht, was sich ganz allgemein auch in der universellen Bedeutung des Phallus bestätigt. Etwas von der Dynamik, die dieser Phantasie zugrundeliegt, läßt sich in der folgenden Skizze einer Patientengeschichte erkennen.

Eine fünfundzwanzigjährige Frau war über das offensichtliche Interesse ihres Mannes an einer anderen Frau zutiefst beunruhigt. Sie träumte, ihr Mann habe ihr gesagt, er wolle das Wochenende mit dieser Frau verbringen. Sie protestiert heftig aber ergebnislos, und ihr Mann geht zum Rendezvous. Eine Gruppe von Göttern, die wie Banditen gekleidet sind und von denen sie nicht weiß, auf wessen Seite sie stehen, folgt ihm. Als sie zum Haus kommt, in das ihr Mann gegangen war, findet sie ihn tot auf einem Krankenhausbett liegen. Sein Körper ist schwer verstümmelt, offenbar wurde er von den Banditen-Göttern umgebracht. Auf der Leiche des Mannes liegt eine wunderschöne Schlange, die glitzert und glänzt, weil sie mit Diamanten übersät ist, und die Frau fühlt sich von ihr stark angezogen.

In der Geschichte von der Prinzessin fehlt die mörderische Wut, die diese ihrem flatterhaften Gatten gegenüber empfindet, im Traum hingegen wird halbherzig versucht, ihre Wut

durch den Kunstgriff mit den Banditen-Göttern zu verleugnen. Diese können auf der Seite der Frau stehen oder auch nicht, will heißen: sie können ein Teil von ihr sein oder auch nicht. Dennoch ist das Resultat – der enttäuschende, echte Gatte wird durch einen idealisierten Schlangen-Liebhaber ersetzt – im Traum wie in der Geschichte verblüffend ähnlich.
Der Schlangen-Liebhaber unserer Geschichte unterscheidet sich deutlich vom Tier-Bräutigam westlicher Volksmärchen, die Gegenstand einer psychoanalytischen Untersuchung von Bruno Bettelheim sind.[60] In einer Umkehrung des indischen Musters wird der Geschlechtspartner zuerst als Tier erlebt, als menschliches Wesen, das von einer Hexe in ein abscheuliches Biest verwandelt wurde. Er ist nicht das Ergebnis der Enttäuschung, die die Heldin in der Ehe erlebt hat. Schon im jungfräulichen Mädchenalter wird sie gezwungen, aus Liebe oder aus Gehorsam zu ihrem Vater mit ihm zusammenzuleben. Erst ihre Hingabe an den Tier-Liebhaber vermag den Zauber zu brechen, so daß er in einen Menschen zurückverwandelt wird. Bettelheim interpretiert das europäische Märchen als eine Botschaft an das Mädchen, die da lautet: Eine glückliche Vereinigung ist nur zu erreichen, wenn das Mädchen seine Ansicht von der Sexualität als etwas Abscheuliches und Tierisches überwindet. In meiner Interpretation des Schlangen-Liebhabers als idealisierter Phallus kann es sehr wohl sein, daß die Idealisierung dem Mädchen hilft, ihre Kindheitsängste vor dem männlichen Geschlechtsorgan, das sie innerlich beißt und verletzt, zu überwinden. Der «gute Penis» hilft ihr, eine Verletzung ihrer Körpergrenzen zu akzeptieren, einer Verletzung, die dem Geschlechtsakt innewohnt.
Schließlich spielt die Schlange in vielen Teilen Indiens bei der Androhung von Körperstrafen gegenüber Mädchen eine berüchtigte Rolle. Zieht man aber die radikalen Veränderungen in Betracht, die sich für ein Mädchen nach der Heirat ergeben – und die durch die Ansprüche der neuen Familie und die Untreue des Gatten noch erschwert werden –, bietet ihr die heimliche, aber von der Kultur getragene Phallus-Phantasie in ihrem Übergang Trost und Erleichterung.
Demnach ist die unbewußte Phantasie vom «guten Penis» für die psychische Transformation der Träume aus der Mädchenzeit und die Etablierung in der Realität der verheirateten

Frau notwendig. Ganz gleich, wem der Phallus letztendlich gehört – dem Vater, einem Gott, einem männlichen Ideal –, er ist nur ein Objekt des Übergangs. Die Schlange, die sich nachts in ihrem Haar erwürgt hat, muß genauso sterben wie ihre alten Träume über die Liebe und die Leidenschaft. Erst danach kann sie sich an die Rolle als Ehefrau und Mutter gewöhnen. Fortan werden die Schlange und der «gute Penis» – die beiden sind identisch – in einem stillen Winkel des Herzens betrauert, und die Erinnerung daran verkörpert sich in ihrem Sohn.

Die Geschichte von der Schlange als Ehefrau stammt aus der Arena der Massenkultur. Es handelt sich um den 1987 entstandenen Film *Nagina,* der allgemein als der größte Erfolg in der Geschichte des indischen Kinos gilt. Raju, der zwanzigjährige Held, kehrt nach einem fünfzehnjährigen Englandaufenthalt nach Hause zurück. Er ist der einzige Sohn einer reichen Mutter; der Vater starb, während er in England war. Raju wurde als Kind nach England geschickt, wo seine unerklärlichen Angstanfälle behandelt wurden. Er konnte geheilt werden und blieb bei seinem Onkel in London, wo er aufwuchs und zur Schule ging.

In seiner Abwesenheit wurde der beträchtliche Grundbesitz der Familie von einem Freund des Vaters betreut. Er ist der ärgste Schurke des Films, und er möchte seine Tochter mit Raju verheiraten. Ermuntert von der Mutter, die der Heirat nicht abgeneigt ist, unternimmt Raju mit dem Mädchen eine Kutschenfahrt. Unterwegs wird er beinahe von einer Kobra gebissen, die sich um die Hinterachse der Kutsche windet und ihm bis nach Hause folgt. Dort wird sie Zeugin der Liebe und Verzweiflung der Mutter angesichts der Gefahr, der ihr Sohn gerade entgangen ist.

Am nächsten Tag besucht Raju die Ruinen des Hauses, in dem er die ersten fünf Jahre seines Leben verbrachte. Dort, inmitten der Ruinen, die ihn emotionell sehr beeindrucken, hört er eine Frauenstimme ein Lied mit folgendem Refrain singen:

Eine vergessene Geschichte wird erinnert
Eine alte Erinnerung taucht wieder auf.

Durch den Nebel, der durch die Ruinen treibt, erhascht Raju

kurze Blicke auf die singende Frau, die ihn betören. Er sieht ihren Hinterkopf, eine Schulter und einen Fuß, der einen Tanzrhythmus klopft, und er folgt ihr. Schließlich steht er Angesicht zu Angesicht mit einer jungen Frau, die ihm sagt, sie hätten in der Vergangenheit in diesen Ruinen viel Zeit zusammen verbracht. Raju kann sich nicht daran erinnern, so sehr er sich auch anstrengt. Er trifft sich weiterhin mit der Frau, die *Rajni* (Nacht) heißt, und wie es sich gehört, verliebt er sich in sie.

Inzwischen hat der Bösewicht von Rajus Mutter das Einverständnis für eine Heirat des Helden mit seiner Tochter erhalten. Doch Rajnu protestiert und überzeugt seine Mutter davon, ihre Meinung zugunsten von Rajni zu ändern. Der Bösewicht ist beleidigt und schwört Rache. Er beauftragt einen seiner Spießgesellen, Rajni zu ermorden, doch das Mädchen wird von zwei Kobras beschützt, die den Attentäter töten. Daraufhin organisiert der Schurke eine Verbrecherbande, die Rajus Haus am Tag seiner Hochzeit mit Rajni überfallen soll. Aber die Kobras versperren den Banditen den Weg, und die Hochzeit kann wie geplant stattfinden.

Nun weigert sich der Schurke, Rajus Besitz zurückzugeben. Die Dokumente, in denen Raju als Besitzer bestätigt wird, lassen sich nicht auffinden. Inzwischen wissen die Zuschauer, daß es sich bei Rajni um eine *Ichhadhari*-Kobra handelt. Diese kann – den indischen Schlangenerzählungen zufolge – als Belohnung für eine Jahrhunderte dauernde Askese jede gewünschte Gestalt annehmen. Dank ihren seherischen Fähigkeiten kann Rajni die Dokumente finden. Der Bösewicht und seine Leute lauern Raju auf, um ihn zu töten, und wieder wird er von Rajni beschützt. Der Bösewicht wird von der Kobra gebissen und stirbt.

Eine noch größere Gefahr droht dem Paar durch die Ankunft des Familien-Gurus, eines bösen *Tantrik* (Angehöriger eines esoterischen Hindu-Kults), der über erstaunliche okkulte Kräfte verfügt. Als er das Herrschaftshaus der Familie betritt, wittert er die Anwesenheit einer Kobra und erkennt in Rajni eine Kobra-Frau. Aber bevor er etwas unternehmen kann, wird er vom ahnungslosen Raju aus dem Haus gewiesen. Raju schaut auf *Tantriks* und Gurus herab, er ist der Meinung, sie würden mit altmodischem religiösem Hokuspokus hausieren.

Der Guru schickt seine Lieblingskobra aus, die Raju beißen soll, der sich in einem Krankenhaus vom Kampf mit dem Bösewicht erholt. Rajni, die über ihren schlafenden Gatten wacht, nimmt ihre Schlangengestalt an und tötet die Kobra des Gurus in einem wilden Kampf. Darauf warnt sie den Guru davor, Raju etwas anzutun, und sie macht ihm klar, daß ihre Macht durch die Hingabe an ihren Gatten ebensogroß sei wie die seine.
Nun informiert der Guru Rajus Mutter über das wahre Wesen ihrer Schwiegertochter. Er sagt ihr, sie solle Rajni gut im Auge behalten, denn diese müsse alle vierundzwanzig Stunden einmal ihre ursprüngliche Schlangengestalt annehmen. Die alte Frau tut wie geheißen und sieht mit eigenen Augen, wie sich Rajni nachts in eine Kobra verwandelt. Sie eilt zum Guru und bittet ihn um Hilfe. Der Guru sagt ihr, sie solle ihren Sohn am Tag des Schlangenfestes vom Haus fernhalten. An diesem Tag werde er kommen, um die Schlangenbraut wegzuholen. Er habe ein besonderes Interesse an ihr, denn durch sie komme er zum *Nagmani*, dem sagenhaften Schlangen-Rubin, den man angeblich im Kopf einer seltenen *Ichhadhari*-Kobra finde. Wenn er den Stein besitze, werde er der mächtigste Mensch auf Erden sein.
Rajni weiß vom Besuch ihrer Schwiegermutter beim *Tantrik* und versucht, sie davon abzubringen, bei ihm Hilfe zu suchen. Sie sei in ihr Haus gekommen, um ihren Sohn zu lieben und zu beschützen, sie wolle der Familie kein Leid antun. In einer Reihe von Rückblenden erinnert sie Rajus Mutter an den sechsten Geburtstag ihres Sohnes, an dem er von einer Schlange gebissen worden ist. Der Knabe war tot, wurde aber von einem *Tantrik*-Guru wieder zum Leben erweckt, der der Schlange das Leben nahm und es in Rajus Körper einpflanzte. Die Schlange, die zugunsten des Knaben starb, war Rajnis Gatte. Sie hatte geschworen, ihn zu rächen, aber als sie die enge Beziehung zwischen Mutter und Sohn sah, ließ sie ihren Plan fallen und machte sich Raju zum Ehemann. Die verängstigte Schwiegermutter folgt trotz allem dem Wunsch des Guru und schickt Raju am Tag des *Naga-panchami* unter einem Vorwand von zu Hause weg.
Darauf folgt das, was vom Publikum als Höhepunkt des Films aufgefaßt wird: Rajnis «Schlangentanz». Der Guru und vier sei-

ner Schüler, alle in safrangelbe Roben gekleidet und mit einer Glasperlenkette um den Hals, betreten die Eingangshalle des Hauses. Sie spielen auf der *Been,* einer dicken Holzflöte, wie sie die Schlangenbeschwörer verwenden. Von ihr wird gesagt, ihr Ton sei unwiderstehlich, sie könne die Schlangen aus den verborgensten Winkeln und Ecken hervorlocken. In einem Raum des oberen Stockwerks sehen wir Rajni, sie trägt ein enges, weißes Paillettenkleid, das ihre großen Brüste und die Rundungen ihrer Hüften betont. Sobald die Klänge der *Been* zu ihr dringen, fühlt sie sich unwiderstehlich angezogen, und sie bewegt sich mit schlangenähnlichen, gleitenden Bewegungen darauf zu. Sie stolziert die Wendeltreppe hinunter, ihre Hände über dem Kopf bilden die Haube einer Kobra. Rajni bewegt sich tanzend zu den Männern hin und wieder weg, sie wackelt mit den Brüsten und wippt mit den Hüften, die *Beens* der Männer nähern sich in Großaufnahme ihrem Körper und ziehen sich wieder zurück, auf dem Gesicht des Gurus spiegelt sich kalte, wild entschlossene Gier, und Rajni tanzt sich scheinbar widerwillig, eigentlich aber gewollt in eine sexuelle Hingabe hinein. Der Bann wird durch die unerwartete Rückkehr von Raju gebrochen, der seine Frau ohrfeigt, weil sie so «schamlos» tanzt. Rajni rennt zu den Ruinen, verfolgt vom Guru, der seinerseits vom wütenden Raju verfolgt wird. Zwischen den beiden Männern kommt es zu einem langen Kampf. Rajus Mutter will ihren Sohn schützen und wird getötet. Schlußendlich wird der Guru von der Kobra gebissen, doch bevor er stirbt, bereut er seine Boshaftigkeiten und bittet Shiva, er möge Rajni aus ihrer Schlangen-Inkarnation befreien. Das Gebet wird erhört, und Raju und Rajni leben glücklich bis ans Ende ihrer Tage.

Dem hier geschilderten Film *Nagina* liegt eine traditionelle Volkssage zugrunde, und er enthält viele Ergänzungen und Modifikationen, mit denen er den zeitgenössischen indischen Verhältnissen mit ihren modernen – vor allem westlichen – Elementen angepaßt wurde. Viele Gelehrte behaupten, im Gegensatz zu Europa gebe es in Indien zwischen der Folklore und der Klassik keine starren und genau festgelegten Grenzen, beide stünden auf derselben Grundlage und seien deshalb verschiedene Aspekte derselben Tradition.[61] Ich selber denke ähnlich über die populäre Massenkultur, weil auch sie nicht klar von den folkloristischen und klassischen Traditionen abgegrenzt werden kann. Die populäre Kultur lebt in einer Kontinuität mit anderen kulturellen Formen, und sie ist Teil derselben grundlegenden Tradition, die sie mit neuen thematischen Stoffen und Impulsen versorgt.

Die Geschichte von *Nagina* kann aus verschiedenen Perspektiven «gelesen» werden. Eine soziologische Lesart wird wohl die Kritik der Moderne hervorheben, die in der Person des naiven Helden verkörpert wird. Dieser hat dank seines westlichen Rationalismus keine Ahnung von den Geheimnissen des Okkulten, das nur dem traditionelle Wissen zugänglich ist. Unsere eher psychologische Lesart konzentriert sich sowohl bei der Filmstory wie auch bei den zahlreichen Sagen über die indischen Geschlechterbeziehungen ausschließlich auf den symbolischen Gehalt der Schlangenfrau.

Rajus erste Begegnung mit der Schlangenfrau zeigt bereits in die Richtung, in der wir nach ihrer Bedeutung suchen sollten. Sie singt von vergessenen, d.h. unterdrückten Erinnerungen in den Ruinen des Hauses, in dem Raju seine frühe Kindheit verbracht hat und das er immer wieder aufsuchen muß. Die aus dem Nebel der Vergangenheit auftauchende Schlangenfrau verkörpert meiner Meinung nach eine bestimmte «Vision» der Mutter aus den frühesten Lebensjahren des Knaben. Sie ist nicht die passive, ewig leidende Modell-Mutter, wie sie im Film üblicherweise dargestellt wird und wie sie die Männer in den meisten indischen Erzählungen bewußt wahrnehmen. Diese Mutter ist eine eher unbewußte Konstruktion, höchst sinnlich und dennoch kämpferisch-beschützend. Sie ist sowohl die verführerische Tänzerin wie auch die zischende, giftsprühende und kämpferische Kobra, die ihren Sohn vor allem Unheil schützt. Sie ist die Wunsch-Mutter in der eigensinnigen Phantasie eines Sechjährigen, auf die ein boshafter Vater in der Gestalt des Guru sexuell Anpruch erhebt, und dessen Männlichkeit sie kaum widerstehen kann (und vielleicht auch nicht will). Sie wird vom Knaben vor den «bösen» Absichten des Mannes gerettet und verhilft dem Sohn im Kampf mit dem Vater zum Sieg, so daß sie in einem uralten Knabentraum vereint glücklich zusammenleben können.

Zyniker betrachten die Liebe, den Kern der geschlechtlichen Beziehungen, als das Opium der privilegierten Klassen. Ihre Bedeutung für die Besitzlosen, die ums nackte Überleben kämpfen, ist ihrer Meinung nach gering. Sie sind der alten und neuen Romantik gegenüber skeptisch und glauben, die «Kultur der Armut» (um Oscar Lewis' Worte zu gebrauchen)[62] übe auf die Armen einen so großen Druck aus, daß sie sich über die Ideale, Werte und Vorschriften der traditionellen Kultur, die immer eine elitäre Schöpfung sei, hinwegsetzten.

In den folgenden autobiographischen Berichten versuchen zwei Frauen aus den Slums von Delhi, ihren Hoffnungen, Phantasien und Konflikten Gehör zu verschaffen. Sie gehören einer ignorierten Schicht an, von der man in den meist von der Mittel- und Oberschicht geführten Diskussionen über die Geschlechterbeziehungen wenig hört. Die Schilderungen von Janak und Basanti sind pulsierende Geschichten, deren Anspielungen und Feinheiten nur mangelhaft übersetzt werden können. Mit der Wiedergabe ihrer Geschichten in der Ich-Form möchte ich vor allem erreichen, daß der Sinn für das «Wer» im Leben dieser zwei verschiedenen Frauen in ihrem jeweiligen Beziehungsgeflecht erhalten bleibt. Als Analytiker bin ich mir des Problems bewußt, eine Erzählung zu unterbrechen. Deshalb werde ich die Geschichten von Janak und Basanti in voller Länge wiedergeben, bevor ich mit meinen Interpretationen beginne. Damit soll verhindert werden, daß die Erfahrung der Leser durch meine Erklärung unterbrochen wird.

Die Geschichten beider Frauen gehen über ihre eigenen Schicksale hinaus. Sie geben uns einen Einblick in die Beziehungen zwischen den Geschlechtern in der indischen Unterschicht und in der Kultur der gesamten Gesellschaft, von der sie ein Teil sind. Bevor ich sie selbst sprechen lasse, zeige ich einige Merkmale auf, die sie mit anderen Frauen aus der indischen Unterschicht gemeinsam haben, und ich werde sie mit Frauen aus höheren Schichten und aus den Slums anderer Länder vergleichen.

Wie viele aus den «Umsiedlungskolonien», den Slums Delhis,

in denen die Ärmsten der Armen leben, zeigen auch Janak und Basanti ein Talent zur Selbst-Beschreibung und sogar zur Selbst-Dramatisierung, sobald sie von den ehrlichen Absichten eines Gesprächspartners überzeugt sind. Sie sind weder unverständlich noch funktioniert ihre Sprache nach einem ‹reduzierten Code›, wie er der Sprache westlicher Unterschichten nachgesagt wird.[63] Ihre Sprache klingt für Leute aus dem Mittelstand oft roh und vulgär, sie vermag die Lebhaftigkeit der Frauen und ihre völlige Verbundenheit mit dem Drama ihres Lebens jedoch genau wiederzugeben. Obwohl ihre Ausdrucksweise eine mangelnde Übung verrät, sind sie redegewandt, und sie schmücken ihre Sprache großzügig mit Analogien, Anspielungen und Sprichworten aus der dominierenden Hindu-Kultur, mit der sie trotz ihrer Armut verbunden sind. Wenn Janak zum Beispiel über die – von ihr als ungerechtfertigt bezeichneten – Zweifel ihres Mannes an ihrer sexuellen Moral spricht, bezieht sie sich auf eine bekannte Episode aus dem *Ramayana* und sagt: «Ich wünschte, die Erde würde sich teilen und mich verschlucken.» In dieser Episode ruft die Heldin Sita, die sich einem ähnlichen Verdacht ausgesetzt sieht, ihre Erdmutter an und fordert sie auf, sich zu öffnen und ihre unschuldige Tochter wieder zu sich zu holen.

Die Kultur beeinflußt viele Bereiche in Janaks und Basantis Leben, sie kennen die Rituale und die *Vratas* (rituelle Fastentage). Wird zum Beispiel jemand von einem Geist oder einer Göttin besessen, handeln sie nach den hinduistischen Vorschriften über den Umgang mit dem Übersinnlichen.

Die Prägung durch die traditionelle Kultur wird dann am deutlichsten, wenn sie über ihr Ideal von der «guten» Frau sprechen, besonders in bezug auf die Männer. Ebenso wie die Frauen aus höheren Schichten, haben sie das Gefühl, von einem aufmerksamen inneren Wächter geliebt und bestätigt zu werden, wenn sie diesem Ideal entsprechen, und sie spüren eine quälende Schuld, wenn sie davon abweichen (was sich manchmal nicht vermeiden läßt). Als «gute» Frauen müssen sie die Ehre *(Izzat)* ihrer Familie hochhalten, indem sie vor der Ehe keusch leben und dem monogamen Ideal in Gedanken, Wort und Tat die Treue halten. Die «gute» Frau ist von Natur aus fruchtbar, besonders wenn es um die Erzeugung der äußerst wichtigen Söhne geht. Ein diesebzügliches Versagen

kann zu ihrer Vertreibung von Haus und Herd führen. Diese Strafe ist für die Frau sehr unangenehm, wird jedoch von ihr akzeptiert.
Die *Pativrata* gilt in der traditionellen Kultur vor allen anderen als das Ideal einer «guten» Frau. Die Art und Weise, wie sie ihr Leben dem Wohl und den Bedürfnissen ihres Gatten unterordnet, habe ich bei keiner anderen Frau in keinem anderen mir bekannten Teil der Welt beobachtet. Das Verhalten der *Pativrata* ist nicht nur auf die eheliche Treue ausgerichtet, die in allen patriarchalischen Gesellschaften eine große Rolle spielt. Worum es den Männern wirklich geht, läßt sich am Beispiel der Göttin Uma aus dem *Mahabharata* illustrieren, die den Verhaltenskodex für die Frauen festlegte. Sie beschreibt die *Pativrata* als eine, «die ihren Blick nicht auf die Sonne oder den Mond (in der hinduistischen Kosmologie sind beide männlich) oder auf einen Baum mit einem männlichen Namen richtet.» Aber die Göttin geht noch weiter:

Die Hingabe an ihren Herrn ist ihr Vorzug; sie ist ihre Buße; sie ist ihr ewiges Himmelreich. Vorzug, Buße und Himmelreich werden die ihren, ihr Gatte ist ihr ein und alles. Die mit Keuschheit Ausgestattete versucht, sich ihrem Herrn in allen Dingen hinzugeben. Der Gatte ist der Gott der Frauen. Der Gatte ist ihr Freund. Der Gatte ist ihre höchste Zuflucht. Die Frauen haben keine Zuflucht, die sich mit ihrem Gatten vergleichen läßt, und kein Gott läßt sich mit ihm vergleichen. Die Gnade und der Himmel des Gatten sind in ihrer Wertschätzung für die Frau gleich; oder, falls sie ungleich sind, ist der Unterschied unbedeutend. O Maheshwara, ich begehre den Himmel nicht, wenn Du mit mir nicht zufrieden bist. Befiehlt ein armer, ein kranker oder ein besorgter Gatte der Frau irgend eine Aufgabe, die ungebührlich oder ungerecht ist oder die das Leben zerstören könnte, sollte die Frau ohne zu zögern gehorchen.[64]

Dieses «richtige Benehmen» einer Frau, das in den wichtigen tradtionellen Quellen unablässig wiederholt wird, bildet einen Teil des «ideologischen Über-Ichs» der Hindu-Frau; es durchdringt mit unterschiedlicher Intensität alle Schichten der indischen Gesellschaft. Auch in den Geschichten der beiden Frauen aus den Slums macht sich der Einfluß der *Pativrata*-

Frau bemerkbar. Oft wird Sita, die Personifizierung des *Pati-vrata*-Ideals angerufen, und es werden Anspielungen auf die eine oder andere Episode aus ihrem mythologischen Leben gemacht.

Das Problem liegt natürlich auch darin, daß die Ehemänner aus den Slums – im Gegensatz zu den meisten Männern der höheren Schichten – zur Faulheit neigen und mangelnden Ehrgeiz zeigen. Praktisch jede Frau aus der Unterschicht wird oft im Stich gelassen, so daß sie sich allein um die Familie kümmern muß. Dabei ist sie allerdings nicht in einem so hohen Maße auf sich selbst angewiesen, wie das zum Beispiel bei Ghetto-Frauen in New York der Fall ist. Der unentbehrliche körperliche Schutz, die finanziellen Bedürfnisse und das heimliche Bedürfnis nach männlicher Gesellschaft führen dazu, daß die Frau kürzere oder längere Verhältnisse mit anderen Männern eingeht. Durch diese Verbindungen und Zweck-Ehen erhält das innere Bild von der «guten» Frau, die nicht nur in diesem Leben, sondern auch in allen darauf folgenden einem einzigen Mann treu sein sollte, unweigerlich Risse. Im Gegensatz zu ihren Schwestern in den Slums anderer Weltstädte ist für sie die Promiskuität kein Trost und keine Kompensation, die sie sich aufgrund der vielen Entbehrungen zugesteht. Wie viele andere Inderinnen schreckt sie davor zurück, in der Sexualität ein Heilmittel für die vom Leben zugefügten Wunden zu suchen.

Die Frauen aus den Slums von Delhi leiden ebenso wie ihre Genossinnen auf der ganzen Welt unter dem hohen Grad an körperlicher, von den Männern ausgehenden Gewalt. Der offensichtliche Grund der häufigen Gewaltausbrüche liegt im gegenseitigen Mißtrauen an der Partnertreue. Auch Frauen sind für hedonistische Vergnügungen empfänglich (sexuelle ausgenommen), die ihnen im täglichen Überlebenskampf spontane Freuden ermöglichen. Auch haben sie die Kraft und die Fähigkeit zur Bewältigung von Problemen entwickelt, vor denen sich Frauen aus der Mittel- und Oberschicht als hilflos erweisen würden.

Was sie von den Frauen aus den Slums anderer Städte unterscheidet, ist die dauerhafte, intime Verbundenheit ihres Innenlebens mit der traditionellen Kultur und ihre enge, zuverlässige Verbundenheit mit Eltern und Geschwistern. Auf

die Unterstützung, die sie von ihren Eltern und Geschwistern erhält, können andere Inderinnen nur neidisch sein. Von ihnen wird erwartet, daß sie ohne diese Hilfe auskommen können, daß sie mit ihren Eheproblemen selber fertig werden. Deshalb fühlt sich die «Slum-Frau» nur selten minderwertig, isoliert, abhängig oder hilflos.
Auch in ihren schwierigen, aber beharrlich geführten Bemühungen, ihre Selbstachtung als «gute Frau» aufrechtzuerhalten, ist ihr die Verbundenheit mit Tradition und Familie von Nutzen. Sie hilft ihr, sich gegen allzu große, situationsbedingte Schwierigkeiten abzuschirmen, und die kulturelle Tradition liefert ihr den Rohstoff für ihre Phantasien. Eine wichtige Phantasie, mit der sie sich vor Niedergeschlagenheit und Zorn schützt, ist die der Heldin, die dank ihrer Leidensfähigkeit und ihrer Tugendhaftigkeit am Ende triumphiert. Im letzten Akt dieser Phantasie unterwirft sich der Mann reumütig, weil er den wahren Wert der Frau erkennt, und seine Brutalität weicht der Bewunderung. Aus Dankbarkeit für die Opfer, die ihre Mutter für sie erbracht hat, widmen sich die Kinder den Bedürfnissen und dem Wohlergehen ihrer Mutter, und die nicht mehr so gleichgültigen Götter spenden ihr von ihren himmlischen Logenplätzen herab stehende Ovationen, während sie mit einem Meer von Blumen und bewundernden Blicken überschüttet wird.

Janak

Wir leben seit siebzehn oder achtzehn Jahren in Madangir. Davor waren wir in Gandhinagar. Wir sind drei Schwestern und zwei Brüder. Nachdem wir als Flüchtlinge von Pakistan nach Delhi gekommen waren, lebten wir erst bei Verwandten. Mein Vater war sehr arm. Abends aßen wir zwei *Rotis* (nordindisches Brot) und gingen dann zu Bett, ein drittes *Roti* gab es nie. Wenn wir Schwestern Kleider trugen oder die Haare flochten, sagten die Leute: «Ihr Vater ist doch so arm, woher haben die bloß das Geld für Kleider?» Wir konnten nur Kleider tragen, wenn uns jemand seine alten schenkte.
Mein Vater war meistens arbeitslos. Ich war das älteste Kind im Haus. Wenn mein Vater abends nach Hause kam, war er immer in schlechter Verfassung. Das hat mir im Herz weh

getan. Den anderen Schwestern machte es nichts aus. Als ich in der zehnten Schulklasse war, besuchte uns manchmal ein Mann. Ich bat ihn, mir eine Stelle bei der Sozialhilfe im Dorf zu verschaffen; ich habe das vorher nie jemandem erzählt. Er sagte, er würde es tun. Dieser Mann hat von einem Büro beim Irwin-Krankenhaus aus mit Mädchen gehandelt. Ich war von Beginn an klug und auf der Hut. Er nahm mich mit ins Büro, und etwa um sieben Uhr abends brachte er mich zu einer abgelegenen Stelle in Shahadra, wo jetzt Verbrennungen stattfinden. Gott hat mich gerettet. Der Mann sagte: «Zieh dich aus.» Ich zog meine neuen Sandalen aus, die ich aus Lucknow bekommen hatte. Dann sagte ich zu ihm: «Ich werde mich jetzt ausziehen.» Ich mußte ihn täuschen, deshalb sagte ich: «Geh etwas zurück, damit ich mich beim Ausziehen nicht schäme.» Er glaubte, er hätte mich in eine Falle gelockt. Ich band meine Hosen los, ließ sie fallen und rannte weg. Ich bin fast nackt, nur mit einem Hemd bekleidet nach Hause gekommen, aber er hatte es nicht geschafft, mich anzufassen. Ich weinte und weinte. Die Ehre meiner Eltern wäre an jenem Tag beinahe ruiniert worden, Gott allein gab mir die Kraft, sie zu retten. Der Mann brachte meine Sandalen und die Hose zurück. Er wußte, wie arm mein Vater war. Meine Eltern brachen zusammen. In jenen Tagen hielt ich alle *Vratas* ein und ging täglich zum Tempel.

Für die Ausbildung zur Sozialarbeiterin ging ich nach Durgapur, das liegt in der Nähe von Simla. Ich hatte nicht einmal eine Uniform. Ich lernte einen Unternehmer kennen, der sagte, er würde mir eine kaufen. Doch sein Blick war böse. Schau, wenn jemand arm ist, hegen alle böse Absichten. Er brachte mir zwei Saris, ein Paar Schuhe und Blusen. In jener Nacht mußte ich allein reisen. Der Unternehmer sagte, seine Ehefrau sei keine gute Frau, und er bat mich, ihn zu heiraten. Ich sagte ihm: «Ich habe dich als ‹Bruder› bezeichnet, deshalb kannst du nicht mein Ehemann sein.» Dann bestieg ich den Zug, aber ich war während der ganzen Reise traurig.

Ich wollte meinen Vater finanziell unterstützen. In Durgapur hatte ich Heimweh. Ich bekam die Pocken, meine Haut war mit Geschwüren übersät. Nach einem Jahr kam ich nach Hause zurück. Mutter lag krank im Bett. Die anderen Schwestern kümmerten sich nicht um sie, deshalb sorgte ich dafür,

daß sie behandelt wurde. Ich hatte meine Brüder und Schwestern sehr gern. Ich wollte ihnen eine Ausbildunge ermöglichen, aber sie wählten den bösen Weg. Die Eltern waren ehrbare Leute, die Kinder haben ihr Vertrauen mißbraucht.
Ich bin jetzt fünfzig. Ich war siebzehn, als ich in Gandhinagar mit Premnath verheiratet wurde. Er ist ein entfernter Verwandter, und er war damals in Allahabad bei der Armee. Als er einmal in unserem Haus zu Besuch war, bat ihn mein Vater, er solle mich in diesem Dorf bei Nainital besuchen, ich wohne allein in dieser fremden Gegend. Als er mich endlich gefunden hatte, begrüßte ich ihn mit großer Ehrfurcht. Dann hat sich sein Blick verändert. Er dachte, er könnte mich heiraten und mit mir glücklich werden. So etwas wäre mir nie in den Sinn gekommen. Dann kehrte er nach Allahabad zurück und schrieb mir einen Brief, in dem er mich bat, ihn zu heiraten. Ich antwortete ihm, das sei unmöglich, da wir verwandt seien. Willst du die Wahrheit hören? Ich ging tatsächlich nach Allahabad, um ihn zu treffen. Als er mich am Bahnhof wieder verabschiedete, weinte er unaufhörlich. Er war damals sehr stattlich, und ich mochte stattliche Männer. Er war hübsch, und er sprach so sanft und leise, daß man ihn kaum verstehen konnte. Und er war so höflich. Ich vergaß alles, nachdem ich ihn getroffen hatte. Ich sagte mir: «Den will ich für mich ganz allein haben.» Seine Mutter war gestorben, als er noch ein Kind war. Er weinte oft und sagte, er habe keine Mutter. Nachdem ich seine Einsamkeit gesehen hatte, vergaß ich alles. Ich beachtete seine inneren Eigenschaften nicht. Tag und Nacht dachte ich nur an ihn. Wir schrieben uns Briefe mit Versen und Liedern. Wir glaubten, ohne einander nicht mehr leben zu können.
Als ich zu Hause Ferien machte, erzählte ich meiner Mutter von ihm. Eines Tages nahm er Urlaub, kam in unser Haus und saß einfach da. Er sagte, wenn er mich nicht heiraten könne, würde er alle erstechen. Mein Vater zog seinen Turban aus, legte ihn auf meine Füße und sagte: «Mein Kind, denk an meine Ehre und weise ihn zurück. Er ist ein sehr schlechter Mann. Er wird dein Leben ruinieren.» Ich sagte: «Nein, wenn er ein böser Mann ist, dann liegt es an mir, aus ihm einen guten zu machen.» Ich sagte zu meinem Vater: «Was soll's! Wenn er mich umbringt, trägst du meinen Leichnam auf den

Schultern zum Verbrennungsplatz!» Mein Vater ließ mich heiraten, aber als ich am Hochzeitstag das Haus verlassen wollte, ging er auch. Er sagte: «Sie tut es gegen meinen Willen, sie hat nicht auf mich gehört. Ich werde sie nicht sehen, wenn sie geht. Sie war wie ein Sohn für mich, nun hat sie mich verraten.» Meine *Doli* (die rituelle Prozession, in der die Braut vom Bräutigam vom Haus ihres Vaters weggeführt wird) führte zum Haus meiner Schwester, denn mein Mann hatte kein Geld, um irgendwo sonst hinzugehen.

Als er allein nach Allahabad ging, versprach er, mir Geld zu schicken. Meine Eltern fingen an, ihn zu hassen. Sie sagten, es sei eine große Unehre, wenn einer seine Frau nach der Heirat verlasse. Deshalb haben sie auch mich schikaniert. Ich schrieb ihm einen besorgten Brief und ging nach Allahabad, ohne ihm vorher etwas zu sagen. Wir bekamen von einem seiner Freunde ein Zimmer und verbrachten zusammen ein sehr gutes Jahr. Wir waren immer zusammen, ich schlief keine einzige Nacht allein. Dann wurde ich schwanger. Meine Gesundheit wurde schlechter. Ich erbrach mich andauernd. Deshalb brachte er mich zu meiner Mutter zurück, als ich im achten Monat war. Mein Baby war schon etwa fünf Wochen alt, als er mich zum ersten Mal besuchte. Er sagte, er habe Urlaub, dabei hatte er die Armee für immer verlassen. Ein Tag verging, dann ein zweiter. Immer, wenn das Mädchen schrie, sagte er nur: «Los, wir werfen sie in den Jamuna-Fluß, wirf die Scheißschwester in den Fluß!» Weder das Kind noch ich hatten etwas zu essen. Zu Hause sagten die Eltern: «Wo bleibt da die Freude an der Ehe, wenn kein Geld da ist! Er ist bloß ein nackter, hungriger Bettler!» Das konnte ich nicht ertragen, deshalb zogen wir zu meiner Schwester, die in den Bretterbuden an der Link Road wohnte. Wir bekamen eine eigene Hütte, aber wir hatten so wenig Geld, daß wir uns nicht einmal Milch für das Kind leisten konnten. In jener Zeit fing er an, mich mit der Peitsche zu schlagen.

Das Baby wurde sehr schwach und starb mit vier Monaten. Wir brachten sie ins Irwin-Krankenhaus, wo sie ihr vier Flaschen Glukose gaben. Sie konnte nicht gerettet werden und starb am nächsten Morgen. Mein Mann fing an, sich über unseren Geldmangel aufzuregen. Dann sagte ich ihm: «Ich werde immer bei dir bleiben. Ich habe meine Eltern verlassen, ich

habe meine Brüder und Schwestern und alle meine Verwandten verlassen, ich gehöre zu dir.» Dann verschaffte ihm meine Schwester eine Stelle im Eros-Kino, wo er hundert Rupien im Monat verdiente.
Eines Nachts ging er angeblich ins Kino. Ich nahm eine meiner jüngeren Schwester, die vor einiger Zeit starb, und wir suchten ihn während der ganzen Nacht. Als er um vier Uhr in der Früh heimkam, war er betrunken. Ich sagte zu ihm: «Hör zu, ich habe dich die ganze Nacht über gesucht.» Er sagte kein Wort. Er zog seine Stiefel aus und schlug mir mit dem einen vier, fünfmal auf den Kopf. Was ging es mich an, wenn er bei einer anderen Frau war! Wenn der Charakter eines Mannes schlecht wird, schlägt er immer seine Frau. Er schloß mich in der Hütte ein und ging weg. Am selben Tag kam die Polizei, um unsere Hütten zu demolieren. Sie verluden uns mit unseren Habseligkeiten auf Lastwagen und verfrachteten uns hierher nach Madangir. Das war damals nur eine leere, staubige Ebene. Als meine Brüder davon erfuhren, kamen sie her, um nach mir zu sehen. Sie fragten, was geschehen sei. Ich sagte ihnen, ihr Schwager habe mich verlassen. Sie verbrachten den ganzen Tag damit, eine Stelle zu räumen, Fundamente zu graben und mir eine Hütte zu bauen.
Schließlich kam er zurück. Täglich hat er mich schikaniert und geschlagen. Damals hatte ich wieder ein Kind, es war fast fünfzehn Monate alt. Er zückte ein Messer vor dem Kind und sagte, er werde mich töten. Meine Mutter sagte mir oft, ich solle ihn verlassen, er habe einen schlechten Charakter und ich werde mein Leben lang weinen. Aber ich sagte: «Nein, ich habe ihn bei der Hand genommen. Er ist mein Gemahl. Ihr mögt mich alle verlassen, aber ich werde ihn nie verlassen.» Er machte mir Szenen. Er mißbrauchte und schlug mich und blieb von zu Hause weg. Wenn ich krank war, fragte er mich nie, ob ich eine Tasse Tee oder Milch brauche. Oft sagte er: «Ich werde dich vom Dach stürzen.» Aber er ist mein Ehemann. Und dann starb mein Sohn, er war eineinhalb Jahre alt. Weißt du, mein Vater hat mir viele Geschichten erzählt, als ich klein war. An zwei dieser Geschichten kann ich mich noch heute erinnern. In einem Dorf gab es eine Tochter eines Brahmanen und den Sohn eines anderen Brahmanen, und beide liebten sich. Der Brahmanenjunge bat das Mädchen, mit ihm

wegzulaufen, und das haben sie eines Nachts auch getan. Unterwegs hielten sie an, um sich auf der Veranda eines Hauses auszuruhen. Zwei Diebe, die gerade ein Haus ausgeraubt hatten, kamen zu der Stelle, an der das Paar schlief. Sie wurden von den Leuten aus dem Dorf verfolgt und auf der Veranda in die Enge getrieben. Die Leute fragten das Mädchen, welcher ihr Ehemann sei. Der Brahmanenjunge war ein Schwächling, und einer der Diebe war ein starker, stattlicher Mann. Abgesehen davon hatte er auch Geld und Juwelen. Das Mädchen zögerte keinen Augenblick. Sie verleugnete den Brahmanenjungen, gab den Dieb als ihren Mann an und ging mit ihm zusammen weg. Unterwegs kamen sie zu einem Fluß und fragten sich, wie sie ihn wohl überqueren könnten. Der Dieb sagte: «Ich werde zuerst mit den Taschen hinübergehen, dann komme ich zurück, um dich hinüberzutragen.» Als er am anderen Ufer war, rief ihm das Mädchen zu, er solle zurückkommen und sie holen. Er sagte: «Wenn du einen Mann gewählt hast und ihn nachher so leichtfertig verläßt, wie soll ich da wissen, ob du bei mir bleiben wirst?» Darauf sagte mir mein Vater, eine Frau gehöre nur einem Mann. Wenn sie glücklich wird, dann nur durch ihn, nie durch einen anderen. Ein Ehemann ist ein Gott.

Eine andere Geschichte, die ich ganz gern mochte, ist die vom König mit den fünf Töchtern. Er ließ sie in einer Reihe sitzen und fragte: «Wer gibt euch zu essen?» Alle Töchter bis auf eine antworteten: «Vater, du gibst uns zu essen.» Die fünfte Tochter sagte: «Vater, ich esse das, was mir Gott gibt, was mir das *Karma* gibt.» Der König geriet in Rage. Er rief einen Leprakranken mit blutenden Wunden, verheiratete ihn mit seiner Tochter und jagte beide in Lumpen aus dem Palast. Beim Weggehen sagte die Tochter: «O Vater! Dies ist der Ehemann meines *Karmas,* dieser Mann ist mein Gott!» Sie begann zu betteln, um ihren Gatten ernähren zu können. Geduldig brach sie Brotstücke, die sie ihm in den Mund schob. Er bat sie, ihre Jugend nicht an ihn zu verschwenden und einen anderen zu heiraten. Darauf antwortete sie immer: «Gott hat mich dazu erschaffen, dir zu dienen.» Eines Tages ließ sie ihn im Dschungel zurück, um in der Stadt zu betteln. Ein Vogel kam und ließ sich auf dem Baum nieder, unter dem der Leprakranke saß. Der Vogel sagte zu ihm: «Mein Prinz, in der Nähe ist ein Teich.

Wenn du darin badest, wird deine Lepra verschwinden.» Der Mann schleppte sich zum Teich und hielt ein Bein ins Wasser. Es war auf der Stelle geheilt. Er hielt das andere Bein ins Wasser, und auch dieses wurde von allen Entstellungen befreit. Er tauchte seinen ganzen Körper ins Wasser und kam gereinigt heraus, wie ein strahlender König. Als das Mädchen zurückkehrte, konnte sie nicht glauben, daß dieser stattliche Mann ihr Gatte war. Er überzeugte sie, indem er seinen kleinen Finger, der mit dem Wasser noch nicht in Berührung gekommen war, in den Weiher hielt und ihn geheilt wieder herauszog. Der Vogel kam erneut und sagte: «Wenn ihr zwei Kannen Öl kocht und das Öl in den Weiher gießt, wird sich das Wasser teilen, und ihr werdet auf dem Grund Schätze finden, die von zehn Königen versenkt wurden.» Das Paar befolgte die Anweisungen des Vogels und baute sich aus dem Gold und den Edelsteinen einen großen Palast. Eines Tages sagte der Mann zu seiner Frau, sie sollten ihren Vater zum Essen einladen. Als der König kam, wurde er von seiner Tochter bedient, die bei jedem Gang ein anderes Kleid und anderen Schmuck trug. Als der König fertiggegessen hatte, trug sie dieselben Lumpen, in denen er sie weggeschickt hatte. Dann stellte sie ihm ihren Mann vor und sagte: «Dies sind die Kleider, die du mir gabst, und du hast die Kleider gesehen, die ich vom *Karma* erhalten habe. Du gabst mir einen Leprakranken zum Mann, und dies ist der Mann, der mir vom *Karma* gegeben wurde.»
Schau, niemand kann auch nur eine Zeile löschen, die vom *Karma* in dein Buch geschrieben wurde. Mein Mann konnte nicht mein Mann sein. Ich verstehe nicht warum. Aber sollte ich wegen meinem schlechten Los etwa gute *Dharma*-Gedanken gegen schlechte tauschen? Du kannst den Frieden nur mit dem eigenen Mann finden, nicht mit fremden.
Gegen ihn lief ein Haftbefehl, weil er aus der Armee desertiert war, deshalb versteckten wir uns fünf Jahre lang in Barackensiedlungen. Eines Tages fand ihn die Polizei doch, und sie brachten ihn nach Banga im Punjab. Ich folgte ihm auf die Polizeiwache und weinte die ganze Zeit. Sie warfen ihn ins Militärgefängnis von Jullundhar. Ich blieb während einundzwanzig Tagen dort und besuchte ihn täglich. Er beschimpfte mich jedesmal und ich heulte.
Ich liebte ihn. Ich liebte ihn so sehr, daß Mutter und Vater,

Schwestern und Brüder, daß mir die ganze Welt weniger bedeutete als mein Mann. Ich konnte ihn nicht verlassen. Ich sagte, ich würde sterben, wenn er weit von mir weggebracht werde. Er bekam eine dreimonatige Strafe und sie brachten ihn ins Gefängnis von Lucknow. Ich kam nach Delhi zurück. Das Haus war unbeaufsichtigt, und ich trug ein Kind im Schoß. Mein Mann war für drei Monate im Gefängnis. Als er zurückkam, brachte ich einen Knaben zur Welt. Er hatte von der Armee dreihundertfünfzig Rupien bekommen, die wir für das Baby ausgaben, aber es starb.
Danach begann dieselbe alte Geschichte von vorn: Trinken, schlagen, wüste Beschimpfungen, Verdächtigungen. Er sagte zum Beispiel: «Warum kommt dieser Mann, warum?» Dann antwortete ich: «Ich habe alle Männer für dich aufgegeben. Ich gehöre ganz dir, mach mir keine falschen Vorwürfe.» Er hob Stöcke auf, zückte Messer, und ich blieb stumm vor Angst. Dann gebar ich vier Töchter, eine nach der anderen. Nach der vierten ließ er mich nicht einmal ausruhen. Drei Tage nach der Geburt schickte er mich zur Arbeit in die Küche. Er ließ niemanden von meiner Familie kommen, um mir bei der Entbindung zu helfen. Als das fünfte Kind unterwegs war, sagte ich: «Gott, gib mir einen Sohn, sonst läßt mich dieser Mann nicht am Leben.» Aber die Männer mit schlechten Gewohnheiten ändern sich nicht, auch wenn sie zehn Söhne hätten!
Nach und nach bauten wir in Mehrauli ein kleines Haus und zogen dort mit unseren fünf Töchtern ein. Ich dachte, wenn er unter guten Leuten sei, würde er sich vielleicht ändern. Wir hatten unsere Hütte in Madangir behalten. Aber sein Benehmen verschlechterte sich. Er schlug mich und warf mich aus dem Haus. Ich aber dachte an die Zukunft meiner Töchter, an ihre Heirat. Wenn ich das Haus verlassen hätte, hätten die Leute gesagt, ich sei eine schlechte Frau, ich sei mit einem Liebhaber abgehauen. In unserer Nähe gab es eine Frau, die schwarze Magie betrieb und meine älteste Tochter sehr krank machte. Ich ging mit ihr in alle Krankenhäuser. Dann schickte mich jemand zum *Baba* (heiliger Mann) der Grabstädte von Mehrauli. Baba sagte mir, ich solle mir keine Sorgen machen. Er gab mir etwas Wasser in einer Flasche. Das Wasser heilte meine Tochter. Baba vertraute mir auch an, daß die Frau aus der Nachbarschaft für die Krankheit verantwortlich war. Des-

halb bat ich meinen Gatten, sie nicht zu besuchen. Sie hat ihn komplett gegen mich aufgebracht. Sie verführte ihn zum Trinken und sagte ihm, ich würde in seiner Abwesenheit von anderen Männern besucht.
Eines Nachts kam er nach Hause und wollte mich wirklich umbringen. Ich stieg mit meinen Kindern im Schlepptau über die hintere Mauer und versteckte mich im Haus eines Nachbarn, während er draußen auf der Straße mit dem Messer in der Hand nach uns suchte. Wir rannten nachts barfuß durch den Dschungel und erreichten das Haus meiner Schwester. Am Morgen ging ich auf den Polizeiposten und ließ schriftlich festhalten, daß ich nur mit meinen fünf Töchtern weggegangen war und sonst nichts mitgenommen hatte, damit er mir keinen Diebstahl vorwerfen konnte. Am nächsten Tag ließ ich ihm durch die Tochter meiner Schwester eine Nachricht zukommen. Er sagte ihr vor allen Leuten, ich solle unsere Töchter auf die Straße schicken und sie zu Huren machen, um Geld zu verdienen. Ich ging zum Eros-Kino, wo er arbeitete, und fragte ihn, warum er seine Familie so lächerlich mache. Er schlug mich vor allen Leuten, bis ich am ganzen Körper blaue Flecken hatte. Aber ich ließ mich nicht zu Boden werfen. Als sich einige Taxifahrer einmischten, um mir zu helfen, rannte er weg. Wir kamen nach Madangir zurück, und ich begann zu arbeiten. Er tauchte jeden zweiten Tag auf und beschimpfte uns alle: «Scheißschwestern, Huren, Bastarde, sogar Prostituierte sind besser als ihr. Geht und macht eure Arbeit auf der Straße.» Er beschimpfte mich mit so unflätigen Worten, daß ich wünschte, die Erde würde sich teilen und mich verschlucken. Nach drei Monaten kehrten wir alle nach Mehrauli zurück.
Im Kino, wo er arbeitete, hatte jemand viel Geld gestohlen. Er war in den Diebstahl verwickelt, verlor die Stelle und wurde festgenommen. Ich gab mein ganzes Geld aus, um von einem Gericht zum anderen zu laufen, einen Anwalt zu nehmen, das Gefängnis zu suchen, in dem er inhaftiert war, und eine Kaution zu organisieren. Als sie ihn rausließen, sagte er nur: «Warum hast du das ganze Geld ausgegeben, du Schlampe?» Mein Bruder, meine Schwester und ihre Kinder kamen uns alle besuchen. Ich habe an diesem Tag viel geweint, weil mich meine Schwester verraten hatte. Ich ertrage es nicht, darüber

zu sprechen. Wenn ein Mann schlecht wird, nutzen ihn die Frauen aus. Zuerst baten sie mich, ihnen etwas zu kochen, dann servierte ich ihnen Schnaps. Ich trank auch etwas, ging dann aber schlafen. Der Himmel allein weiß, was er in jener Nacht getan hat. Sie hatten drei Flaschen Schnaps getrunken. Meine Tochter wachte in der Nacht auf und sah, wie mein Mann und meine Schwester das machten, was Männer und Frauen zusammen tun. Ich zitterte am ganzen Körper. Ich sagte mir: «Jetzt ist mein Mann ruiniert.»

Ich erzählte meiner Mutter davon. Meine Mutter ist eine ehrliche Frau, und sie duldet es nicht, wenn mir jemand etwas zuleide tut. Sie ging zum Haus meiner Schwester und fragte sie: «Warum zerstörst du die Ehe dieser armen Frau?» Als meine Schwester merkte, daß ich Bescheid wußte, kam sie zu mir. Ich sagte nichts. Ich wollte ihr nicht vor aller Welt eine Szene machen. Meine Schwester sagte bloß: «Der Schwager gab mir *Roti* zu essen und ich mußte dafür bezahlen.»

Schau, wenn ein Mann betrunken ist, unterscheidet er nicht mehr zwischen seiner Frau, einer Schwester oder sogar einer Mutter. Dann fickt er sogar seine Mutter. Als er am Abend nach Hause kam, habe ich ihn gründlich gescholten. Ich sagte: «Sie mag meine Schwester sein, sie kann irgend eine sein – wenn diese Frau noch einmal ihren Fuß über meine Schwelle setzt, werde ich sie anzünden, und mich dazu.»

Eines Tages rief er mich für ein «Geschäft» zu sich, und als ich mich ausgezogen hatte, sagte er: «Jetzt kannst du das Haus verlassen.» Ich war so gedemütigt. Hätte ich in dieser Nacht eine Büchse Kerosin gehabt, ich hätte mich selbst angezündet.

Schau, bei einer Form der Liebe wird die Frau blind und verliert den Verstand. Es gibt eine andere Art der Liebe, die ist wahr, und dann gibt es noch eine, und die ist falsch. Eine Frau weiß über die Unterschiede der verschiedenen Liebesarten Bescheid. Sie will nicht davon reden, aber sie begreift. Wahre Liebe hat eine Menge *Rasa* (Saft, Würze). Falsche Liebe ist trocken. Die dritte Art macht die Frau blind, so daß sie sich nicht darum kümmert, welche anderen Frauen ihren Mann noch besuchen. Das sind die drei Arten der Liebe. Er rief mich alle zehn oder fünfzehn Tage zu sich ins Bett, nur um mich blind zu machen.

Schau, ich wollte nicht, daß es ihm an Liebe fehlt. Wenn er

mich zwanzigmal rief, ging ich zwanzigmal zu ihm. Wenn er mich zehnmal rief, ging ich zehnmal zu ihm. Ein Mann geht nur fremd, wenn er zu Hause nicht genug bekommt. Darum ließ ich ihn nie hungern. In der ersten Zeit nach der Hochzeit verlangte er zwei- bis viermal am Tag nach mir.
Manchmal trinke ich. Schnaps berauscht auf verschiedene Arten. Ich spreche aus eigener Erfahrung. Wenn eine Frau trinkt, braucht sie einen Mann. Das wird dir jede Frau bestätigen. Sie will neue Männer. Das ist nur natürlich. Mein Mann hatte am Anfang keine Ahnung vom Geschlechtsverkehr. Er wußte nicht einmal über die Periode der Frauen Bescheid. Ich habe ihm alles beigebracht. Ich hatte viel Kraft. Selbst wenn er zwanzigmal nach mir verlangte, hatte ich noch nicht genug. Jetzt hat er meinen Körper zerstört. Wenn die Leute mich sahen, sagten sie: «Schau, da kommt der Polizeikommisar!» Aber jetzt habe ich die Kraft verloren. Gut, etwas Kraft ist noch da, sie kommt wieder zurück, wenn er mich nicht beschimpft und sein Leben mit mir teilt. Wenn er mich immer noch liebte, würde ich alles vergessen. Früher nannte er mich «Ringer», dann nannte er mich «Oberfrau». Jetzt ist er soweit, daß er mich «Schlampe», «Hure» und *Badmash* (schlechte Gestalt) nennt. Als er einmal früher nach Hause kam und ich nicht da war, weil ich in unserer Straße einen Kurs über religiösen Gesang besuchen mußte, nahm er zwei Büchsen Kerosin hervor und sagte: «Bevor du dich verbrennst während ich im Kino bin, solltest du dafür sorgen, daß ich davon höre. Ich werde dann deine Leiche beseitigen.»
Dann hatte er auf dem Weg zur Arbeit einen Unfall. Der Sohn meiner Schwester brachte ihn zurück; sie hatten ihn zusammengenäht, er hatte überall Verbände. Als ich ihn sah, vergaß ich das ganze Leid, das er mir zugefügt hatte. Mein Herz schmerzte aus Mitleid. Ich hatte die bittere Pille geschluckt und war ihm treu. Als ich ihm Milch brachte, sagte er: «Scheißschwester, geh zu deinen Eltern und bring denen die Milch.» Am nächsten Tag ging er mit den Verbänden zur Arbeit. Als er zurückkam, brachte er Formulare für die Scheidung mit, die ich unterschreiben sollte. Ich sagte: «Werde zuerst wieder gesund, dann können wir uns scheiden lassen.» Ich kam mit den Kindern nach Madangir zurück. Er blieb zwölf Tage weg und kam dann wieder nach Hause.

Keiner meiner Wünsche ist erfüllt worden. Vor der Heirat dachte ich, ich werde schöne Kleider und Schmuck tragen können, und vor allem würde ich geliebt werden. Ich dachte, wenn sich unsere Herzen treffen und eins würden, könnten wir diese Lebensstrecke zusammen zurücklegen. In den ersten Jahren habe ich die *Vrata* der *Karwachauth* (ein Fasttag verheirateter Frauen zum Wohl ihrer Ehemänner) eingehalten. Er meinte: «Warum ziehst du eine solche Schau ab? Warum machst du ein solches Theater?» Ich sagte: «In meinem Herzen trage ich aufrichtige Liebe für dich.» So hat er mich leiden lassen!

Man erzählt, es habe einmal einen schlechten Mann gegeben. Die Leute fragten ihn, warum gute Männer sterben müßten, schlechte aber nicht. Er antwortete, Gott wolle die schlechten nicht, weil er wisse, daß sie ihren Dreck auch in den Himmel mitnehmen. Schau, auch Sita hat unter großen Grausamkeiten gelitten, aber sie verbrachte ihr irdisches Leben in Liebe zu einem Mann. Auch ich habe alles ertragen, weil ich ihn liebte. Ich könnte nicht ohne ihn leben, auch wenn er mich tausendmal beleidigen würde. Aber warum sollte ich einen Mann lieben, der mich in der Öffentlichkeit beschimpft und schlägt? Jetzt ist meine Liebe von innen heraus am Absterben. Ich denke nur an die Kinder. Er weiß nicht einmal, in welche Klasse die Kinder gehen, oder ob sie überhaupt zur Schule gehen. In Wahrheit gilt sein Interesse jetzt unserer dritten Tochter, die gerade vierzehn wurde, und ich muß gut auf ihn aufpassen.

Meine Gesundheit hat gelitten, und mein Herz ist auch angegriffen. Manchmal drehe ich durch. Wenn eine Frau sprechen kann, bleibt sie gesund, sonst gibt es in ihrem Inneren etwas, das sie ständig bedrückt. Durchs Reden kann man den Druck rauslassen. Ich rede oft mit mir selbst oder beginne, vor den Kindern auf der Gasse zu sprechen. Ab und zu sagen meine Kinder, ich sei verrückt. Trotzdem werde ich nicht böse. Die Kinder sagen: «Mutter, du bist wie versteinert.» Trotz den schmutzigen Sachen, die er mir in all den Jahren gesagt hat, wurde auch er besiegt. Aber ich bin nicht böse. Wenn er sich Frauen von außerhalb nehmen kann, können wir uns auch andere Männer nehmen. Aber das schadet meinem *Dharma*, und das *Dharma* ist das einzige, das ich mit in den Tod nehmen kann. Man sagt, wenn einer gegen die Sonne speit, landet die Spucke auf seinem eigenen Gesicht. Also wird die Spucke sein Gesicht treffen. Die Liebe eine Mannes und einer Frau ist etwas Seltsames. Niemand sonst kann einer Frau die Liebe geben, die ihr ein Mann geben kann. Eine Frau, die einen Mann von innen liebt, dürstet nur nach ihm. Jetzt möchte ich der Welt entsagen und in den Wald gehen. Ich setze Hoffnungen in meine Kinder, aber vielleicht geht es mir wie meiner Mutter, und niemand wird sich um mich kümmern. Selbst wenn ich einen Blinden geheiratet hätte, wäre ich noch besser dran. Ich hätte ihm wenigstens dienen können und wäre für die guten Taten belohnt worden. Was hatte ich davon, einen mit Augen zu heiraten? Ruin, Dreck und Beschimpfungen.

Basanti

Vor der Heirat lebte ich glücklich bei meinen Eltern in einem Dorf in Bihar. Wir waren drei Brüder und drei Schwester. Der Älteste war ein Bruder, dann kam ich. Zwei Brüder und eine Schwester sind noch immer ledig.
Ich kam mit meinen Eltern gut aus, den Vater mochte ich am liebsten. Ich machte seine ganze Arbeit. Mutter hat mich geschlagen. Den ganzen Tag über beschimpfte sie mich, weil ich nicht arbeitete und mit Spielen beschäftigt war. Zwei- oder dreimal pro Woche wurde ich von ihr geschlagen. Weil dir die Mutter das Arbeiten beibringt, wirst du von ihr auch mehr geschlagen. Ich erinnere mich nicht mehr an viel aus meiner Kindheit, außer daß ich glücklich war und auch lachte, nachdem man mich gescholten hatte. Wir hatten uns alle gern, aber wir sprachen nicht viel. Ich erinnere mich an die Feste, die wir gefeiert haben. An *Holi* (dem Frühlingsfest der Farben) verehrten wir den Alkohol. Wir machten ihn aus Reis, dann gossen wir ihn in eine Messingschüssel mit *Sal*-Blättern, verehrten und tranken ihn. Wir verehrten auch Hühner. Wir ließen ihr Blut ausfließen und tranken einen Tropfen. Alle haben für zwei oder drei Tage gefastet, dann wurde gegessen und getrunken. Dann gab es die jährliche Verehrung der Kali (der grimmigen Mutter-Göttin). Wir fasteten zwei Tage, und die Göttin fuhr in eine der Frauen. Solange die Göttin in ihr war, ging niemand in ihre Nähe, nicht einmal ihre eigenen

Kinder. Danach gingen wir zum Tempel, brachten Milch, Wasser und Blumen zu ihrer Verehrung dar, dann badeten wir. Aber seit ich hier in Delhi bin, habe ich die Rituale nicht mehr vollzogen, weil ich den falschen Weg gewählt habe. Wir haben auch jedes Jahr das Schauspiel über Rama und Sita besucht, aber ich habe nie viel verstanden. Heute gehe ich nur noch wegen der Kinder hin.
Als ich mit fünfzehn erwachsen wurde, haben mich meine Eltern verheiratet. Nach der Hochzeit lebte ich bei meinem Mann in Kalkutta. Wir verbrachten sechs sehr glückliche Jahre. Während er arbeitete, blieb ich zu Hause. Mein Ehemann behandelte mich gut, und es fehlte uns an nichts. Er sprach liebevoll mit mir und wir lachten viel. Zweimal in der Nacht «werkten» wir. Zu Beginn war es sehr schmerzhaft, aber dann mochte ich es. Wir schliefen nur getrennt, wenn ich die Periode hatte. In dieser Zeit nahm er nicht mal Wasser aus meiner Hand. Bevor wir schlafengingen, tranken wir, kauten *Pan* (Betelblätter) und rauchten Zigaretten.
Ich war jung, und vielleicht war das der Grund, warum ich nicht schwanger wurde. Wenn der Körper bereit ist, läßt das Kind nicht lange auf sich warten. Nach einer Weile wurde ich krank. Ich bekam Schwindelanfälle und Fieber, und ich wurde dünn wie ein Besenstiel. Ich konnte nicht mehr gehen, das Gehör war auch beeinträchtigt. Ich ging zum Arzt, trank während vier Monaten täglich Kokosmilch und aß nichts. Vielleicht bekam mir das Wasser von Kalkutta nicht. Aber weil wir beide so glücklich waren, machte uns nicht einmal meine Unfruchtbarkeit etwas aus. Ich dachte mir, wir zwei sind zusammen in einem fremden Land, und wenn es mir besser geht, gehen wir zurück ins Dorf, vielleicht klappt es dort.
Wir kehrten ins Dorf zurück, aber dort wurde ich unglücklich. Wir verkauften unsere Felder. Er verdiente das Geld als Arbeiter, und ich besserte unser Einkommen auf, indem ich Reisschnaps machte und verkaufte. Als ich immer noch kein Kind bekam sagte er, es gebe für ihn keinen Grund mehr, mich zu behalten. Ich sagte zu ihm: «Gott allein kann uns helfen. Was kann ich dafür, wenn wir kein Kind bekommen? Laß uns nochmal vier, fünf Jahre warten.» Er begann sieben Jahre nach der Heirat, so mit mir zu sprechen. Als mich meine Schwägerin besuchte, sagte sie: «Warum bist du traurig? Sobald Gott

bereit ist, dir ein Kind zu geben, wird er es tun.» Ich sagte: «Aber dein Bruder sollte das auch verstehen. Wie soll ich sonst in seinem Haus leben?» Dann verweigerten mir mein Mann und die Schwiegermutter das Essen. Ich wurde auch geschlagen. Mein Körper wurde schwarz und blau, ich hatte überall Schwellungen und Narben. Mein Mann gab mir Fußtritte und schlug mich mit einem Stock.

Dann sagte er zu mir: «Wenn du in meinem Haus bleiben willst, kannst du das meinetwegen tun, aber nur, wenn du mich ein zweites Mal heiraten läßt.» Ich sagte: «Ich werde dich heiraten lassen, aber ich werde nicht hierbleiben. Ich werde dabei nur unglücklich. Wenn du mich jetzt schon so oft schlägst, wie solltest du mich nach deiner zweiten Heirat gut behandeln können?» Er versprach, sein Wort zu halten. «Du kannst hier sorglos leben, und ich werde wieder heiraten.» Ich gab ihm fünfhundert Rupien von meinem Geld und drei Kleider und ließ ihn heiraten. Wir lebten so zwei Jahre zusammen, aber ich war nicht glücklich. Mein Mann schlief zwischen uns Frauen. Manchmal liebte er die eine, manchmal die andere.

Eines Tages sagte er: «Verlaß das Haus, ich will dich nicht mehr.» Ich ging weg und wollte mich unter einen Zug werfen. Ein Junge aus dem Dorf hielt mich auf und sagte: «Warum willst du sterben? Du bist noch immer jung, und deine Gieder sind alle noch gesund und stark. Wozu sterben?» Ich sagte: «Ich habe niemanden mehr auf dieser Welt. Wozu sollte ich also leben?» Als mein Mann davon erfuhr, kam er sofort her. Ich saß unter einem Baum und er bat mich, nach Hause zu kommen. Ich sagte zu ihm: «Ich trinke jeden Tag und du schlägst mich. Ich werde nicht mit dir zurückkommen.» Die andere Frau sagte: «Ältere Schwester, wenn du nicht bleiben willst, werde auch ich das Haus verlassen. Ich werde irgendwohin gehen, mit irgend einem Mann, ich werde um mein Essen betteln, aber du solltest nicht weggehen. Ich wäre sehr unglücklich, wenn du gehen würdest.»

Meine Schwiegermutter war eine sehr schlechte Frau. Sie schlug mich und gab mir Fußtritte. Sie schnappte mir das Brot vor der Nase weg. Wenn mir mein Mann ein *Roti* gab, sagte sie: «Wozu gibst du ihr zu essen? Gib ihr nichts zu essen.» Wenn eine Frau ihr Zuhause verläßt, muß sie schon sehr unglücklich sein. Ich war niedergeschlagen, weil ich nicht schwanger

wurde, und auch mein Mann war unglücklich darüber, also entschloß ich mich, wegzugehen. Bevor ich ging, habe ich in meiner Wut die ganze Wohnung zertrümmert. Ich habe alles kaputtgemacht. Ich sagte: «Mein Heim muß zerstört werden. Also los! Ich werd's gleich selber tun!» Als ich wegging, nahm ich nicht einmal die dreitausend Rupien mit, die ich gespart hatte. Die andere Frau fand das Geld im Behälter mit den Reisvorräten. Mein Mann soll voller Bewunderung gesagt haben: «Wie konnte sie nur so viel Geld sparen, wo wir doch immer so wenig hatten!» Er soll auch über mich gesagt haben, ich sei sehr gescheit, und er könne nicht verstehen, daß ich alles kaputtgehauen habe und weggelaufen sei.
Ich wohnte bei meinen Eltern, und die meinten: «Du solltest dir keine Sorgen machen. Arbeite für dich selbst. Nimm's gelassen und geh wohin dich das Schicksal trägt. Besuch die Feste, schau dir die Tänze an.» Aber wie soll man glücklich werden, wenn das *Jodi* (Paar) zerbrochen ist! Ich war dauernd bei den Frauen im Haushalt und handelte mit Reis wie eine Händlerin. Dann dachte ich: «Wie soll ich im Haus meiner Eltern glücklich werden?» Sobald die Brüder heiraten und ihre Frauen hierherkommen, werden sie mich nicht mehr hierhaben wollen! Ich sagte zu meinem Vater: «Solange du lebst, werde ich arbeiten und meine ganze Kraft verbrauchen. Aber wenn du gestorben bist, werde ich schwach sein, und niemand wird sich um mich kümmern. Wenn ich einen Sohn oder eine Tochter hätte, wäre es anders, aber so kümmert sich niemand um mein Wohl.» Deshalb entschloß ich mich, nach Delhi zu kommen; zwei Brüder und eine Schwester wohnten bereits in der Stadt. Ich reiste mit einer Gruppe von dreißig oder vierzig Männern und Frauen, die hier auf dem Bau arbeiten wollten. Mein Vater brachte mich zum Bahnhof.
In Delhi wohnte ich bei meinen Brüdern und der Schwester in Sultanpur. Ich arbeitete als Putzfrau. Dadurch lernte ich meinen zweiten Mann kennen, einen Unternehmer. Der gab meinem Vater fünfzehnhundert Rupien, damit er mich heiraten konnte. Nach der Heirat sagte Mannus Vater (der zweite Ehemann): «Es war ein Fehler, daß ich geheiratet habe. Aber hab keine Angst, ich werde bis ans Lebensende für dich sorgen.» Seine Frau war sechs Jahre zuvor gestorben, und er hatte Kinder. Weil seine Kinder gegen mich waren, wollte er nicht,

daß ich bei ihm lebte. Ich sagte: «Gut, aber du solltest mich auch weiterhin ab und zu besuchen.» Jetzt sind seine Kinder erwachsen, und manchmal besuchen sie mich sogar. Ich erklärte meinem Gatten: «Mach was du willst. Lebe meinetwegen mit einer anderen zusammen, aber versorge mich mit Essen.» Heute gibt er mir nicht einmal mehr das.

Ich arbeite und verdiene für mich selbst. Ich habe drei Kinder, zwei Jungs und ein Mädchen. Die zwei Kinder meiner verstorbenen Schwester sind auch bei mir. Manchmal sagt mir mein Verstand, ich solle wieder heiraten. Mein Schwager will mir die Kinder wegnehmen. Ich sagte ihm: «Laß sie bei mir bleiben, du würdest es bereuen. Verdiene dein Geld hier und sorge hier für sie.» Jetzt werden wir den Fall meiner Schwester austragen, die ermordet wurde. Ich wurde früher von der Göttin heimgesucht, aber dann habe ich sie an meine Schwester weitergegeben, weil sie mich erschöpft hat. Jetzt ist die Göttin auf den Mörder übergegangen. Wenn mich die Göttin heimsuchte, zitterte ich am ganzen Leib. Jetzt bin ich oft krank. Um von der Göttin besucht zu werden, muß man viel tun; man darf zum Beispiel keine schmutzigen Geräte anfassen, man muß die Hütte sofort mit Kuhdung säubern und so weiter. Jetzt kann ich ihr nicht dienen. Ich muß mir den Lebensunterhalt verdienen. Solange ich lebe, werde ich Geld verdienen und meine Kinder ernähren. Wenn es einmal Probleme geben sollte, werden wir sehen, was geschieht.

Als ich verheiratet war, brauchte ich mir keine Sorgen zu machen. Gott hatte aus uns ein gutes Paar gemacht. Keine alten Leute haben sich eingemischt. Aber wenn ich an den Fehler denke, den er durch meinen Hinauswurf gemacht hat, bricht mir das Herz. Wie gut ich es hatte! Jetzt lebe ich in der Barackensiedlung. Gott allein weiß, was aus mir wird – auch wenn ich aufgehört habe, an ihn zu glauben. Ich weiß nicht, ob ich glücklich oder unglücklich werde, ob mir das Glück hold sein wird, wenn die Kinder erwachsen sind. Jetzt müssen sie jedenfalls erst einmal zur Schule geschickt werden.

Das Heiraten bringt keine Vorteile, es kommt überhaupt nichts Gutes dabei heraus. Wenn die Kinder erwachsen werden, sagen sie wenigstens, ihre Mutter habe hart gearbeitet, um sie großzuziehen. Die Verwandten, alle Leute sagen mir, ich soll heiraten. Aber ich will meine Hand keinem mehr hin-

halten. Ich will nirgendwo hingehen. Ich werde da bleiben, wo ein Platz für mich ist.
Manchmal denke ich, Mannus Vater sei alt und würde sterben. Ich schäme mich auch, mit ihm zusammen zu sein. Mannus Vater hat mich auch einmal geschlagen. Er warf mir vor, ich würde mit anderen Männern sprechen. Ich antwortete: «Wenn mich jemand fragt, ob es mir gut gehe, dann muß ich antworten. Zudem machst du mich unglücklich. Wenn du mich glücklich machen würdest, würde ich nicht mit anderen Männern sprechen.» Er schwieg. Davon erzähle ich meinen Brüdern und Schwestern nichts, sonst wird seine Ehre beschmutzt. Ich sage ihnen, wir würden gut leben, essen und trinken. Seit drei Jahren hat er mir nichts gegeben. Nicht mal einen Fetzen zum Anziehen. Nur für die Kinder hat er einmal hundert Rupien hervorgeklaubt. Ich sagte zu ihm: «Das sind deine Kinder, also solltest du ihnen Kleider kaufen.» Darauf hat er ihnen schäbige Klamotten gebracht.
Manchmal denke ich nicht einmal mehr daran, daß ich verheiratet war. Ich bin ziemlich allein. Kein Schwein kümmert sich um mich. Ich denke nur an meine Kinder, sie sind die einzigen, die mich ein wenig glücklich machen. Oder dann kommt meine Familie zu Besuch, und wir lachen und machen Witze, das bringt mir auch etwas Fröhlichkeit. Verwandte bringen mir Frieden.
Eigentlich wollte ich mich ertränken, aber dann habe ich an die Kinder gedacht. Manchmal weine ich innerlich. Ich will keinen Streit, aber wenn jemand über mich Lügen verbreitet, werde ich wütend. Wenn die Leute hier sagen, ich sei eine Hure, und ich ließe mich von hinten bumsen, wenn ich in den Bungalows arbeite, dann werde ich rasend. Wo sollte ich die Zeit für all das hernehmen? Ich habe nicht mal Zeit, um mich mal hinzusetzen.
Es gibt noch etwas anderes, das mich böse macht. Ich meine die Liebe. Es gibt einen Mann hier, der mir etwas zu Trinken gegeben haben muß, das mich in ihn verliebt machte. Ich habe ihn wie einen Bruder betrachtet, aber dann hat er mit mir das Schlechte getan. Es wäre ja in Ordnung, wenn er mich immer noch lieben würde. Aber er spricht nicht mehr mit mir, und er will auch nicht, daß ich mit jemand anderem spreche. Er spricht nicht einmal mehr mit den Kindern. Ich bin so

unglücklich, bei soviel Schmerz könnte mir beinahe das Herz stillstehen.
Diese Milchverkäuferin ist schuld daran, daß er nicht mehr mit mir spricht. «Wenn du mit mir diesen Fehler schon gemacht hast, dann werde ich mit dir gehen», sagte ich ihm. Ich würde ihn nicht heiraten, aber ich würde ihn nicht von mir weglassen. Er hat Angst, deshalb kommt er nicht. Sechs Jahre lang hat er mich behalten, aber jetzt bin ich ihm gleichgültig. Mein Ehemann weiß davon. Er sagt, ich sei eine junge Frau und es wäre egal. Früher hat mein Liebhaber gut für uns gesorgt. Wenn er mich nachts brauchte, hat er mich in seine Hütte mitgenommen. Die Kinder nannten ihn Papa. Aber jetzt sagt er, er würde mich aus der Ferne beobachten, und ich solle nicht mit anderen Männern herumalbern. Er wollte mit der Milchfrau anbändeln, aber ich bin dazwischengegangen. Ich sagte ihm, wenn er sie auch nur berühre, würde ich ihm bei lebendigem Leib die Haut abziehen. Eines Tages sah ich sie zusammen. Ich riß ihn von ihr weg, zog eine Sandale aus und schlug ihn damit. «Wir waren sechs Jahre ein Liebespaar, und ich habe nie die Sandale ausgezogen, um dich zu schlagen. Jetzt mußt du dich entscheiden. Sag mir, welche Beziehung du zu dieser Frau hast, oder ich schlage dich weiter. Du hast mein Leben ruiniert, ich werde dich nicht verschonen.» Vier oder fünf andere Männer haben zugeschaut. Die Milchfrau nannte mich eine Hure. Dann schwieg sie, und ich habe mich auch beruhigt. Aber innerlich empfinde ich eine große Wut. Wenn ich mit ihm streite, fühle ich mich ein wenig erleichtert, aber was kann ich schon tun? Wenn mein *Jodi* nicht zerbrochen wäre, befände ich mich nicht in dieser Lage. Ich ging von einem Mann zum anderen und liebte schließlich drei. Jetzt werde ich nie mehr lieben oder heiraten. Ich werde Geld verdienen und meine Kinder großziehen. Meine Tochter wird erwachsen, ich muß ihre Hochzeit arrangieren. Dafür muß ich Geld sparen… Aber die Liebe läßt in mir eine Traurigkeit entstehen. Man sagt, wenn Insekten im Wald verbrennen, können es alle sehen, aber wenn das Herz brennt, bemerkt es keiner. Ich kann nicht einmal in den Tempel gehen, weil ich auf den falschen Weg geraten bin. In unserer Gegend ließen sie es nicht zu, daß Frauen aufs falsche Gleis geraten. Nicht einmal mit ihren Verwandten darf sie grundlos

sprechen. Vor der Heirat hat die Frau eine gewisse Freiheit, aber danach darf sie nur mit ihrem Mann ausgehen. Sie darf nicht mit anderen Männern sprechen. Von all dem bin ich abgekommen, deshalb muß ich leiden.

Die Erzählungen von Janak und Basanti beweisen, daß ihre romantische Sehnsucht nicht einmal im Elend der Slums an Intensität verliert. Im Gegenteil: Die miserablen Lebensbedingungen und der Kampf gegen die Armut sorgen dafür, daß gerade die Liebe ihren Willen zum Überleben am stärksten anzutreiben vermag. Der Traum von der Kraft der Liebe und der Gedanke daran, was aus ihnen werden könnte, wenn sie geliebt würden, ist untrennbar mit dem Leid und Pathos ihrer Existenz verbunden.
Das zentrale Bild dieses Traums ist das *Jodi,* das Paar, das eine universelle Anziehungskraft auf die menschliche Imagination ausübt. Wie schon Dostojewski festgestellt hat, sehen wir den anderen – und uns selbst – in der Partnerschaft manchmal so, wie uns Gott wahrscheinlich sieht. In Janaks und Basantis Vorstellung vom Paar zeigt sich ein weiterer universeller Mythos. Es ist derjenige vom flatterhaften Ehemann und der verlassenen, aber treuen Ehefrau, der das Ehebett heilig ist. Die indische Version dieses Mythos zeigt sich zum einen in Parvatis Zorn und Eifersucht auf Shiva, der an seinen unablässigen Verführungen festhält, zum anderen in Radha, die auf Krishnas Schäkern mit anderen *Gopis* (Kuhhirtinnen) teils zornig, teils einsam-vergrämt reagiert. Jungianer sehen in der weiblichen Sehnsucht nach dem Eingebunden-Sein in eine Paarbeziehung eine Manifestation des «Paarungsinstinkts», den sie den weiblichen Aspekten der Seele zuschreiben.[65] Demnach ist es nicht die Untreue des Ehemannes, die das Leid, die Wut, die Eifersucht, die Rachegelüste und die Verzweiflung der Frau auslöst, sondern seine Weigerung, ihren Wunsch nach Eingebundensein in eine Paarbeziehung zu erfüllen.
Freudianer hingegen werden den Finger auf die individuellen, von der Lebensgeschichte geprägten Bedürfnisse der weiblichen oder männlichen Phantasie legen. Freuds Ansicht über die «Objektwahl» entsprechend, ersetzt der Partner ein Gegenstück aus der Kindheit – meist den Vater, die Mutter oder ein Geschwister. Der Partner kompensiert den Verlust,

die Enttäuschung und den Schmerz, die in der früheren Wunschbeziehung erlebt wurden. Dadurch kann der Partner einem oder mehreren von vielen verschiedenen Bedürfnissen entsprechen. Er kann das Selbstgefühl der Frau durch sein «Widerspiegeln» nähren, indem er mit einem wohlwollenden und bestätigenden Leuchten in den Augen ihre sämtlichen Beziehungen reflektiert. Andererseits kann er auch eine Verkörperung des idealisierten Anderen sein, mit dem die Frau in der Hoffnung zu verschmelzen versucht, in ihrem eigenen Selbst Zusammenhalt und Kraft schöpfen zu können. Der Mann kann auch als Behälter aller unerwünschten oder verleugneten Aspekte des Selbst dienen. Damit kann er zur Inkarnation der negativen Identität der Frau werden, also von allem, das sie zu sein oder zu werden befürchtet, aber sich nicht einzugestehen traut. Hier kann der Partner für die Frau ein Behälter ihrer nicht akzeptierbaren sexuellen oder aggressiven Impulse sein; sie lebt ihre «Niederträchtigkeit» aus, ohne daß ihre «Güte» und «Reinheit» beeinträchtigt werden. Oder er kann den schwächeren Teil ihres Selbst übernehmen, wodurch die Frau stark und energisch sein kann und darf.

Ich zweifle nicht daran, daß auf Janaks und Basantis Traumvorstellungen des *Jodi* eine oder mehrere Jungsche und Freudsche Motivationen zutreffen. Aber im Streben der Frauen nach einer Paarbeziehung werden neben den universellen Archetypen und individuellen Phantasien auch die Konturen einer kulturell geprägten Vorstellung deutlich erkennbar. Anschaulich wird diese Vorstellung durch die *Ardhanarishwara*-Form von Shiva repräsentiert. Diese Form des Gottes hat Attribute beider Geschlechter, die rechte Seite ist männlich, die linke weiblich, und sein Körper verschmilzt mit dem seiner Gemahlin (Uma oder Parvati).

Ardhanarishwara repräsentiert die ersehnte Einheit des göttlichen Paares, nicht die Zweiheit des sterblichen Ehepaares. Ungeachtet seiner Vertrautheit ist der Ehemann in der kulturellen Idealvorstellung nicht einfach ein Partner – das würde seine getrennte, umgrenzte Individualität betonen. In der kulturellen Idealvorstellung ist das *Jodi* eine einzige, von zwei Personen gebildete Einheit.

Das vom Psychoanalytiker Heinz Kohut mit «Selfobject» (Selbstobjekt)[66] bezeichnete psychologische Konzept von der weiblichen Idealvorstellung über die Ehe kommt diesem Ideal wahrscheinlich am nächsten. Das Selbstobjekt als eine scheinbar seltsame Erscheinung deckt sich weder mit den Konturen des Selbst, noch ist es uneingeschränkt das *andere,* vielmehr führt es in dem dazwischenliegenden Raum ein Nomadenleben. Nach Kohut bilden die Selbstobjekte der frühen Kindheit, von denen die Eltern zu den wichtigsten gehören, durch einen als «transmutierende Internalisierung» bezeichneten Prozeß das Zeug zum Selbst. Im Erwachsenenleben versorgen sie das Selbst mit dem lebensnotwendigen Nährstoff.

Das *Jodi* ist also ein «kulturelles Selbstobjekt» – im Hindu-Kontext Sita Ram und nicht Sita *und* Ram, Radhakrischna und nicht Radha *und* Krishna –, das die Frau mit der Gemeinschaft der indischen Frauen verbindet und ihr damit hilft, die Vitalität und Kontinuität ihrer Identität aufrechtzuerhalten. Den Lebensumständen in den Slums, den prügelnden Ehemännern und widerwilligen Liebhabern, den außerehelichen Verbindungen und den abgesprochenen Heiraten zum Trotz, leistet dieses Ideal einen Beitrag zur Aufrechterhaltung des Selbstverständnisses. Dieses Selbstverständnis erklärt die Hartnäckigkeit, mit der Janak und Basanti – wie andere Frauen aus anderen indischen Gesellschaftsschichten auch – an der Unauflösbarkeit des Paares festhalten. Die Dauerhaftigkeit und Wichtigkeit des *Jodi* für das Selbstverständnis der Frau macht es verständlich, warum viele Frauen – auch trotz finanzieller Unabhängigkeit – eher die schmerzliche Demütigung wählen, als ihren Ehemann zu verlassen; weshalb sich Frauen, die in der Ehe einem großen Streß ausgesetzt sind und die gegenüber ihrem Gatten eine große Wut empfinden, eher für den Suizid als für eine Trennung entscheiden.

6 Gandhi und die Frauen

Auf der Suche nach weiteren Aspekten indischer Geschlechterbeziehungen wende ich mich nun Mahatma Gandhi zu, einem der großartigsten Menschen unseres Jahrhunderts. Meine Arbeit der psychoanalytischen Dekonstruktion – das Herauslösen der verborgenen Inhalte aus einem Text – wird dabei dieselbe bleiben. Allerdings wird das Vorhaben durch Gandhis Ruhm und seinen Status als Kulturheld sowohl erleichtert wie auch erschwert.

Jeder Autobiograph erliegt der Versuchung, seinen Lebensrückblick auszuschmücken. Bewußt oder unbewußt wählt er Ereignisse aus seinem Leben aus, die eine zusammenhängende, für seine Leserschaft plausible Geschichte ergeben. Hier wird meine Aufgabe insofern erleichtert, als die Autobiographie anhand der zahlreichen Berichte von anderen Gestalten aus dem Epos des Helden korrigiert und modifiziert werden kann.[67] Die Widersprüche und Auslassungen wichtiger Einzelheiten, die manchmal die Symmetrie seines eigenen, unbewußten Mythos stören, sind in Gandhis Autobiographie leicht auszumachen, weil vor und nach seinem Tod viele Biographien über ihn geschrieben wurden. Allerdings muß ich hier gleich anfügen, daß sich Gandhis autobiographische Schriften, allen voran ‹The Story of my Experiments with Truth›, durch eine Offenheit und Aufrichtigkeit auszeichnen, die für literarische Selbstdarstellungen selten, wenn nicht sogar einmalig sind. Angesichts seiner fast schon mystischen Auseinandersetzung mit der «Wahrheit» sind auftretende Entstellungen in seiner Selbstoffenbarung unbewußt erfolgt, es kann sich dabei kaum um absichtliche Versäumnisse oder Vertuschungsversuche handeln.

Die Dekonstruktion wird durch die Tatsache erschwert, daß Gandhi der herausragendste Kulturheld Indiens ist. Für indische Kinder ist das Gesicht Gandhis mit demjenigen anderer Heroen wie Nehru oder Vivekananda identisch; die Männer tragen die von der Kultur geschaffenen Masken und dienen als nachahmenswerte Ideale, als Identifikationsfiguren. Jedes Kind in Indien wird dem Einfluß von Geschichten ausgesetzt, die die Genialität und Großartigkeit dieser Heroen preisen, und in denen menschliche Schwächen wie Neid, Zorn, Lust, Durchschnittlichkeit, Engstirnigkeit oder Dummheit vollkommen fehlen. Der indische Analytiker, der ja auch nur ein Kind seiner Kultur ist, sieht sich beim Kulturhelden mit einer besonderen Art der «Gegen-Transferenz» konfrontiert. Damit will ich sagen, daß die mit kritischer Distanz kombinierte, respektvoll-einfühlende Haltung des Analytikers, die schon unter normalen Umständen schwierig genug ist, bei einem Mann wie Gandhi noch schwieriger wird. Sein Image neigt dazu, sich mit anderen idealisierten Gestalten aus der Vergangenheit des Biographen zu vermischen, die geliebt und bewundert wurden, obwohl man sich insgeheim gegen sie aufgelehnt hat. Dadurch muß sich der Analytiker mit dem Widerspruch zwischen einer Heiligenbeschreibung und einer biographischen Krankengeschichte auseinandersetzen.

Für den Analytiker beginnt die Geschichte der Frauenbeziehungen eines Mannes unweigerlich bei der Mutter (Skeptiker sagen, sie ende auch dort). Gleichzeitig wissen wir, daß die Beziehung zwischen Mutter und Sohn von allen menschlichen Beziehungen am schwersten zu erfassen ist. Da der Lebensabschnitt, in dem die Mutter ihrem Sohn die Welt vermittelt, vor der Sprachbildung liegt, fördert die Rekonstruktion der Mutter-Sohn-Beziehung mit Hilfe der Sprache die halluzinatorischen Intensität dieses Lebensabschnitts nur andeutungsweise zutage. Bis auf wenige Ausnahmen (z.B. Nabokov) kann eine Mutter mit ihrem Sohn nicht allein durch die Erinnerung sprechen.[68] Ihre Wahrheit liegt im Zusammentreffen, genauer gesagt im Dialog zwischen der Imagination, den Symbolen und der Wirklichkeit, durch die sie früher wahrgenommen wurde und durch die sie später heraufbeschwört werden kann, wobei letzteres eine seltene künstlerische Begabung ist. Alle anderen, Gandhi eingeschlossen, können die einstige Beziehung zur Mutter nur fragmentarisch, anhand verschiedener Mutter-Stellvertreterinnen erfassen. Deren Spektrum reicht von leblosen Objekten (Teil- oder Übergangs-Objekte im analytischen Sinn), die vom Kind mit einem vitalen Geist belebt werden, bis zu den Frauen, die ihn später anziehen und an sich binden werden. Als jüngstes Kind war Gandhi der Liebling seiner Mutter Putlibai; wegen seiner kränklichen Konstitution genoß er zudem ihre besondere Zuneigung und Fürsorge. Wie alle Mütter stellte sie in seinem Inneren eine zwar geduldete, aber verschwommene Präsenz dar, ein intensiv leuchtendes Wesen, das nicht näher definiert wurde. Später werden wir ihre schimärenhafte Präsenz, ihre vorübergehende Reinkarnation in Gandhis Beziehungen mit verschiedenen anderen Frauen entdecken, von denen seine Frau Kasturbai die herausragendste war.

In seiner Autobiographie, die er in einem Zeitraum von fünf Jahren geschrieben hat (er war damals Mitte Fünfzig), beginnt Gandhi die Schilderung seiner sexuellen Aktivitäten und Kämpfe mit der Heirat im Alter von dreizehn Jahren. Er war bereits mit sieben Jahren an die gleichaltrige Kasturbai Nakanji versprochen worden, der Tochter eines erfolgreichen Kaufmanns aus seiner Heimatstadt Porbandar. Als die Kinder in die Pubertät kamen, hielten die Familien die Zeit für eine Heirat gekommen.

In Kathiawar, an der Westküste Indiens, wo Gandhi aufwuchs und sein Vater Ministerpräsident eines kleinen Fürstentums war, waren Kinderheiraten eher die Regel als die Ausnahme. Als Gandhi dreiundvierzig Jahre später darüber schrieb, konnte er sich noch an alle Einzelheiten der Hochzeitsfeier erinnern, die eine Doppelhochzeit war, weil sein Bruder gleichzeitig in einer einzigen, großen Zeremonie mit einer Kusine verheiratet wurde. Die Aussicht auf neue Kleider, üppige Feste, auf Abende und Nächte voller Musik und Tanz begeisterte den jungen Mohandas. Während der eigentlichen Zeremonie hat er immer wieder heimlich Kasturbais Hand gedrückt, wenn sich das Paar bei einem bestimmten Ritus die Hände reichen mußte, und sie hat den Druck eifrig erwidert. Die Hochzeitsstimmung wurde von einem Zwischenfall getrübt. Mohandas Vater hatte auf dem Weg zur Feier einen schweren Unfall, bei dem sich sein Einspänner überschlug. Mit Verbänden am Rücken und an den Armen erreichte er die Zeremonie erst mit einiger Verspätung. Der junge Mohandas war viel zu aufgeregt über das, was mit ihm geschah, als daß er sich um seinen verletzten Vater gekümmert hätte. Dieser Umstand wurde vom älteren Gandhi mit Beschämung vermerkt: «Ich war zwar meinem Vater ergeben, aber auch der Sinnlichkeit, womit ich hier nicht ein einzelnes Organ meine, sondern das ganze Reich der sinnlichen Freuden.»[69]

Im Rückblick hat er den Eindruck, die Sexualität sei für den jugendlichen Mohandas zur Besessenheit geworden. In der Schule waren seine Gedanken ständig bei seiner Frau, und er wartete ungeduldig auf das Hereinbrechen der Nacht, damit er zu ihr gehen konnte. Er wurde von einer rasenden Eifersucht verzehrt. Er wollte über jeden ihrer Schritte Bescheid wissen, und er verbot ihr, allein zum Tempel zu gehen, Besorgungen für den Haushalt zu machen oder sich mit Freundinnen zu treffen. Aber Kasturbai war kein Mädchen, das solche unvernünftigen Einschränkungen und unbegründeten Eifersüchteleien hingenommen hätte. Sie war ein attraktives Mädchen von kleiner Statur, mit glänzenden, schwarzen Haaren, großen, dunklen, tief im ovalen Gesicht sitzenden Augen, schönem, wohlgeformtem Mund und einem entschlossenen Kinn. Sie ließ sich unter keinen Umständen von männlichen Launen beherrschen und konnte ihrem Gatten gegenüber schnell eigensinnig und ungeduldig werden. Es gab heftige Auseinandersetzungen, die in den Liebesspielen der Nacht nur unterdrückt wurden, um am nächsten Tag wieder auszubrechen.

Später hat es Gandhi bedauert, daß er Kasturbai während der ersten fünfzehn Ehejahre so behandelt hat. Für seine Eifersucht führte er zwei Gründe an. Der erste bestand darin, daß er seine turbulenten sexuellen Wünsche und Phantasien auf seine Frau projizierte – «Ich übertrug den Ärger über meine eigene Schwäche auf sie». Der zweite Grund liegt im Einfluß, den sein intimer Jugendfreund Sheikh Mehtab auf ihn ausgeübt hat. Sheikh Mehtab besaß Eigenschaften, die Gandhi fehlten: er war stark, unerschrocken und von verwegener Stattlichkeit. Gandhi hatte ihn als seinen «bösen Genius» bezeichnet, als seinen Verführer, dessen Schmeicheleien er nicht widerstehen konnte. Er verletzte Tabus und Wertvorstellungen, die von Mohandas hochgehalten wurden. So weihte er das vegetarische Bürschchen in das verbotene Vergnügen des Fleischessens ein, und er organisierte einen gemeinsamen Besuch im Bordell. Mehtab schürte ständig Gandhis Zweifel an Kasturbais Treue. Wenn wir heute, hundert Jahre später, über diese Jugendsünden lesen, erscheint uns Mehtab nicht als besonders böse. Er ist nichts mehr und nichts weniger als ein durchschnittlicher, heranwachsender Mann mit phallischen Zügen und einem draufgängerischen Leichtsinn. Einem dreizehnjährigen Muttersöhnchen (als das Gandhi von allen, auch von sich selbst, betrachtet wurde), das sich gleichzeitig mit seiner aufkeimenden Sexualität und dem Aufbau einer seelischen, intimen Beziehung zu einem fremden Mädchen befassen mußte, muß Sheikh Mehtab wie ein von Gott Gesandter vorgekommen sein. Er verhalf Mohandas zu jenem Refugium, in dem junge Männer den Frauen und der heterosexuellen Liebe gegenüber abweisend und ängstlich sein können, wo sie in diffus-homoerotischen Neckereien und einer pausenlosen Aktivität mit der inneren und äußeren Weiblichkeit allmählich ins reine kommen. Kein Wunder, daß ihre enge Freundschaft fast zwanzig Jahre dauerte, obwohl diese von Mohandas Familie entschieden mißbilligt und von ihm selbst ganz bewußt als Beziehung zwischen einem Reformer und einem Lebemann betrachtet wurde. Während seines Englandaufenthaltes zweigte Gandhi etwas von seinem knappen Taschengeld ab, um es Mehtab zu schicken. Nach seiner Rückkehr machte er ihn in Indien ausfindig, und später nahm er ihn nach Südafrika mit.

Zwei Umständen sei es zu verdanken, schreibt Gandhi, daß er zu Beginn seiner Ehe nicht zum seelischen und körperlichen Wrack wurde. Der eine betraf den Brauch, das Ehepaar in den ersten Ehejahren für längere Zeiträume zu trennen – die Hindus wissen sehr wohl um die aufzehrende Natur der jugendlichen Leidenschaft. So machte Kasturbai oft lange Besuche bei ihrer Familie, und Gandhi schätzt, daß sie nicht mehr als die Hälfte der ersten sechs Ehejahre zusammenlebten.

Der andere rettende Umstand lag in Gandhis stark ausgeprägtem Pflichtbewußtsein als Mitglied einer Großfamilie, innerhalb der ihm eine bestimmte Rolle zukam und in der er bestimmte Aufgaben übernehmen mußte. Dazu gehörte auch seine Verpflichtung gegenüber seinem alternden und kränklichen Vater, der er besonders gewissenhaft nachkam. Wenn Gandhi von der Schule nach Hause kam, verbrachte er zuerst einige Zeit beim Vater, massierte seine Beine und umsorgte ihn. Doch sogar bei diesen Beschäftigungen waren seine Gedanken und Phantasien bei seiner Kindfrau, die in einem anderen Zimmer des Hauses weilte, und er wartete jeweils ungeduldig auf das Ende seiner Sohnespflicht. Wie alle wissen, die Gandhis Autobiographie gelesen haben, wurde die Ehe, besonders deren physische Seite, durch den Konflikt zwischen seinem sexuellen Verlangen und dem Pflichtgefühl gegenüber seinem Vater von einem enormen Schuldkomplex belastet. Ich werde nachfolgend einen Vorfall zusammenfassen, der schon oft zitiert wurde – sei es als moralisches Lehrstück oder als Beispieltext für die psychoanalytische Exegese. Gandhis Vater war schwer erkrankt, und Mohandas Onkel war gekommen, um sich mit diesem in der Pflege abzuwechseln. Eines nachts um halb elf oder elf, als Gandhi die Beine seines Vaters massierte, sagte ihm sein Onkel, er solle sich jetzt ausruhen. Gandhi eilte glücklich ins Schlafzimmer, um seine schwangere Frau zu wecken und sie zu lieben. Ein paar Minuten später klopfte ein Diener an die Tür, um dem Ehepaar mitzuteilen, der Vater sei soeben entschlafen. Gandhi berichtet, er habe sein Leben lang Reuegefühle gehabt, weil ihn die blinde Lust der Möglichkeit beraubt hatte, seinem Vater einen letzten Dienst zu erweisen. Dadurch blieb ihm der Segen des Patriarchen versagt, der stattdessen vom Onkel empfangen wurde. Er schreibt:

«Das ist die Schande, die ich im letzten Kapitel angedeutet habe: ich war sogar dann von meiner Sexualität besessen, als ich meinem Vater dienen sollte. Bis heute ist es mir nicht gelungen, diesen Schandfleck zu tilgen. Meine Ergebenheit gegenüber meinen Eltern war grenzenlos, ich hätte alles für sie aufgegeben, aber die Erinnerung daran, daß mein Gemüt nicht einmal in diesem entscheidenden Moment frei von Lust war, geht mir nicht aus dem Kopf. Mein Versagen im Dienst an meinem Vater ist unverzeihlich. Deshalb betrachtete ich mich trotz meiner Treue zu einer einzigen Frau als einen von der Sexualität geblendeten. Ich brauchte lange, bis ich mich von der Begierde befreien konnte, ich mußte mich mancher Tortur unterziehen, bis ich diese Freiheit erlangen konnte.
Bevor ich das Kapitel über meine doppelte Schande schließe, möchte ich anfügen, daß das Kind, das meine Frau zur Welt brachte, nur wenige Tage lebte. Wie sollte es auch anders kommen?»[70]

Die sexuelle Leidenschaft, so scheint Gandhi zu sagen, gefährdet nicht nur die Eltern, denen man als Kind moralisch verpflichtet ist, sondern auch die eigenen Kinder. Mit achtzehn Jahren wollte Mohandas seine Frau und den kurz zuvor geborenen Sohn verlassen, um in England Jura zu studieren. Seine Pläne wurden mit einem beträchtlichen Widerstand seiner Familie und seiner Kastengemeinschaft konfrontiert. Ihrer orthodoxen Ansicht nach konnte man im Ausland kein guter Hindu bleiben. Die Familie ließ ihn erst nach England gehen, nachdem er feierlich geschworen hatte, den drei «Entfachern der Leidenschaft» – Wein, Frauen und Fleisch, dem einschränkenden Gegenstück des vergnüglicheren «Wein, Weib und Gesang» – während seines Aufenthalts auf der fernen Insel strikt aus dem Weg zu gehen. Die Gemeinschaft war nicht so leicht zu beschwichtigen und erklärte ihn zum Außenseiter.

Gandhis Beschreibung seines dreijährigen Englandaufenthaltes ist in mancher Hinsicht erstaunlich. V.S. Naipaul hat auf die intensive Beschäftigung mit sich selbst hingewiesen, die ihn seine Umgebung vergessen ließ.[71] Gandhi erwähnt weder Klima noch Jahreszeiten, beschreibt weder Londons Gebäude und Straßen, noch erwähnt er das gesellschaftliche, geistige oder politische Leben.

Er vertieft sich leidenschaftlich in die Erkundung von Randgruppen und -erscheinungen, die von der breiten englischen Bevölkerung bereitwillig mit dem Etikett «exzentrisch» versehen werden. Er war ein aktives Mitglied der ‹London Vegetarian Society› und der ‹Esoteric Christian Union› (viele Jahre später hat er sich in Südafrika auf seinem Briefkopf stolz als Vertreter dieser Gesellschaften ausgewiesen), er war ein leidenschaftlicher Verehrer von Annie Besant, der Erbin der russischen Mystikerin Madame Blavatsky und selbsternannten «Braut Christi».

Wenn man bedenkt, daß Gandhis Beschäftigung mit der Sexualität noch kurz zuvor (und später erneut) den Hauptgrund für seine Zurückgezogenheit bildete, dann muß der knappe Raum, den er den aufwühlenden sexuellen Begierden widmet, um so mehr erstaunen. Gandhi stand in voller jugendlicher Blüte, er lernte englische Gepflogenheiten wie zum Beispiel das Tanzen, er wurde so etwas wie ein Dandy. Trotzdem erzählt uns dieser leidenschaftliche Jüngling – ein «Sinnesmensch wider Willen» – sehr wenig darüber, wie er mit seinen Trieben und mit der unvermeidlichen Stimulation in einer

Gesellschaft umging, in der sich die Geschlechter viel freier begegneten als in seinem heimatlichen Kathiawar. Das Schweigen wird nur einmal gebrochen, bei einem Vorfall, der sich gegen Ende seines Aufenthalts ereignete. Gandhi besuchte in Portsmouth eine Vegetarier-Konferenz und wohnte zusammen mit einem Freund im Haus einer Frau, die «zwar keine Prostituierte war, aber eine Leichtlebige». In der Nacht spielten die drei Karten, und es kam zu ausgiebigen sexuellen Neckereien, an denen sich Gandhi begeistert beteiligte. Gandhi war, wie er sagt, «drauf und dran, vom Wort zur Tat zu schreiten», als ihn sein Freund an sein Gelübde erinnerte.

Ich war verlegen. Ich war ernüchtert. Innerlich war ich meinem Freund dankbar. Ich erinnerte mich daran, was ich meiner Mutter geschworen hatte. Als ich in mein Zimmer kam, habe ich gezittert. Mein Herz raste. Mein Zustand glich dem eines wilden Tieres, das soeben dem Jäger entkommen war. Das war wahrscheinlich das erste Mal, daß ich von der Leidenschaft für eine Frau besessen war, die nicht meine Ehefrau war und mit der ich mich vergnügen wollte.[72]

Damit hat sich Gandhi – was diesen Teil seiner Autobiographie betrifft – zum ersten Mal einer sexuellen Versuchung widersetzt und seine Pflicht über diese gestellt. Die Sexualität wurde, so meine Vermutung, in den Untergrund verbannt, von wo sie in zwei verschiedenen Strömen wieder an der Oberfläche auftauchte. Diese scheinen zur genitalen Sexualität keinen Bezug zu haben: Einer dieser Ströme ist in Gandhis zunehmender Beschäftigung mit religiösen und spirituellen Angelegenheiten zu sehen. Er berichtet von seinen Besuchen bei Theosophen, von Gesprächen mit christlichen Geistlichen und von der Lektüre inspirierender und religiöser Literatur. Manchmal scheint sich Gandhi über den Zusammenhang zwischen seinen sexuellen Kämpfen und seinen spirituellen Interessen ziemlich bewußt zu sein. So hat er etwa die folgenden Verse aus der *Bhagavad Gita* notiert:

Wenn man
Über den Zweck der Sinne nachdenkt, entsteht daraus
Anziehung; aus der Anziehung entsteht Verlangen,
Verlangen entflammt zu wilder Leidenschaft,

Leidenschaft ruft
Rücksichtslosigkeit hervor; dann läßt die Erinnerung – verraten ganz und gar –
Die edle Absicht fahren, und schwächt den Geist,
Bis Absicht, Geist und Mensch allesamt zunichte sind.

«Diese Verse», sagt er, «machten auf mein Gemüt einen tiefen Eindruck, und sie klingen mir immer noch in den Ohren.»[73]
Der andere Strom besteht in Gandhis Nahrungs-Besessenheit, die ihn bis ans Lebensende nicht mehr losließ. Seite um Seite bekommen wir bis ins kleinste Detail erzählt, was Gandhi aß und was er nicht aß, warum er dieses aß und jenes nicht, was ihm ein berühmter Vegetarier über Eier erzählte und wie dies von einem anderen, ebenso berühmten bestritten wurde. Die Verbindung von Sexualität und Nahrung wird in Gandhis späterem Leben besonders offensichtlich, als er den Grübeleien über sein Zölibat fast ausnahmslos einen erschöpfenden Vortrag darüber folgen ließ, welche Nahrungsmittel die Begierde stimulieren und mit welchen sie gedämpft werde. Hier muß allerdings daran erinnert werden, daß die Symbolik der Nahrung im indischen Bewußtsein der Sexualität näher steht und mit ihr stärker verbunden ist als im Westen. A.K. Ramanujan erinnert uns daran, daß die Worte für Essen und für das sexuelle Vergnügen in Sanskrit dieselben Wurzeln haben *(bhui)*, und der Geschlechtsverkehr wird oft als das gegenseitige Füttern von Mann und Frau bezeichnet.[74]
Nach seiner Rückkehr nach Indien sah sich Gandhi mit der Notwendigkeit konfrontiert, seinen Lebensunterhalt als Anwalt zu verdienen; eine Aufgabe, der er sich weder fachlich noch persönlich gewachsen sah. Eine Fraktion innerhalb seiner Kaste nahm es ihm immer noch übel, daß er trotz ihres Verbots ins Ausland gegangen war. Weitere Schwierigkeiten bereitete seine Wiederanpassung an die Sitten und Gebräuche einer indischen Großfamilie – und die Gewöhnung der Familie an die neumodischen Angewohnheiten und Werte ihres anglophilen Mitglieds. Heute, da sich unendlich viele Menschen über kulturelle Grenzen hin- und herbewegen, mögen Inder aus der Großstadt über die Tragikomik dieses umgekehrten Kulturschocks nachsichtig lächeln. Auf dem Frühstückstisch der Gandhis wurden Kaffee, Haferbrei und

Kakao eingeführt. In der Gluthitze von Kathiawar mußten Stiefel, Schuhe und Socken getragen werden. Gandhi hat sich mit den britischen Kolonialherren so stark identifiziert, daß sich seine Söhne einige Jahre später für die Überfahrt nach Südafrika wie englische Volksschüler kleiden mußten – Eton-Kragen und Krawatten eingeschlossen. Die arme Kasturbai sollte sich wie eine englische Lady kleiden, mit Korsett, Gesäßpolster, hohem Spitzenkragen, Schnürschuhen und allem Drum und Dran. Ihre heftigen Einwände und vielleicht auch seine Erkenntnis von der Absurdität des Ganzen ließen Gandhi schließlich nachgeben. Dafür bestand er darauf, daß Kasturbai sich wie eine Dame der Parsi kleidete, einer Gemeinschaft, die bei den Briten höchsten Respekt genoß.

Die Ehe war seiner triebhaften sexuellen Begierde wegen noch immer stürmisch. Sein Englandaufenthalt hatte weder die Heftigkeit seiner Eifersucht gezügelt noch seine nagenden Zweifeln an der Treue seiner Frau beendet. Sein alter Freund Sheikh Mehtab stachelte Gandhi dazu an, Kasturbais Armreife zu zerbrechen (Symbol des Witwenstandes, den jedes Mädchen fürchtet), und Gandhi schickte sie ins Haus ihrer Eltern zurück. Es dauerte ein Jahr, bis er gewillt war, sie wieder bei sich aufzunehmen, und vier Jahre, bis sich sein Mißtrauen gelegt hatte.[75] Puristen können grausam sein, vor allem gegenüber Frauen, die ihre Tugend bedrohen.

Neben den andauernden erotischen Konflikten scheinen Gandhi auch wirtschaftliche, gesellschaftliche und familiäre Probleme dazu bewegt zu haben, auf spirituellen Pfaden zu wandeln. Dazu hatte er sich den jungen Juwelier Raichandra als Führer zugelegt. Das war ein Mann nach Gandhis Geschmack; er interessierte sich mehr für das *Moksha* (der Erlösung aus dem Kreislauf von Geburt und Tod, die nach dem Hindu-Glauben über die Seelenwanderung gebieten) als für Diamanten. Die beiden Männer diskutierten oft über spirituelle Themen. Raichandras Aufrichtigkeit und Entschlossenheit, sein Wissen über das Gedankengut und die Schriften der Hindus machten auf Gandhi einen tiefen Eindruck. Von den drei Männern, die sein Leben am stärksten beeinflußt haben, sei Raichandra der einzige gewesen, so Gandhi, mit dem er eine lange persönliche Verbindung hatte (die anderen waren Tolstoi und Ruskin). In der Tat: Wenn Gandhi jemals einen

Guru gehabt hat, dann diesen jungen Juwelier, der so gekonnt über *Moksha* sprechen konnte. Gandhi: «In Zeiten seelischer Krisen war es Raichandra, bei dem ich Zuflucht suchte.»[76]
Leider wissen wir trotz der immensen Literatur über Gandhi und des umfangreichen Materials seines neunzigbändigen Gesamtwerks nur wenig über die Themen dieser Gespräche, über die Briefe, die sie sich schrieben oder über die Art der Führung, nach der Gandhi in seiner inneren Unruhe suchte. Aus den in Gandhis Werk verstreuten Andeutungen wird aber klar, daß die Beziehung zwischen der Sexualität und der «Erlösung», die Transformation sexueller Energie in psychische und spirituelle Kraft zu den Hauptthemen ihrer ernsthaften Gespräche gehörte. Bei dieser Frage handelt es sich zweifellos um einen Kernpunkt der hinduistischen Metaphysik und Lebenspraxis. Gandhi notierte: «Daß die Milch sexuelle Leidenschaft hervorruft, habe ich zuerst von Raichandrabhai gehört.» Auch seinen Zölibats-Entschluß schreibt er in erster Linie dem Juwelier zu.[77]
1893, im Alter von vierundzwanzig Jahren, ging Gandhi nach Südafrika, wo er von einem Geschäftsmann als Anwalt angestellt wurde. Mit kurzen Unterbrechungen, in denen er seine Heimat besuchte, verbrachte er die nächsten vierundzwanzig Jahre dort.
Gandhis Zeit in Südafrika, besonders die Jahre zwischen 1900 und 1910, die ungefähr seinem vierten Lebensjahrzent entsprechen, waren für die Herausbildung seiner historischen Persona entscheidend. In dieser Zeit entwickelte Gandhi das Image, das wir auch heute noch mit ihm verbinden. Die ersten großen gewaltlosen Aktionen für die Rechte der Inder in Südafrika, bei denen die *Satyagraha* (wörtlich: Beharren auf der Wahrheit) eingeführt und verbessert wurde, fanden in dieser Periode statt; sie machten Gandhi in vielen Teilen der Welt bekannt. Für uns ebenso wichtig ist, daß er in diesen Jahren seine zukünftige Lebensweise definierte. Er entwickelte sein Ideal von der Geschlechterbeziehung, die auch zur Grundlage seiner Ehe mit Kasturbai wurde.
Brahmacharya (Enthaltsamkeit) war einer der Ecksteine seines Lebens, als er Kommunen gründete und mit Schülern und Suchern zusammenlebte, die seine Vision teilten. Er führte radikale Experimente mit der Ernährung und alternativen

Heilmethoden durch (wie zum Beispiel dem Naturheilen) und pflegte allgemein einem asketischen Lebensstil. *Brahmacharya* gehört eigentlich zu einem «Dreifuß», dessen andere Füße die Gewaltlosigkeit *(Ahimsa)* und die Wahrheit *(Saty)* bilden. Diese übernahm er als bewußte Grundlage seines Selbstverständnisses als Erwachsener. Später schrieb er darüber: «Die Gewaltlosigkeit habe ich nach einem anstrengenden Kampf erreicht, um *Brahmacharya* kämpfe ich noch, die Wahrheit hingegen war für mich schon immer etwas Natürliches.»[78] Den Entschluß zur sexuellen Abstinenz faßte er 1901, Raichandras Todesjahr, kurz nachdem er zum vierten Mal Vater geworden war (Devdas, der jüngste Sohn, wurde 1900 geboren). Beide Ereignisse müssen dazu beigetragen haben, daß Gandhi der Sexualität entsagen wollte. Die Geburt des Sohnes erinnerte ihn an seine verschmähten sexuellen Begierden (man denke an die schicksalhafte Nacht, in der sein Vater starb, und an das neugeborene Kind, das wegen Gandhis verfluchter Wollust nicht überlebte) und war deshalb ein Stigma. Das Aufgeben seiner Begierden war für ihn ein Opfer, das er am Altar des verstorbenen Raichandra darbrachte, der hier vermutlich mit seinem Vater gleichzusetzen ist. Gandhi hatte den Entschluß ohne Rücksprache mit Kasturbai gefaßt, und er gesteht, daß seine Enthaltsamkeit in den ersten Jahren nur «mehr oder weniger erfolgreich» war.[79] Er fuhr im November 1901 mit seiner Familie nach Indien und kehrte im nächsten Jahr allein nach Südafrika zurück. Er hatte seiner Frau versprochen, sie könne bald nachkommen, doch als er wieder in Südafrika war, änderte er seine Meinung. Der Hauptgrund dafür muß in der Tatsache gesehen werden, daß seine sexuelle Abstinenz noch immer auf wackeligen Beinen stand. In den Briefen an seine Verwandten, in denen er diese bittet, Kasturbai zu einem längeren Verweilen in Indien zu überreden, schob er finanzielle Gründe vor. Er schrieb ihnen, mit seinem in Südafrika verdienten Geld könnten seine Frau und die Kinder in Indien ein besseres Leben führen.[80] Aber dieses Argument läßt sich weder mit der Tatsache, daß er allein einen Haushalt führte, noch mit seinem Charakter und Temperament vereinbaren. Nur einige Monate zuvor, als er sich auf die Reise nach Indien vorbereitete, hatte er den von einer indischen Gemeinschaft aus Dankbarkeit erhaltenen Gold- und

Diamantschmuck einer Stiftung geschenkt und behauptet: «Weder ich noch meine Familie haben einen persönlichen Bedarf an diesem kostbaren Geschenk», was für ihn zähle, sei ihre Zuneigung und nicht das Geld.[81]

1906, im Alter von siebenunddreißig Jahren, am Vorabend seiner ersten gewaltlosen politischen Aktion in Südafrika, legte Gandhi schließlich das Gelübde zur vollständigen Enthaltsamkeit ab. Die vorangegangenen fünf Jahre betrachtete er nur als Vorbereitung auf die totale und unwiderrufliche Entsagung von der Sexualität. Wie er 1905 schrieb, hat ihn Tolstois Beispiel in seinem Entschluß bestärkt: «Er genoß alle Freuden dieser Welt, hielt sich Mätressen, trank und war ein starker Raucher... Er gab alle Laster auf, aß einfache Mahlzeiten und fügte keinem Lebewesen ein Leid zu, weder in Gedanken, Worten, noch durch Taten.»[82] Gandhi kombinierte Tolstois Vorstellungen über die Keuschheit der Ledigen und der Verheirateten, die er 1889 in der ‹Kreuzer Sonate› umschrieben hatte, mit der hinduistischen *Brahmacharya* zu seiner eigenen Vision von der «richtigen» Beziehung zwischen Männern und Frauen. Gandhi machte diese Ideen zu seinem persönlichen Verhaltenskodex; sie bestimmten das Leben aller, die mit ihm in den diversen Kommunen *(Ashrams)* in Südafrika und Indien zusammenlebten. Gandhi selbst hat diese Lehre wie folgt zusammengefaßt:

Das höchste Ziel der Ehe ist die Beherrschung und Verfeinerung der sexuellen Leidenschaft. Eine Ehe, die der Befriedigung der sexuellen Gelüste dient, ist *Vyabhichara,* Lüsternheit. Wer nur für eine zärtliche Umarmung zusammenkommt, ist dem Teufel am nächsten.

Die einzige Regel, die sich auf solche Fälle (wenn noch kein Kind empfangen wurde) anwenden läßt, besagt, daß der Koitus einmal am Ende jeder Monatsregel erlaubt ist, bis eine Empfängnis erfolgt. Wenn sein Zweck erfüllt ist, muß ihm fortan abgeschworen werden.

Ein großer Teil der Sinnlichkeit im Wesen der Männer und Frauen ist zweifellos dem von der Religion abgesegneten Irrglauben zu verdanken, Ehepaare müßten das Bett und das Zimmer teilen. Jeder Ehemann und jede Ehefrau kann doch den festen Entschluß fassen, ab heute nie mehr im selben Bett oder im selben Raum zu schlafen und den sexuellen Kontakt zu meiden – es sei denn, er diene dem höchsten Zweck, der Menschen und Tieren zugedacht ist.[83]

Abgesehen von den weiteren Konsequenzen hat Gandhis Zölibats-Gelübe seine Ehe entschieden verbessert. Dies mag daran gelegen haben, daß er die arme Kasturbai nicht mehr als eine verführerische Sirene betrachtete, die er für seine Abweichungen vom angestrebten Reinheitsideal verantwortlich machte. Seit sie in Südafrika lebten, war es immer wieder zu Zänkereien gekommen. Sie stritten sich, weil Kasturbai ihren Schmuck tragen wollte, während er sie von der Tugend der Besitzlosigkeit überzeugen suchte. Zu einem großen Krach, bei dem Gandhi seine Frau beinahe aus dem Haus gewiesen hätte, war es nach dem Besuch eines unberührbaren Christen gekommen. Gandhi hatte von ihr verlangt, daß sie die Wohnung gründlich reinigte – eine Aufgabe, die für eine Hindu-Frau aufgrund ihres tief eingeprägten Schmutz-Tabus geradezu abscheulich ist. Einen ständigen Streitpunkt bildete auch der älteste Sohn Harilal, der wie andere Gleichaltrige aufwachsen und eine normale Schule besuchen wollte. Aber Gandhis radikale Ansichten über die Erziehung ließen dies nicht zu; Kasturbai dagegen vertrat hartnäckig die Interessen ihres erstgeborenen Sohnes.
Alles deutet darauf hin, daß sich Gandhi seiner Frau gegenüber wie ein Diktator verhalten hatte, bevor er das *Brahmacharya*-Gelübde ablegte. Wenn es darum ging, Kasturbai seinem Willen zu unterwerfen, wenn er sie von Dingen überzeugen wollte, die sie als exzentrische, das Wohl der Familie gefährdende Ideen empfunden haben muß, war er «hart wie Stahl». Nach 1906 verbesserte sich die Beziehung zusehends, und Gandhi konnte mit einiger Berechtigung schreiben: «Bevor ich mich entschlossen hatte, sie anders zu behandeln, konnte ich mich nicht ins Herz meiner Frau stehlen. Deshalb habe ich ihr alle ihre Rechte zurückgegeben, indem ich selbst meine sogenannten Rechte als Ehemann aufgab.»[84] Wenn es auch in den späteren Jahren noch zu gelegentlichen Meinungsverschiedenheiten kam, die sich meist um die Kinder oder um Kasturbais Unbehagen angesichts der vielen Frauen in den *Ashrams* drehten, so war die Ehe doch von einer tiefen Vertrau-

lichkeit und einer stillen Liebe geprägt, die alle beeindruckte, die das Paar zusammen erlebten.
Für Gandhi war das Zölibat nicht nur die condition sine qua non für *Moksha,* sondern auch die Triebfeder seiner politischen Aktivitäten. Die Waffe der Gewaltlosigkeit, die er in seinem politischen Kampf gegen die weißen Rassisten Südafrikas und später gegen das britische Empire so wirksam eingesetzt hat, stieg wie ein Phönix aus der Asche seiner sexuellen Begierden auf. Gandhi selbst sagte es so:

Ahimsa bedeutet Universelle Liebe. Wenn ein Mann seine Liebe einer Frau schenkt, oder eine Frau einem Mann, was bleibt dann für den Rest der Welt übrig? Es bedeutet schlicht und einfach: «Zuerst kommen wir, die anderen soll der Teufel holen.» Weil treue Eheleute bereit sein müssen, dem gemeinsamen Wohl alles zu opfern, liegt es auf der Hand, daß sie nicht auf die Höhe der Universellen Liebe gelangen oder die ganze Menschheit als ihre Familie betrachten können. Sie haben ihre Liebe mit einen Grenzwall umgeben. Je größer ihre Familie ist, um so weiter sind sie von der Universellen Liebe entfernt. Deshalb kann einer, der das *Ahimsa*-Gesetz befolgt, nicht heiraten, geschweige denn, daß es für ihn außerhalb des ehelichen Bundes eine Befriedigung gibt.[85]

Für die schon Verheirateten gilt:

Wenn sich das verheiratete Paar gegenseitig als Bruder und Schwester betrachten kann, ist es für den universellen Dienst bereit. Allein der Gedanke, daß alle Frauen dieser Welt seine Schwestern, Mütter und Töchter sind, ermöglicht es einem Mann, seine Ketten augenblicklich zu sprengen.[86]

Ob Gandhis Behauptungen stimmen, wonach die sexuelle Liebe die persönliche Anteilnahme an der Umwelt einschränke und nicht erweitere, und wonach sich die «kleine» Rolle eines Ehemannes nicht mit derjenigen eines Mannes vertrage, der die ganze Welt als seine Familie betrachtet, steht hier nicht zur Diskussion. Unsere Absicht hier ist, Gandhis Konflikt als das zu erörtern, was er für ihn selbst war: ein Kampf zwischen den despotischen Begierden und den höheren Zielen eines unumschränkten Dienstes an der Gemeinschaft. In einer anderen pansexualistischen Formulierung behauptet Gandhi, die Befriedigung sexueller Leidenschaften würde mit der Verpflichtung zur Steigerung der Vitalität und Geisteskraft wetteifern. «Ein unkeuscher Mann verliert seine Kondition, er verweichlicht und wird feige.»[87] Diese Ansicht wiederholt sich in seinen Schriften ebenso oft wie die Behauptung, sein Durchhaltevermögen in der Politik sei das Resultat der psychischen Kraft, die er aus der Enthaltsamkeit gewonnen habe. Auch eine andere, spätere Formulierung wurde in religiöse und spirituelle Begriffe gefaßt: Sexualität gefährde seine Bestrebung, «Gottes Eunuch» zu werden. In Anlehnung an Christus' Metapher von den unschuldigen Kindern als eine Beschreibung derjenigen, die ins himmlische Reich gelangen wollen, und an Mohammeds Wertschätzung derjenigen, die durch ihre Gebete zu Gott zu «Eunuchen werden», sah auch Gandhi in der sexuellen Entsagung eine Vorbedingung für die Selbstverwirklichung und die Fähigkeit, Gott «von Angesicht zu Angesicht» zu begegnen.

Wie seine Kommunen, in denen Gandhi die *Ashrama* der alten Weisen aus den Hindu-Epen mit den südafrikanischen Trappistenklöstern kombinierte, die ihn sehr beeindruckt haben, scheint auch seine Wertschätzung der Enthaltsamkeit auf einer aus hinduistischen und christlichen Traditionen abgeleiteten Mixtur zu beruhen. Was den Zusammenhang von Sexualität und Essen betrifft, ging Gandhi allerdings über die oberflächliche Betrachtungsweise seiner Kultur weit hinaus, indem er diesen Wirkungszusammenhang über alles stellte. Die Experimente, mit denen er nach der optimalen, triebhemmenden Nahrungsmittelkombination suchte, betrieb er bis an sein Lebensende. Eine Schülerin, die sich später von Gandhi abwandte, berichtet, in Südafrika sei während Monaten ohne Salz und Gewürze gekocht worden. In einer weiteren Periode wurde der Zucker und sämtliche anderen Süßstoffe wie Datteln und Korinthen gemieden. Darauf folgte eine Periode der «unbefeuerten» Speisen, die mit Olivenöl serviert wurden. «Ernährungsfragen wurden mit großem Ernst diskutiert, und ihre Wirkung auf den menschlichen Körper und die Moral wurden gründlich untersucht. Eine Zeitlang wurde zu jeder Hauptmahlzeit eine Schüssel gehackter, roher Zwiebeln als Blutreiniger aufgetragen... Aber letztendlich kam Mr. Gandhi zum Schluß, Zwiebeln förderten die Leidenschaften, und sie wurden verbannt. Auch die Milch, sagte Mr. Gandhi, beeinflusse die ‹leidenschaftliche› Seite des Menschen, worauf auch ihr abgeschworen wurde. Einmal sagte ich zu Mr. Gandhi: Wir sprechen so oft über das Essen, als wären wir Feinschmecker. Dauernd denken wir darüber nach, was wir essen und was wir nicht essen sollten. Manchmal denke ich, es wäre besser, wir würden einfach alles essen, ohne uns darüber irgendwelche Gedanken zu machen.»[88] Aber für Gandhi war die Nahrung eine todernste Angelegenheit:

Die Kontrolle des Gaumens steht in einem engen Zusammenhang mit der Einhaltung der *Brahmacharya* (Zölibat). Ich weiß aus eigener Erfahrung, daß die Einhaltung des Zölibats verhältnismäßig leicht wird, sobald man die Herrschaft über seinen Gaumen erlangt hat. Diese Erkenntnis stammt nicht aus der altehrwürdigen Tradition. Könnte dies daran liegen, daß die großen Weisen damit ihre Schwierigkeiten hatten? Nahrung muß wie eine Medizin aufgenommen werden, ihre Menge muß auf die Bedürfnisse des Körpers beschränkt werden, und man sollte sich nicht darum kümmern, ob sie schmeckt oder nicht. … Und nur, wenn man auf diese Weise eine Vielzahl von Eßbarem meidet, wird man die Selbstkontrolle im natürlichen Fluß der Dinge erreichen.[89]

Dieser Absatz erinnert an den heiligen Augustinus, der die Nahrung ebenfalls als Medizin betrachtete, täglich gegen die Lust am Essen und Trinken ankämpfte und behauptete, daß «die Zügel der Kehle in einem Gleichgewicht zwischen Lockerheit und Straffheit gehalten werden müssen.»[90] Die Einstellung des heiligen Augustinus zur Nahrung ist allerdings als Teil seines Versuchs zu sehen, sich ganz allgemein aus dem Griff der Sinnlichkeit zu befreien, einschließlich der «Wonnen des Gehörs, die mich noch stärker umgarnt und behindert haben.»[91] Augustinus behandelt die Nahrungsaufnahme gleich wie sämtliche sinnlichen Wahrnehmungen. Gandhi hingegen macht die Nahrung zum wichtigsten Regulator sexueller Impulse. «Ein Mensch mit gesteigerter sexueller Leidenschaft», schreibt er, «ist auch gierig nach den Gaumenfreuden. Auch ich lebte in diesem Zustand. Es war schwierig für mich, die Zeugungs- und Geschmacksorgane unter Kontrolle zu bringen.»[92]

Als Radikalkur für seine Genußsucht verschreibt sich Gandhi natürlich das Fasten, das er enthusiastisch befürwortete. «Als äußerliches Hilfsmittel der *Brahmacharya* ist das Fasten sowohl zur Auswahl wie auch zur Beschränkung der Diät notwendig. Die Sinne sind so überwältigend, daß sie nur beherrscht werden können, wenn man sie von allen Seiten, auch von oben und unten, einzäunt.»[93] Die großen Fastenperioden während seiner politischen Kämpfe lassen den Schluß zu, daß Fasten für ihn noch eine weitere, persönlichere Bedeutung hatte. Es diente ihm als Schutz für die von ihm so hochgepriesene Enthaltsamkeit, und damit auch als Sicherheit gegen das Schwinden seiner geistigen und politischen Macht.

Schlachten, Waffen, Siege und Niederlagen – die Beschreibung seiner lebenslangen Auseinandersetzung mit dem dunklen Gott der Begierde, dem einzigen Gegner, den er nicht gewaltlos angehen konnte und den er auch nie völlig zu besiegen vermochte, ist voller kriegerischer Metaphern. Er spricht von der «Invasion eines hinterhältigen Feindes», der unerbittlich «zurückgeschlagen» werden muß, und der gefährliche Kampf wird mit dem «Gehen auf der Klinge eines Schwerts» verglichen. Der Gott der Begierde – Gandhi hat Kama, dem Liebesgott, nie den hohen Rang eingeräumt, den er in der Hindu-Mythologie oft innehat – ist die «Schlange, von der ich weiß, daß sie mich beißen wird», der «Skorpion der Leidenschaft», dessen Zerstörung, Vernichtung und Verbrennung zu seinen höchsten spirituellen Zielen gehört. Im krassen Gegensatz zu sämtlichen anderen Gegnern, deren Menschlichkeit er immer gewissenhaft respektierte, war Gandhi mit dem Gott der Begierden kompromißlos; er hat seine Menschlichkeit – und erst recht seine Göttlichkeit – immer verleugnet.

Die Niederlagen in diesem Krieg veranlaßten Gandhi zu schmerzlichen Selbstvorwürfen. Siege hingegen waren eine Angelegenheit der Freude, der «neuen Schönheit». Sie stärkten die Energie und das Selbstvertrauen, die ihn dem ersehnten *Moksha* näherbrachten. Ein Leser, der Gandhis Großartigkeit und seine prophetischen Einsichten in viele Dilemmas des modernen Lebens kennt, muß angesichts seines persönlichen Kampfs gerührt sein – ein Kampf, der in seinem Ausmaß heldenhaft, in seiner Intensität erschreckend und in seiner Dauer endlos war. Die Schlußworte seiner Autobiographie lassen bei der Leserschaft keine Zweifel an Gandhis leidenschaftlicher Aufrichtigkeit und Ehrlichkeit aufkommen. Der reflexive, leidenschaftslose Moralismus gewöhnlicher Frömmler war nicht Gandhis Sache.

Die Beherrschung der raffinierten Leidenschaften erscheint mir weit schwieriger als die Eroberung der ganzen Welt mit Waffengewalt. Seit meiner Rückkehr nach Indien habe ich immer wieder Erlebnisse mit den in mir verborgenen Leidenschaften gehabt. Sie haben mich beschämt, aber ich habe den Mut nicht verloren. Meine Erfahrungen mit der Wahrheit haben mir großes Vergnügen bereitet, und sie tun es immer noch. Aber ich bin mir bewußt, daß ich auf einem gefährlichen Pfad wandle. Ich muß mich selbst auf Null reduzieren.[94]

Wie hat Gandhi selbst das sexuelle Verlangen, die fleischlichen Versuchungen und Beschränkungen erfahren? Wollen wir das herausfinden, müssen wir uns an der Beschreibung der Konflikte orientieren, die er in Gujarati, seiner Muttersprache, geschrieben hat. Weil die Anhänger großer Männer ihr Vorbild glorifizieren, neigen Übersetzungen dazu, das Bild des Mannes zu verzerren – besonders, wenn es um die sexuellen Konflikte des Meisters geht. Die englische Fassung von Gandhis Autobiographie, die von seinem treuen Sekretär Mahadev Desai übersetzt wurde, leidet trotz Gandhis Überarbeitung stark unter dieser Verzerrung. Die auf der Übersetzung basierenden Interpretationen laufen deshalb Gefahr, Gandhis eigene Erfahrungen falsch zu interpretieren. Ich möchte dies am Beispiel eines bekannten Vorfalls aus seiner Jugendzeit erläutern, als der Schüler Gandhi in Begleitung seines Muslim-Freundes und ständigen Verführers Sheikh Mehtab zum erstenmal eine Prostituierte besuchte. Die Originalversion in Gujarati beschreibt das Ereignis wie folgt:

Ich betrat das Haus, aber der, der von Gott errettet werden soll, bleibt auch dann rein, wenn er zu fallen droht. Ich wurde beinahe blind in diesem Zimmer. Ich konnte nicht sprechen. Sprachlos vor Verlegenheit saß ich mit der Frau auf dem Lager, aber ich brachte kein Wort heraus. Die Frau war wütend, warf mir einige kräftige Beschimpfungen an den Kopf und wies mir die Tür.[95]

Die englische Übersetzung dieser Passage ist viel weniger sachlich. Sie ist voller Augustinismen, die im Original fehlen: Gandhi geht in eine «Lasterhöhle» und verweilt in den «Klauen der Sünde». Dadurch, daß die «Leidenschaft» in der Übersetzung mit Adjektiven wie «böse» und «animalisch» versehen wird, bekommt sie in einen christlich-theologischen Einschlag, der in Gandhis eigenen Schilderungen fehlt. Der heilige Augustinus, mit dessen ‹Confessiones› Gandhis ‹Experiments with Truth› viel gemeinsam haben, wurde von der «Sünde, die in mir wohnte», von der «Bestrafung einer Sünde, die ich ungehinderter begehen konnte, weil ich ein Sohn Adams war» innerlich zerrissen.[96] Gandhi hingegen benutzt zwei Ausdrücke – *Vishaya* und *Vikara,* «sinnliche Begierde» und «Leidenschaft». Die Wurzel von *Vishaya* liegt in der Bezeichnung für «Gift», und als das hat er die Sexualität auch betrachtet, so etwa, wenn er sie in Zusammenhang mit giftigen Schlangen und Skorpionen gebracht hat. *Vikara* (Leidenschaft) bedeutet wörtlich «Verzerrung, Entstellung». Die Leidenschaften werden in der hinduistischen Überlieferung als geistige Wellen betrachtet, die die klaren Wasser der Seele trüben. Demnach ist die sexuelle Begierde für Gandhi nicht sündhaft, sondern giftig; sie infiziert das Elixier der Unsterblichkeit. Sie ist in und durch sich selbst gefährlich, «destrukturierend» im psychoanalytischen Sprachgebrauch, und sie ist nicht bloß unmoralisch, also im Widerspruch zu gewissen sozialen und moralischen Vorschriften stehend. Man fällt nicht einfach in Ungnade, wenn man leidenschaftlich ist – man leidet unter einer entstellten Wahrheit. Im Widerspruch zur englischen Version, in der Gandhis ausgesprochen hinduistischer Konflikt in einen christlichen umgebogen wird, ist sein Kampf mit der Sexualität im wesentlichen nicht ein Konflikt zwischen Sünde und Moral, sondern ein Konflikt zwischen dem geistigen Tod und der Unsterblichkeit, in den das moralische Dilemma eingeblendet wird.

Natürlich werden wir nie genau wissen, ob Gandhi ein Mann mit einem gigantischen erotischen Temperament war, oder ob er einfach ein überempfindliches Bewußtsein hatte, das sogar Abweichungen vom unerreichbaren Reinheitsideal zu folgenschweren Vergehen übersteigerte. Aus diesem Grund läßt sich auch nicht abschätzen, inwiefern seine Begierden durch seine paradoxen Skrupel, die sich ihnen widersetzten, noch verstärkt wurden. Beide haben sich gegenseitig genährt. Um Freuds berühmte Metapher zu verwenden: Der Deckel der Selbstbeherrschung ließ den Druck und die Hitze im Topf der Begierde ansteigen, so daß immer größere Anstrengungen erforderlich wurden, um diese zu unterdrücken.

Gandhi selbst ermahnt uns in seiner Rede zum hundertsten Geburtstag von Tolstoi (1928) dazu, keine Urteile zu fällen. Wenn er über diesbezügliche Kämpfe im Leben großer religiöser Männer spricht, findet er Einfühlungsvermögen eher angebracht als eine leichtfertige Kategorisierung:

Die scheinbaren Widersprüche im Leben Tolstois sind weder ein Makel noch ein Zeichen seines Versagens. Sie weisen auf ein Versagen des Beobachters hin... Nur der Mensch selbst weiß, wie hart der Kampf in der Tiefe seines Herzens ist, oder welche Siege er im Krieg zwischen Rama und Ravana erringen konnte. Der Zuschauer weiß darüber auf jeden Fall nichts. [Rama und Ravana sind die guten und bösen Protagonisten des indischen *Ramayana*-Epos.][97]

Gandhi scheint in dieser Beurteilung eines großen Menschen genauso über sich selbst wie über Tolstoi zu sprechen:

Gott allein ist Zeuge der Schlachten, die er in seinem Herzen ausgetragen hat, er allein ist Zeuge der Siege, die er errungen hat. Dies sind die einzigen Beweise seiner Niederlagen und seiner Erfolge... Tolstois Selbstkritik war gnadenlos, deshalb hat man nahezu keine Chance, bei ihm eine Schwäche zu entdecken, er selbst hätte diese in beängstigender Größe dargestellt. Er hätte sein Vergehen bemerkt und dafür in der ihm angemessen erscheinenden Weise gebüßt, bevor ihn jemand darauf hätte aufmerksam machen können.[98]

Diese Warnung müssen wir ernst nehmen, obwohl wir sie eigentlich nicht brauchen, weil wir Gandhis Konflikt nicht in reduktionalistischer Manier analysieren wollen. Wir wollen versuchen, ihn in seinen Leidenschaften – und in seiner Undurchsichtigkeit – zu verstehen. Gandhis Qual ist auch die unsrige; sie ist ein unvermeidliches Nebenprodukt der langen Reise vom Kind zum Erwachsenen. Wir alle führen einen Krieg gegen unsere Wünsche.

Gandhi glaubte, die Leidenschaften würden sein inneres Selbst vergiften, seine Sinnlichkeit würde ihn von seiner eigentlichen Bestimmung abbringen. Aber sein Kampf mit dem, was er für den Gott der Begierde hielt, war nicht pausenlos. In seinem Leben gab es auch lange Perioden, in denen die Sinnlichkeit in sein Wesen integriert war. Alte Filmausschnitte und Erinnerungen von Leuten, die ihn persönlich kannten, bestätigen die Existenz einer gewissen Sinnlichkeit. Sie äußerte sich zum Beispiel in der großen Anmut seiner Bewegungen, in seinem Augenzwinkern und seinem strahlenden Lächeln, in der Aufmerksamkeit, die er seiner Kleidung widmete (auch wenn diese nur aus einem frisch gewaschenen Lendenschurz bestand), in der Sorgfalt, die er der Zubereitung und dem Verzehr seiner einfachen Mahlzeiten zukommen ließ, in der Begeisterung, mit der er religiöse Lieder sang und hörte, im Vergnügen, das er an der täglichen Ölmassage seines Körpers empfand. Der heilige Augustinus wäre über all das schockiert gewesen, denn hierin unterscheiden sich die indischen Asketen von den nüchternen, sich selbst kasteienden Mönchen des Westens. Auf dieser sinnlichen Fröhlichkeit fußt auch Gandhis Fähigkeit, die Aufmerksamkeit der Massen nicht durch das geschriebene Wort, sondern durch seine bloße Anwesenheit zu fesseln.
In Zeiten der Verzweiflung, wenn er im täglichen Leben enttäuscht wurde, oder wenn er in seinen gesellschaftspolitischen Kampagnen Rückschläge erlitt, war die Integration seiner Sinnlichkeit und Spiritualität in Gefahr. Dann brütete er wieder wie besessen über dem Problem des sexuellen Verlangens, und einmal mehr kämpfte er gegen die Wiederauferstehung eines alten Widersachers an, von dem er glaubte, er könnte ihn mit öffentlichen Bekenntnissen seiner eigenen Niederlagen besiegen.
Eine dieser Perioden betrifft die Jahre von 1925 bis 1928, die Zeit nach seiner Entlassung aus dem Gefängnis. Gandhi war oft deprimiert und glaubte, die religiösen und politischen Gräben Indiens seien so tief, daß die Menschen seine Führerschaft nicht akzeptieren würden; er befürchtete, Indien sei für seinen gewaltlosen zivilen Ungehorsam noch nicht reif. Er erlitt einen Zusammenbruch und hatte gefährlich hohen Blutdruck, so daß ihm die Ärzte eine lange Erholungspause

verordneten. In dieser Periode schrieb er seine bekenntnisreiche Autobiographie, in der er entmutigt gesteht: «Obwohl ich schon über sechzig bin, fällt mir die Enthaltsamkeit immer noch schwer. Täglich wird mir bewußter, daß es wie ein Gehen auf der Schneide eines Schwerts ist, und in jedem Augenblick spüre ich die Notwendigkeit einer ständigen Wachsamkeit.»[99]
Wenn seine Ideale und Ziele versagen, sieht Gandhi seine starke Entschlossenheit und seine Vorsätze abbröckeln, verborgene Wünsche werden bloßgestellt und übermächtig. Der Psychoanalytiker spricht in diesem Fall von der Desintegration der «Sublimationen» – der Umwandlungen grundlegender Wünsche in gesellschaftlich akzeptierte Bestrebungen – und der darauf folgenden schmerzlichen Regression.
Die zwei längsten und persönlichsten Briefe seiner umfangreichen Korrespondenz aus den Jahren 1927 und 1928 richteten sich nicht an einen seiner engsten politischen Mitarbeiter und Führer des zukünftigen, befreiten Indiens (z. B. Nehru, Patel oder Rajagopalachari), und sie beinhalteten auch keine wichtigen politischen oder gesellschaftlichen Themen. Die Adressaten waren zwei unbekannte junge Männer, und es ging um Gandhis instinktive Triebe. Der erste Brief nahm Stellung zu den von Balakrishna Bhave geäußerten Zweifeln an Gandhis Anstand, weil dieser beim Spazieren seine Hände auf die Schultern von jungen Mädchen legte. Gandhi versuchte mit der ihm eigenen Verbissenheit, eine dahinter verborgene Erotik zu finden.[100] Der zweite Brief war an Harjivan Kotak gerichtet, und er ist es wert, auszugsweise wiedergegeben zu werden, weil Gandhi darin detailliert auf seinen schmerzlichen Kampf und auf seine Sorgen angesichts des drohenden Zusammenbruchs seiner geistig-sinnlichen Synthese eingeht:

Wenn der Geist von unreinen Gedanken getrübt wird, sollte man diese nicht auszutreiben versuchen. Stattdessen sollte man sich mit einer Arbeit beschäftigen, das heißt, man sollte Lesen oder eine körperliche Arbeit verrichten, die auch geistige Anstrengung verlangt. Laß es nie zu, daß die Augen ihrem Impuls folgen. Falls sie sich auf eine Frau richten, wende sie sofort ab. Es ist selten notwendig, einem Mann oder einer Frau direkt ins Gesicht zu schauen. Aus diesem Grund finden *Brahmacharis* und andere Freude darin, mit gesenktem Blick zu gehen. Beim Sitzen sollten wir mit den Augen immer in dieselbe Richtung blicken. Das ist ein äußerliches Mittel, aber ein sehr wertvolles. Du kannst fasten, wann immer du es notwendig findest... Du solltest keine Angst haben, selbst wenn du während des Fastens unfreiwillige Absonderungen hast. *Vaids* (traditionelle Mediziner) sagen, solche Absonderungen könnten wegen des Drucks in den Eingeweiden auch in Abwesenheit unreiner Verlangen vorkommen. Aber uns hilft es mehr, wenn wir daran glauben, daß sie aufgrund unreiner Gedanken vorkommen. Wir sind uns dieser Verlangen nicht immer bewußt. Ich hatte während der letzten zwei Wochen zweimal unfreiwillige Absonderungen. Ich kann mich an keine Träume erinnern. Ich habe nie masturbiert. Ein Grund für diese Absonderungen liegt natürlich in meiner körperlichen Schwäche, aber ich weiß auch, daß ich tief in mir unreine Verlangen habe. Wenn ich wach bin, kann ich solche Gedanken fernhalten. Aber was im Körper wie ein verstecktes Gift gegenwärtig ist, bahnt sich immer seinen Weg, manchmal sogar gewaltsam. Ich bin darüber unglücklich, aber ich bin nicht nervös oder ängstlich. Ich bin immer auf der Hut. Ich kann den Feind unterdrücken, aber ich konnte ihn noch nicht vollständig austreiben. Wenn ich wahrhaftig bin, wird es mir gelingen. Der Feind wird der Macht meiner Wahrheit nicht standhalten können. Lerne aus meinen Erfahrungen, wenn Du im gleichen Zustand bist wie ich. Im wesentlichen ist das Verlangen ebenso unrein wie das sexuelle Vergnügen, ganz gleich, ob es auf die eigene Frau oder eine andere gerichtet ist. Im Moment denken wir an das essentielle Wesen des Feindes. Darum mußt Du wissen, daß Du keinen findest, der so wollüstig war wie ich, was die eigene Frau betrifft. Deshalb wollte ich Dir Mut machen, deshalb habe ich Dir meinen erbärmlichen Zustand beschrieben.[101]

Eine «verborgene Kraft», ein «Feind, der ausgetrieben werden muß» – unter diesen Gesichtspunkten wird der Körper zu einem fremden Land, das von den Dämonen der Gefühle und der Triebe bevölkert wird, die vom Selbst abgetrennt sind. Durch die Vereitelung von Vorsätzen kommt es zu einer weiteren Fragmentierung des Selbst. Wenn frühe ‹Introjektionen› – diese an unser Verlangen gebundenen Wesenheiten, aus denen wir unser zentrales Selbst konstruieren – aufgeweckt werden, wenn sie Blut (oder besser: Gift) riechen und unsere Identität, unseren Sinn für die Ganzheit, die Kontinuität und das Gleich-Sein gefährden, ruft das Dilemma urzeitliche Konflikte hervor.

Eine weitere emotionell-verletzliche Periode Gandhis, die etwa achtzehn Monate dauerte, begann Mitte 1935, als er fast sechsundsechzig Jahre alt war. Nach einem «Nervenzusammenbruch» geriet sein Blutdruck außer Kontrolle, und die Ärzte rieten ihm zu mehrmonatiger, absoluter Ruhe. Gandhi führte diesen Zusammenbruch auf seine Überarbeitung zurück, auf die geistige Erschöpfung, die von der emotionellen Inanspruchnahme durch die persönlichen Probleme seiner Mitarbeiter verursacht wurde. Für ihn waren diese Probleme genauso wichtig wie die Unabhängigkeit des Landes. Er bedauerte einzig, daß er dem Hindu-Ideal über die Loslösung von den Emotionen, wie sie in der *Gita* beschrieben wird, nicht entsprach. Gandhi benützte die erzwungene Ruhepause, um über sich selbst nachzudenken. Er beschloß, seine Hände beim Spazieren nicht mehr auf die Schultern junger Mädchen zu legen. In dieser Zeit schrieb er für seine Zeitung einen Artikel mit dem Titel ‹Ein Verzicht›, in dem er die Geschichte dieser speziellen Gewohnheit nachzeichnete. Er betonte nochmals die Reinheit seiner väterlichen Absichten gegenüber diesen Mädchen, gab zu, daß er sich der Gefahren bewußt sei, denen er sich durch die Herausnahme dieser Freiheit ausgesetzt habe, und begründete seinen Verzicht auf diese Gewohnheit damit, daß er der jüngeren Generation mit gutem Beispiel vorangehen wolle.[102]

Bezeichnender ist die Tatsache, daß Gandhi im allerersten Artikel, den ihm die Ärzte zu schreiben erlaubten, beim Grübeln über seine Krankheit auf die Frage des Zölibats zurückkommt. Er erwähnt die Begegnung mit einer Frau während seiner Genesungszeit in Bombay, die ihn nicht nur sehr verwirrt hat, sondern sogar dazu führte, daß er sich selbst verachtete. In einem Brief an Prema Kantak, einer Schülerin und Vertrauten im Ashram von Sabarmati, geht Gandhi näher auf den Vorfall ein:

Ich hatte schon immer Samenergüsse im Schlaf. In Südafrika traten sie in Intervallen von mehreren Jahren auf, ich kann mich nicht genau erinnern. Hier erfolgten sie in Abständen von Monaten. Ich habe diese Ejakulationen in mehreren Artikeln erwähnt. Wäre meine *Brahmacharya* frei von diesen Samenergüssen gewesen, hätte ich der Welt viel mehr geben können. Für einen Mann wie mich, der sich vom fünfzehnten bis zum dreißigsten Lebensjahr sexuell vergnügt hat *(Vishyabhog)* – auch wenn es ausschließlich mit der eigenen Frau geschah –, scheint es unmöglich zu sein, den Samen zurückzuhalten, auch nachdem er ein *Brahmachari* geworden ist. Wenn die Kraft zum Zurückhalten des Samens während fünfzehn Jahren täglich geschwächt wurde, kann man nicht erwarten, diese Kraft auf einen Schlag zurückzuerlangen. Deshalb betrachte ich mich als einen unvollkommenen *Brahmachari*. Aber wo keine Bäume sind, wachsen Dornbüsche. Diese Unzulänglichkeit meinerseits ist der Welt bekannt.

Die Erfahrung, die mich in Bombay quälte, war seltsam und schmerzlich. Alle meine Ejakulationen hatten sich bisher im Schlaf ereignet, sie haben mich nicht beunruhigt. Aber in Bombay geschah es als ich wach war. Ich hatte keinerlei Absicht, dieses Verlangen zu stillen. Mein Körper war unter Kontrolle. Aber das Sinnesorgan blieb trotz meiner Bemühung wach. Diese Erfahrung war neu und unschicklich. Ich habe seine Ursache schon geschildert (wenn man nichts tut und gut ißt, werden die Leidenschaften im Körper wach). Nachdem diese Gründe beseitigt wurden, ließ die Aktivität des Sinnesorgans im Wachzustand nach.

Trotz meiner Unzulänglichkeit fiel mir etwas leicht: Ich konnte erreichen, daß Tausende von Frauen vor mir sicher blieben. Es gab viele Gelegenheiten in meinem Leben, bei denen bestimmte Frauen trotz ihrer sexuellen Wünsche beschützt wurden, oder besser: ich wurde von Gott beschützt. Ich bin hundertprozentig davon überzeugt, daß dies Gottes Werk war. Deshalb bin ich auch nicht stolz darauf. Ich bete täglich zu Gott, daß es bis an mein Lebensende so bleiben möge. Mein Ziel ist es, die Stufe von Shukadeva zu erreichen. [Shukadeva ist der Sohn von Vyasa, der mythische Erzähler der *Bhagavatapurana*. Obwohl er geheiratet hatte und das Leben eines Familienvaters führte – wie Gandhi war auch er Vater

von vier Söhnen –, konnte Shukadeva seine Sinne im späteren Leben so erfolgreich bezwingen, daß er zum Himmel aufstieg und dort wie eine zweite Sonne leuchtete.] Ich konnte dieses Ziel nicht erreichen. Andernfalls wäre ich trotz der Erzeugung von Samen impotent, und der Erguß würde unmöglich.
Die Gedanken, die ich kürzlich über die *Brahmacharya* geäußert habe, sind nicht neu. Dies bedeutet aber nicht, daß das Ideal von der ganzen Welt schon zu meinen Lebzeiten erreicht werden kann, auch nicht von einigen tausend Männern und Frauen. Es kann Tausende von Jahren dauern, aber *Brahmacharya* ist wahr, sie ist erreichbar und muß verwirklicht werden.
Die Menschen müssen noch einen langen Weg gehen. Ihr Charakter entspricht noch immer dem von Tieren, nur ihre Gestalt ist menschlich. Es scheint, die Gewalt sei überall verbreitet. Aber genauso wie es keine Zweifel an der Wahrheit und an der Gewaltlosigkeit gibt, gibt es auch keine Zweifel an der *Brahmacharya.*
Diejenigen, die trotz ihrer Anstrengungen immer noch «brennen», bemühen sich nicht stark genug. Sie wollen nur den Samenerguß vermeiden und den Frauen fernbleiben, gleichzeitig nähren sie aber in ihrem Geist die Leidenschaft. Für solche Leute gilt das zweite Kapitel der *Gita.*
Im Moment beschäftige ich mich mit der Reinigung der Gedanken. Die Moderne betrachtet die *Brahmacharya* als ein Fehlverhalten. Sie wendet künstliche Methoden zur Geburtenkontrolle an, damit die sexuelle Leidenschaft befriedigt werden kann. Dagegen rebelliert meine Seele. Das sexuelle Verlangen wird weiter in der Welt bestehen, aber die Ehre der Welt hängt von der *Brahmacharya* ab, und sie wird auch in Zukunft davon abhängen.[103]

Auf die von ihm als unverzeihlich betrachtete «Entgleisung» in Bombay reagierte Gandhi unter anderem mit weiteren Selbstkasteiungen. Sogar die asketische Lebensweise im Ashram erschien ihm nun als Luxus. Er verließ Kasturbai, die sich um die Insassen des Ashrams kümmerte, und lebte in einem abgelegenen, ärmlichen Dorf von Unberührbaren in einer Einzimmer-Hütte. Obwohl er allein sein wollte (ein Wunsch, der für einen Mann in seiner Position unerfüllt bleiben mußte), wurde er bald zum Mittelpunkt einer neuen Gemeinschaft.

Eine weitere dunkle Periode stellen die zwei letzten Lebensjahre Gandhis dar. Die Szene spielt 1947, am Vorabend der indischen Unabhängigkeit. Bald würde das muslimische Pakistan vom Land abgetrennt werden, was Gandhi ganz entschieden ablehnt. Sein Traum vom freundschaftlichen Zusammenleben von Hindus und Moslems in einem gemeinsamen Staat scheint sich hoffnungslos zu zerschlagen. Er würde sogar die Unabhängigkeit Indiens aufschieben, wenn sich die Teilung des Landes damit verhindern ließe. Aber seine Stimme findet in den Gremien, die über die Machtübernahme verhandeln, zu wenig Gehör. Am Himmel haben sich dunkle Wolken angestauter Gewalt aufgetürmt. Hindus und Moslems beargwöhnen sich gegenseitig als potentielle Mörder... oder Opfer. In den übervölkerten Hintergassen von Kalkutta hat das Töten schon begonnen, ebenso in den grünen Ebenen des ländlichen Bengalen, wo der achtundsiebzigjährige Mahatma erschöpft von einem Dorf zum anderen stapft und versucht, die Flut von Brandschatzungen, Vergewaltigungen und Morden einzudämmen. Die wenigen Mitarbeiter, die ihn auf dieser Friedensmission begleiten, werden Zeugen seiner Verzweiflung. Hilflos hören sie ihn mitten in der Nacht qualvoll schreien: *«Kya Karun, Kya Karun?»* (Was soll ich nur tun, was soll ich nur tun?).[104] «Ich bin von Übertreibungen und Falschheit umgeben», schreibt er, «ich bin außerstande, die Wahrheit zu finden. Das gegenseitige Mißtrauen ist schrecklich. Alte Freundschaften gehen kaputt. Wahrheit und *Ahimsa* [Gewaltlosigkeit], auf die ich schwöre und die mich meines Wissens seit sechzig Jahren angetrieben haben, verlieren die Eigenschaften, die ich ihnen zugeschrieben habe.»105

Die Erklärung für sein «Scheitern» und seine Verzweiflung suchte Gandhi natürlich in seiner mangelhaften Enthaltsamkeit. Er versuchte herauszufinden, ob es dem Gott der Begierde vielleicht gelungen war, in einem versteckten Winkel seines Geistes einen Triumph zu verbuchen und ihn damit seiner Kräfte zu berauben. Deshalb erschien in seiner Wochenzeitung inmitten der menschlichen Verwüstung und politischen Ungewißheit eine Serie von fünf Artikeln über das Zölibat, womit Gandhi seine Leser verwirrte. Sein damaliger

Sekretär N.K. Bose drückte es so aus: «sie fragten sich, warum eine solche Serie plötzlich inmitten hochpolitischer Artikel auftauchte.»[106]

Noch erstaunlicher als die öffentlichen Kundgebungen seiner Probleme waren die Selbstversuche, mit denen sich der betagte Mahatma pathetisch der Stärke seines Zölibats versichern wollte. Diese Experimente haben viele schockiert, und sie haben zur späteren Vorstellung geführt, wonach er «als alter Mann mit nackten, jungen Frauen geschlafen habe», obwohl Absicht und Zweck weit von dem entfernt waren, was diese Aussage suggeriert. Wenn Gandhi die Vorbereitungen zur – mehr oder weniger öffentlichen – Übernachtung in einem der Dörfer traf, bat er eine seiner wenigen engen Mitarbeiterinnen (seine neunzehnjährige Enkelin eingeschlossen), das Bett mit ihm zu teilen und am folgenden Morgen Auskunft darüber zu geben, ob bei ihr oder bei ihm irgend eine sexuellen Erregung hervorgerufen worden sei.[107] Gandhi verteidigte diese Experimente gegen die Kritik seiner Mitarbeiter und stellte den Vorwurf in Abrede, sie könnten auf die beteiligten Frauen schlechte Auswirkungen haben. Stattdessen betrachtete er sie als integrierten Teil des von ihm praktizierten *Yagna* (Hindu-Opfer an die Götter). Dessen einziger Zweck bestand für ihn in der Wiederherstellung der eigenen Geisteskraft, mit der er die Kontrolle über politische Ereignisse und Menschen wiedererlangen wollte, die ihm in verhängnisvoller Weise zu entgleiten schien. Einmal mehr stellt er seine Begierden (und auch die Frauen) in den Dienst seiner Sache – das hochmütige Laster eines unerbittlich tugendhaften Mannes.

Zwei Frauen

In Gandhis mittleren und späteren Lebensjahren gab es eine Anzahl junger Frauen, die von seinem Ruf als Mahatma, von seiner Sache oder von seinem Ruhm angezogen wurden. Sie suchten seine Nähe und teilten gelegentlich mit ihm das Leben im Ashram. Viele dieser Frauen kamen aus der Mittel- oder Oberschicht, sie hatten ihr bequemes Heim hinter sich gelassen und waren gewillt, das harte asketische Leben auf sich zu nehmen. Sie waren alles andere als konventionell, und einige von ihnen waren nicht nur «überspannt», sie befanden sich in einer regelrechten Gefühlskrise. Wie viele heutige Frauen, die sich in die Obhut berühmter Gurus begeben, suchten auch diese Frauen in Gandhi in erster Linie den Therapeuten, nicht den Mahatma oder die Verkörperung der indischen Unabhängigkeit. Wenn sich ein guter Therapeut dadurch auszeichnet, daß er seelische Störungen abschwächen und verborgene schöpferische Kräfte wachrufen kann, die weder das Individuum selbst noch die Gemeinschaft «kennen», dann war Gandhi, wie wir später sehen werden, ein außergewöhnlicher Therapeut. Aus Frauen, die kaum noch mehr waren als seelische Wracks, formte er energische Führerinnen, die wichtige Institutionen leiteten, in denen man sich mit gesellschaftlichen Neuerungen befaßte, und die aktiv an der indischen Unabhängigkeitsbewegung teilnahmen.

Gandhis Beziehungen zu diesen Frauen sind in mancher Hinsicht faszinierend. Zunächst ist man erstaunt, mit welchem Aufwand er eine Beziehung aufrechterhielt, wenn er einer Frau erst einmal einen bestimmten Grad an Vertraulichkeit zugestanden hatte. Ungeachtet seiner öffentlichen Verpflichtungen oder des Laufs der politischen Ereignisse achtete er peinlich genau darauf, jeder seiner auserwählten Anhängerinnen wöchentlich einen Brief zu schreiben (und von ihnen ebenso einen zu erhalten), wenn er eine seiner häufigen Reisen in andere Landesteile unternahm oder wenn er wegen seiner langen Gefängnisstrafen von ihnen getrennt war. In ihrer Gesamtheit offenbaren diese Briefe die innersten Kämpfe des Mahatma, besonders diejenigen aus den Zeiten erhöhter seelischer Verwundbarkeit. Darüber hinaus machen sie die Rolle deutlich, die die Frau – verkörpert durch die Gesamtheit seiner auserwählten Anhängerinnen – dabei spielte.

Die Briefe sind voller Menschlichkeit, voller Weisheiten über Sinn und Zweck des Lebens. Sogar in Zeiten großer Überlastung ist Gandhis Fürsorge ungebrochen, er ermutigt die Frauen dazu, Fragen zu stellen, er berät sie in ihren intimen Problemen und erteilt mit Vergnügen Diätratschläge gegen Leiden aller Art. Einmal schrieb er: «Deine Diagnose ist richtig. Das Vergnügen an der Lösung der Probleme des Ashrams und der Schwestern im Ashram ist weitaus größer als dasjenige an der Lösung des indischen Dilemmas.»[108]

Das zweite erstaunliche Merkmal dieser Briefe besteht in Gandhis unbewußter Bestrebung, einerseits die Vertraulichkeit zu seiner Briefpartnerin zu vergrößern, sich andererseits aber zurückzuziehen, sobald sie die Grenze überschritt, die er für beide gezogen hatte. Die damit verbundene Verletzung oder Abweisung der Frau durfte nie den Punkt erreichen, an dem eine Beziehung zu zerbrechen drohte. Gandhi setzte seinen ganzen Charme und seine Verführungskünste ein, um sie wieder näher an sich zu ziehen, so daß die arme Frau immer zwischen Vertraulichkeit und Entfremdung, zwischen Nähe und Abstand hin- und hergerissen wurde. Die dadurch bei den – untereinander in einem engen Kontakt stehenden – Frauen und in einem gewissen Maß auch bei Gandhi hervorgerufenen Gefühle schwelten im Treibhausklima des Ashrams vor sich hin, bis sie zu einer der häufigen Explosionen führten. Meinem erzählerischen Interesse folgend, möchte ich nun kurz die Geschichten zweier Frauen erzählen, von denen eigentlich jede einen ganzen Roman verdienen würde.

Prema Kantak kommt aus einer Kleinstadt in Maharashtra, wo sie in einer Familie der Mittelschicht aufwuchs. Schon als Schulmädchen hatte sie von Gandhi und der wunderbaren Arbeit gehört, die er für die Sache der Inder in Südafrika geleistet hatte. Als einzige Tochter unter fünf Brüdern war sie das Lieblingskind ihres Vaters, und sie genoß mehr Freiheiten als die anderen Mädchen ihrer Schicht.

Als sie dem Kindesalter entwachsen war, interessierte sie sich leidenschaftlich für die nationale Politik und wurde von persönlichen spirituellen Fragen gequält – darin war sie sich mit Gandhi also sehr ähnlich. Hatte er nicht behauptet: «Politik ohne Religion ist gefährlich»?

Ihre erste Begegnung mit dem großen Mann hatte sie, als er in ihrem College in Poona eine Rede hielt. Sie erinnert sich, wie sie nach der Rede aufs Podium ging, um Gandhi ihren Respekt zu erweisen, indem sie in traditioneller indischer Manier seine Füße berührte. Da Gandhi beim Sitzen die Beine gekreuzt hatte, waren die Füße unter seinem Körper versteckt. Prema erzählt: «Ohne Hemmungen berührte ich mit dem Finger sein Knie und grüßte ihn. Er zuckte leicht zusammen, erwiderte den Gruß und schaute weg. Wenn er bloß gewußt hätte, mit welchem Stolz diese Berührung mein Herz erfüllt hat! Diese Berührung ließ einen elektrischen Strom durch meinen Körper schießen, und auf dem Heimweg schwebte ich vor Glückseligkeit!»[109]

Die empfindsame, gefühlsbetonte, intelligente und idealistische Prema weigerte sich, dem von der Tradition vorgezeichneten Pfad zu folgen – sie wollte nicht heiraten. Dies mag zum Teil an ihrer problematischen Einstellung zur Sexualität gelegen haben – die meisten Analytiker würden diese als «klassisch-hysterisch» bezeichnen. Sie schreibt: «Als ich sechzehn war, habe ich einmal in der Bhagavata gelesen. Als ich zum Gespräch zwischen Kapila und Devahuti kam [Kapila ist der legendäre Interpret des Samkhya-Systems der Hindu-Philosophie, Devahuti ist seine Mutter], erfuhr ich, wie die Kinder auf die Welt kommen. Mir standen die Haare zu Berge. Ich stellte mir meine eigene Empfängnis vor und wurde von einem Ekel gegenüber meinen Eltern und meinem Körper gepackt! Mein Leben war dreckig! Der Ekel hat mich während vieler Jahre nicht verlassen.»[110]

Nach einer erbitterten Auseinandersetzung mit dem geliebten Vater verließ Prema das Haus. Sie lebte in einem Wohnheim für Frauen und verdiente sich den Lebensunterhalt, indem sie Kinder unterrichtete. Daneben setzte sie ihr Studium fort, um ein Masters Degree zu erwerben.

Premas Faszination für Gandhi und ihre Entscheidung, mit ihm in einem Ashram zu leben, sind durchaus verständlich, verspricht ihr doch das Leben im Ashram den Schutz vor der ekelhaften Sexualität. In ihrem Wunschdenken erscheint Gandhi als idealer Elternersatz; er wird die Verletzung lindern, die sie durch die Enttäuschung über ihre Eltern erfahren hat. Er ist auch der bewunderte Mentor von Premas politischen und spirituellen Interessen, er erkennt die tieferen Bedürfnisse ihrer Seele.

So gelangte die vor Enthusiasmus überschäumende Prema im Alter von dreiundzwanzig Jahren in Ahmedabad in die Gesellschaft des Mahatma. Seiner Gewohnheit entsprechend versuchte Gandhi zunächst, sie zu entmutigen. Detailliert beschrieb er ihr die harte körperliche Arbeit, das lästige Gemüserüsten, das Getreidemahlen, das Kochen, das Putzen der Geräte und der Toiletten und alle anderen Arbeiten, die sie im Ashram erwarteten. Prema tat diese Warnungen in ihrem jugendlichen Idealismus als Lappalien ab. Als sie in einer ihrer ersten Nächte im Ashram ausrief: «Ich will etwas Gewaltiges vollbringen!» versuchte Gandhi, ihre Begeisterung mit trockenem Humor zu zügeln, ohne gleichzeitig ihren Geist zu zerstören: «Das einzige Gewaltige, das du im Moment tun kannst, ist schlafen zu gehen.»[111]

Zu Beginn ihres Aufenthalts, als Gandhi einige Tage abwesend war, hatte sie den folgenden Traum: Sie ist ein kleines Mädchen und sitzt auf Gandhis Schoß. Aus seiner Brust fließt ein Strahl süßer, wohlschmeckender Milch direkt in ihren Mund. Prema trinkt die Milch und der Mahatma sagt: «Trink, trink, trink noch mehr.» Prema ist satt, aber die Milch hört nicht auf zu fließen, und Gandhi fordert sie weiterhin zum Trinken auf. Premas Kleider und ihr Körper werden von der Milch völlig durchnäßt, aber der Strahl fließt ununterbrochen. Sie wacht verstört auf.[112]

Als sie Gandhi den Traum erzählte und ihn um eine Interpretation bat, antwortete er: «Träume können eine reine *(Sattvik)* oder eine leidenschaftliche *(Rajasik)* Qualität haben. Dein Traum ist rein. Er bedeutet, daß du dich bei mir sicher fühlst.»[113] Vom orthodoxen Freudschen Standpunkt aus ist an dieser Interpretation nichts auszusetzen. Als instinktiver Psychoanalytiker hat Gandhi die Patientin beruhigt und sie dazu ermutigt, ihm in dieser Phase der Beziehung zu vertrauen. Unbewußt folgte er der Regel, wonach man an der Oberfläche beginnend in die Tiefe vordringen soll. Seine Interpretation hätte sehr gut von einem Analytiker stammen können, der zu diesem Zeitpunkt die Hypothese über die tiefere Herkunft der Traumbilder – die symbolische Entsprechung von Milch und Samen, Premas Unersättlichkeit, ihre eventuelle Phantasie im Zusammenhang mit der bedrohlichen Brust etc. – für sich behalten hätte.

Die Rivalitäten der Frauen, die um Gandhis Aufmerksamkeit buhlten, waren im Ashram genauso heftig wie in den heutigen Guru-Gemeinschaften. Wenn Gandhi bei den Abendspaziergängen die Hände auf die Schultern der Ashram-Mädchen legte, wachten diese mit Argusaugen darüber, wie oft eine in den Genuß dieses Privilegs kam, wie lange die Hände des Bapu auf den Schultern weilten und so weiter. Anfänglich reagierte Prema gekränkt, wenn sie von den anderen Mädchen geneckt wurde: «Prema-ben, auf deine Schultern legt Bapuji seine Hände nie!» Darauf gab Prema erregt zurück: «Warum sollte er? Ich dränge mich nicht vor wie ihr!» «Er wird es auch nie tun. Nach den Ashramregeln kann er seine Hände nur den Mädchen auf die Schultern legen, die jünger als sechzehn sind.»[114]

Aber für Prema war dieser Entzug trotzdem schmerzlich, sie wandte sich deshalb an Gandhi. Dieser sagte ihr, wenn sie von ihm wie die jüngeren Mädchen behandelt werden wolle, müsse sie dazu die Erlaubnis der Aufsichtsperson des Ashrams einholen. Prema fühlte sich in ihrem Stolz gekränkt und antwortete verärgert: «So viel liegt mir nun auch wieder nicht an deiner Hand, als daß ich dafür um Erlaubnis fragen würde», und stolzierte davon. Eines nachts jedoch ging Gandhi auf die Toilette, weil er von einem seiner Diät-Experimente Durchfall bekommen hatte, und er fiel vor Schwäche in Ohnmacht. Prema hatte gehört, daß er umgefallen war, und eilte ihm zu Hilfe. Als sie in den Schlafraum zurückgingen, stützte sich Gandhi an ihr ab, und sie hob ihn sogar aufs Bett. Seit dieser Nacht begleitete sie ihn oft auf seinen Abendspaziergängen, und er legte seine Hand auf ihre Schulter. Dabei muß sie (so stelle ich es mir jedenfalls vor) mit dem Stolz einer Auserwählten um sich geschaut haben, schließlich hatte sie im geheimen Kampf der Frauen einen Sieg errungen. In ihrer Begeisterung über die Nähe zu Gandhi küßte sie einmal seine Hand und sagte: «Die Hand, die den britischen Thron erzittern ließ, ruht auf meiner Schulter! Ich bin so stolz!» Gandhi lachte und sagte: «Ja, wir sind alle sehr stolz!» Dabei plusterte er sich spaßeshalber auf und stolzierte wie ein Operettenkaiser umher.[115]

1933, als Prema siebenundzwanzig war, wurde sie von Gandhi gebeten, ihm als *Bhiksha* (als Zeichen ihrer Wertschätzung) ein Gelübde auf lebenslängliche Enthaltsamkeit abzulegen. Prema schrieb zurück, sie könne den Wunsch problemlos erfüllen, weil das Zölibat sowieso ihrem Ideal entspreche. In gedankenloser Überheblichkeit fügte sie bei: «Ich könnte mit jedem beliebigen Mann eine ganze Nacht im selben Bett verbringen und würde am Morgen als unschuldiges Kind aufstehen.» Damit hatte sie bei Gandhi einen wunden Punkt

berührt. Er tadelte sie mit den Worten, ein solcher Stolz sei für eine Ledige unschicklich. Er erwähnte Beispiele aus der Mythologie, wo der Stolz über die Ehelosigkeit zum schmerzlichen Fall führte. Sie sei keine Göttin *(Devi)*, weil sie immer noch ihre Menstruation habe. Gandhi glaubte, bei einer wirklich enthaltsamen Frau würde die Menstruation aufhören, weil diese nur ein Stigma der *Vikara* sei, der sexuellen Verwicklungen der Frauenseele.[116]
Nach und nach wurde Prema in der Leitung des Ashrams immer mehr Verantwortung übertragen, aber ihre eigentlichen Bemühungen – wie die der meisten anderen Frauen – richteten sich darauf, möglichst nahe bei Gandhi zu sein. Dieser versuchte, ihre Gedanken auf die Gemeinschaft zu richten und sagte ihr, sie solle sich als Eigentum des Ashrams betrachten und umgekehrt. Sie argumentierte: «Ich habe dich lieb, deshalb werde ich von deinem Ashram geliebt. Liebe braucht einen Anker, sie braucht Berührung. Es liegt im Wesen des Menschen, daß nicht nur der Geist einen Anker braucht, sondern auch der Körper und die Sinnesorgane.»[117] Er bat sie, ihre Gefühle zu sublimieren, bezeichnete sie liebevoll als hysterisch, da sie von ihren starken Gefühlen hin- und hergerissen werde. Er tadelte sie für ihre Fehler, aber wenn sie Anzeichen eines Rückzugs zeigte, umschmeichelte er sie wieder. Prema hatte das Gefühl, sie sei von ihrer «alten Liebe», wie sie ihn nannte, umgarnt worden. Gandhi antwortete:

Ich will niemanden umgarnen in meinem Netz. Was soll aus mir werden, wenn alle um mich herum zu Marionetten werden? Solche Bemühungen erachte ich als nutzlos. Aber selbst wenn ich versuchen würde, Dich in eine Falle zu locken, solltest Du Dein Selbstvertrauen nicht verlieren. Deine Briefe zeigen mir, daß Du wachsam bist. Ja, es stimmt, Du hattest immer Angst gehabt, in meinem Netz gefangen zu werden. Das ist ein schlechtes Zeichen. Wenn Du Dich entschieden hast [Dich mir anzuschließen], warum solltest Du also Angst haben? Oder verstehen wir unter «umgarnen» etwa nicht dasselbe?[118]

Ein Analytiker würde sagen, Prema habe sich durch die Enttäuschung ihrer eigenen unbewußten Wünsche gegenüber Gandhi gefangen gefühlt, deshalb versuchte sie, sich von ihm zu lösen. Sie stritt mit ihm über Dinge, die im Rückblick als belanglos erscheinen. Sie blieb eine treue Anhängerin von Gandhi und seinen Idealen, aber eine gewisse Entfremdung vom Mahatma war nicht zu verleugnen. Prema ging 1939 nach Maharashtra zurück, wo sie in einem kleinen Dorf einen Ashram aufbaute. Dort widmete sie sich der Verwirklichung von Gandhis sozialen Ideen: Besserstellung der Armen und Unberührbaren, Bildung der Frauen, Verbesserung der Selbstversorgung der Dorfgemeinschaft und so weiter. Wie bei ihrer ersten Begegnung mit Gandhi hatte sie auch beim Abschied einen aufschlußreichen Traum. Darin befindet sich Prema allein auf einer riesigen Ebene, die bis zum Horizont reicht. Sie sitzt inmitten dieser Ebene auf einem Stuhl und ist von Gras umgeben. Hinter sich spürt sie die Anwesenheit eines Mannes. Sie kann ihn nicht sehen, ist aber überzeugt davon, dieser Mann sei ihr Beschützer und Begleiter. Plötzlich kommen vier oder fünf wunderschöne, gutgekleidete Knaben mit Blumensträußen auf sie zu. Sie beginnt mit ihnen zu sprechen. Dann tauchen immer mehr Kinder mit Blumensträußen auf, und vom Himmel regnen Blumen auf sie herab. Als sie später über den Traum nachdenkt, ist sie davon überzeugt, der Mann hinter ihrem Stuhl sei Gandhi, und sein Segen werde immer mit ihr sein.[119]

Hier geriet ich ins Grübeln darüber, ob der Traum nicht Premas widersprüchliche Wünsche erfüllte: Sie hat zusammen mit Gandhi einmal mehr das Zentrum erreicht, aus dem sie sich ausgeschlossen hat, sie ist die ledige *Devi* aus der Hindu-Mythologie, auf die die Götter als Zeichen ihrer Bestätigung und Anerkennung Blumen herabregnen lassen. Sie wurde aber auch zur Lebensgefährtin des Mahatma, sie hat sich nicht nur die vier Söhne gekümmert, die Kasturbai ihm geschenkt hat, sondern noch um viele weitere bewundernde und bewundernswerte Kinder.

Da Prema sich mehr für den Mann interessierte als für das, was er verkörperte, wandte sie sich nach Gandhis Tod nach und nach wieder ihren früheren spirituellen Interessen zu. Sie verkehrte mit Yogis und Mystikern, und die Erinnerungen an die Zeit mit Gandhi verbannte sie in einen Winkel ihres Gedächtnisses, wo sie diese gelegentlich hervorholte, um still darin zu schwelgen – ein geheimer Trost für schlechte Zeiten.

Madeline Slade war in mancher Hinsicht eine der außergewöhnlichsten Frauen in Gandhis Gefolge. Sie war die Tochter des britischen Marineadmirals, der das ostindische Geschwader befehligte. Damit gehörte sie zum Establishment der britischen Besatzungsmacht, die Gandhi als unnachgiebigen Widersacher ebenso fürchtete wie verachtete. Madeline wuchs im Schoße einer für damalige Verhältnisse typischen Familie der englischen Oberschicht auf, in der sie sich jahrelang unglücklich fühlte. Sie erzählt, für sie sei alles düster und sinnlos gewesen, bevor sie Anfang Dreißig Gandhi entdeckte und nach Indien reiste.[120] Sie war eine große Bewunderin Beethovens und dachte daran, ihr Leben dem Studium seines Lebens und seiner Musik zu widmen. Aber nachdem sie Romain Rollands Buch über Gandhi (*Mahatma Gandhi,* 1924) gelesen hatte, änderte sie ihre Pläne drastisch. Sie wollte nichts überstürzen und bereitete sich erst einmal mit der ihr eigenen Entschlossenheit auf das «Martyrium» des Ashram-Lebens vor. Sie lernte die Arbeit mit dem Spinnrad und übte den Schneidersitz, sie wurde Abstinenzlerin und Vegetarierin und lernte die Urdu-Sprache. Dann teilte sie Gandhi ihren Wunsch in einem Brief mit und wurde von ihm herzlich eingeladen, sich ihm anzuschließen

Madeline, eine große, stämmige, eher nette als schöne Frau, stürzte sich begeistert in das asketische Leben im Ashram. Sie klammerte sich mit einer Verbissenheit an Gandhi, die er als sehr beunruhigend empfand – vielleicht auch wegen der Gefühle, die ihr großes Bedürfnis nach seiner körperlichen Nähe bei ihm hervorrief. In den vierundzwanzig Jahren ihrer Verbindung wurde sie von Gandhi immer wieder in weit entfernte Ashrams geschickt, um dort zu leben und zu arbeiten. Als Folge dieser Trennungen und der «Kämpfe des Herzens», wie sie es nannte (Gandhi sprach von einer «spirituellen Agonie»), erlitt sie Nervenzusammenbrüche. Dann eilte sie Hals über Kopf dorthin, wo Gandhi sich gerade aufhielt, nur um erneut aus seiner Gegenwart verbannt zu werden. Er versuchte, ihr Streben von seiner Person auf die Sache zu lenken, der sie beide dienten: «Der heutige Abschied war traurig, ich habe gespürt, welchen Schmerz ich Dir bereitet habe. Ich möchte, daß aus dir eine perfekte Frau wird. Ich möchte, daß du all deine Ecken und Kanten verlierst... Wirf die Nervosität von Dir ab. Du mußt dich nicht an meinen Körper klammern. Der Geist ohne Körper wird immer mit Dir sein. Damit meine ich mehr als nur den schwachen, körperlichen, im Fleisch gefangenen Geist mit all seinen Einschränkungen. Der Geist ohne den Körper ist vollkommen, und das ist alles, was wir brauchen. Das können wir nur fühlen, wenn wir die Trennung üben. Dies mußt Du nun versuchen. So würde ich an Deiner Stelle wachsen. Aber du solltest auf Deine eigene Art wachsen. Weise deshalb alles von dem Gesagten zurück, das Dein Herz oder Deinen Kopf nicht anspricht. Du mußt Deine Persönlichkeit um jeden Preis aufrechterhalten. Leiste mir Widerstand, wenn es sein muß, denn vielleicht beurteile ich Dich falsch, trotz all der Liebe, die ich für Dich empfinde. Ich will nicht, daß Du mich für unfehlbar hältst.»[121]

Madeline wurde von Gandhi zutreffend in Mira umbenannt, nach einer indischen Heiligen aus dem sechzehnten Jahrhundert, deren Liebe zu Krishna kaum größer war als Madelines Sehnsucht nach dem Mahatma. Das konnte allerdings nicht verhindern, daß sie zum Schlachtfeld von Kräften wurde, die vernunftmäßig nicht mehr zu bewältigen waren. Mira verhielt sich wie die vom Analytiker Ralph Greenson beschriebene Frau, die nicht in die Analyse kommt, um Einsichten zu gewinnen, sondern weil sie die körperliche Nähe des Therapeuten sucht.[122] Diese Patientinnen führen ein erfolgreiches Gesellschaftsleben, aber ihr Liebesleben ist vom unbefriedigten Wunsch nach Vereinigung, Besitz und Verschmelzung geprägt. Gandhi seinerseits verhielt sich gegenüber Mira wie ein Therapeut gegenüber einer Patientin. Die Kombination aus seinem verständnisvollen Zuhören und ihrem enttäuschten Wunsch nach Befriedigung war geradezu das Patentrezept, mit dem ihr Liebesbedürfnis verstärkt und dauernd genährt wurde,[123] ihre Transferenz (ein intensives Liebesgefühl gegenüber Menschen, die in unserem Erwachsenenleben die gleiche Rolle innehaben wie die Eltern in unserer Kindheit) zum Mahatma wurde damit noch weiter gesteigert.

Die Vermutung, die Beziehung sei nicht einseitig gewesen, und Mira habe bei Gandhi eine vielschichtige Gegen-Transferenz hervorgerufen, bestätigt sich in seinen Briefen an Mira mehrfach. Im Jahre 1927, als Mira wieder einmal an Gandhis

Seite eilte, weil sie von seiner großen Überanstrengung gehört hatte, war sie prompt wieder zurückgeschickt worden. Darauf schrieb ihr Gandhi:

Ich konnte es mir nicht entsagen, Dir gleich nach meiner Ankunft eine Liebesbotschaft zu senden. Ich fühlte mich sehr traurig, nachdem ich Dich gehen lassen mußte. Ich war sehr hart zu Dir, aber es ging nicht anders. Ich hatte eine Operation vor mir und mußte mich darauf vorbereiten. Wir wollen jetzt hoffen, daß alles gut geht und daß alle Schwächen verflogen sind.[124]

Diesem Brief folgte am nächsten Tag eine Postkarte: «Ich möchte Dir nur mitteilen, daß ich Dich nicht aus meinen Gedanken verbannen kann. Jeder Chirurg hat nach einer schweren Operation eine lindernde Salbe. Diese Karte ist meine Salbe...»[125] Zwei Tage später folgte wieder ein Brief:

Noch nie lag mir so viel daran, von Dir zu hören, denn ich habe Dich nach einer schwierigen Operation zu rasch weggeschickt. Du hast mich letzte Nacht in meinem Schlaf verfolgt. Die Freunde, zu denen Du geschickt worden bist, haben mir berichtet, Du seist im Delirium, aber nicht in Gefahr. Sie sagten: «Du brauchst keine Angst zu haben, wir tun alles menschenmögliche.» Ich wachte beunruhigt auf und betete darum, daß Du unversehrt bist...[126]

In seinen Briefen aus dem Gefängnis, wo Gandhi vor ihren körperlichen Zudringlichkeiten sicher war, konnte er seine Gefühle freier äußern. Als er für sie ein Buch mit indischen Hymnen ins Englische übersetzte, schrieb er: «Das Übersetzen der Hymnen für Dich bereitet mir viel Vergnügen. Habe ich meine Liebe nicht öfter in Gefühlsstürmen als in sanften, beruhigenden Gefühlsschauern geäußert? Die Erinnerung an diese Stürme vergrößert mein Vergnügen an dieser Übersetzung, die ausschließlich für Dich bestimmt ist.»[127] Gandhi ließ Mira und andere «seiner» Frauen nur so weit von sich weggehen, als er es für sein Wohlergehen unbewußt als optimal erachtete.
Wie ein Kind, das sich auf seinen ersten Erkundungen der Umwelt nur bis auf die Länge eines unsichtbaren, mit der Mutter verbundenen Fadens von dieser entfernt, war auch

Gandhi ängstlich darauf bedacht, daß aus einem Bruch keine dauerhafte Trennung wurde, und er versuchte sofort, die Frau wieder mehr an sich zu binden.

Mira,
Du gehst mir nicht aus dem Sinn. Ich sehe mich um, und ich vermisse Dich. Ich klappe die *Charkha* [Spinnrad] auf und ich vermisse dich. Und so weiter und so fort. Aber weshalb? Du hast das Richtige getan. Du hast Dein Heim, Deine Leute und alles aufgeben, was den Menschen lieb und teuer ist, nicht um mir persönlich zu dienen, sondern der Sache, für die ich einstehe. Jedesmal, wenn Du Deine Liebe an mich persönlich verschwendet hast, fühlte ich mich der Veruntreuung schuldig. Und ich bin beim geringsten Anlaß explodiert. Jetzt, da Du nicht bei mir bist, wendet sich mein Zorn gegen mich, weil ich dich so fürchterlich gescholten habe. Aber als ich Deine Dienste in Anspruch nahm, war ich die ganze Zeit über wie auf glühenden Kohlen. Du wirst mir treu dienen, indem du der Sache freudig dienst. Nur Mut, nur Mut, und kein Herumtrödeln mehr.

Dem fügte Mira den folgenden Kommentar bei: «Der Kampf war schrecklich. Ich fühlte mich auch wie auf glühenden Kohlen, weil ich spürte, was Bapu durchmachte. Das war eine der Gelegenheiten, bei denen es mir gelang, mich loszureißen.»[128] Als sich Gandhi 1936 von seinem Zusammenbruch erholte, entschloß er sich, Sabarmati zu verlassen und allein in einem abgelegenen Dorf zu wohnen. Mira sah darin die Chance, daß sich ihre sehnlichsten Wünsche endlich erfüllen könnten, daß sie mit Bapu auf dem Land leben könnte. Aber Gandhi war unnachgiebig. Er wollte nur in Miras Dorf leben, wenn sie selbst in ein Nachbardorf umzog. Sie schrieb: «Das brach mir beinahe das Herz, aber irgendwie schaffte ich es, weiterzumachen. Als Bapu sich schließlich dazu entschloß, nach Seagaon zu kommen und hier zu leben, begrub ich meinen Kummer im Vergnügen, das mir die Vorbereitung seines Landhäuschens und seines Kuhstalls bereitete. Für mich selbst baute ich in einer Meile Entfernung auf dem Hügelkamm vor dem Dorf Varoda ein kleines Landhaus. Eine Woche vor Bapus Ankunft in Seagaon zog ich in die Hütte auf dem Hügel, wo mir nur mein kleines Pferd Gesellschaft leistete.»[129] Aber auch diese

relative Nähe sollte nicht von langer Dauer sein, denn die politischen Ereignisse zwangen Gandhi unerbittlich zu neuen Reisen.
1948, im Jahr vor Gandhis Tod, lebte Mira in ihrem eigenen Ashram in der Nähe von Rishikesh am Fuße des Himalaja, wo sie die Viehherden der umliegenden Dörfer betreute. In immer entlegeneren Gebieten des Himalaja-Gebirges gründete sie einen Ashram nach dem anderen. Als sie sich 1958 entschloß, nach Europa zurückzukehren, waren fast fünfunddreißig Jahre vergangen, seitdem sie ihre Heimat auf der Suche nach Gandhi verlassen hatte. Zusammen mit einem Freund habe ich sie 1964 in den Wäldern über Baden bei Wien besucht, wo sie sich in einem abgeschiedenen Bauernhof mit einem Hund und einem alten indischen Diener aus Rishikesh eingerichtet hatte. Wohlwollend aber zurückhaltend servierte sie uns Tee mit Gebäck und erkundigte sich der Form halber über die aktuellen Ereignissen in Indien. Sie weigerte sich, über Gandhi zu sprechen und behauptete, er würde sie nicht mehr interessieren. Beethoven war das einzige Thema, das sie aufleben ließ und worüber sie enthusiastisch redete; sie betrachtete ihn als die höchste Verkörperung des menschlichen Geistes. Bevor sie Romain Rollands Buch über Gandhi gelesen hatte, das ihr Leben verändern sollte, war er ihre große Liebe. Nun war sie nach einem fünfunddreißigjährigen Umweg über Gandhi wieder zu Beethoven zurückgekehrt. Sie arbeitete an einer Biographie über den Komponisten, seine Musik war ihre liebste Gefährtin. Etwas enttäuscht überließen wir sie ihrer neuen Liebe. Als wir zum Auto zurückgingen, das wir ein paar hundert Meter vor dem Bauernhaus geparkt hatten, rannte uns der Diener nach. Sein runzeliges Gesicht war von schierer Verzweiflung gezeichnet, und er rief uns zu: «Sahib, ich will nicht hier leben. Ich will nach Hause. Bitte, nehmt mich mit nach Hause.» Ich konnte ihm nicht helfen, murmelte einige Entschuldigungen und ließ ihn auf der Wiese stehen. Er spähte uns lange nach, als wir in der milden Nachmittagssonne wegfuhren.

Wenn wir Gandhis Verhältnis zur Sexualität in einen kulturellen Zusammenhang bringen wollen, müssen wir uns vergegenwärtigen, daß sich die Hindu-Kultur seit Urzeiten mit der

Sexualität beschäftigt, sei dies in den erotischen Blüten ihrer Kunst, den dionysischen Ritualen ihrer Volksreligion oder in ihren dramatischen Kämpfen mit den asketischen Sehnsüchten der Yogis, die versuchen, die Sexualität zu überwinden und sie in spirituelle Macht umzuwandeln. Hierin liegt auch die Erklärung der viele Nicht-Inder verwirrenden Tatsache, daß sich der indische Geist von Freud faszinieren läßt – trotz der vordergründigen Ähnlichkeit der Jungschen Auffassungen mit dem indischen Gedankengut. Viele moderne indische Mystiker fühlen sich geradezu gezwungen, sich mit Freuds Annahmen und Schlußfolgerungen über die Launen und Transfigurationen der Libido auseinanderzusetzen, während sie Jungs Werke gleichgültig übergehen. Die indische Spiritualität ist vor allem eine Theorie der Sublimation. Kennzeichnend für den indischen Mystizismus ist seine äußerst praktische Ausrichtung; seine Alchemie verwandelt die Libido von einem Todesbringer in einen Verleiher der Unsterblichkeit. Die Energie für diese alchemistische Transformation wird vom sexuellen Feuer geliefert. Der Körper ist der Kochtopf, und das Destillat der sexuellen Flüssigkeiten ist das Öl im Kochtopf. Dieses traditionelle Streben nach einer Transformation der Sexualität in Spiritualität, des Samens in ein Soma-Elixier ist je nach Region und Kaste unterschiedlich. Selbst wenn diese Sublimation auch nur von einem kleinen Teil der indischen Gesellschaft praktisch angestrebt wird, so stellt sie doch zumindest eine bekannte Theorie dar, der sich die meisten Inder – Analphabeten eingeschlossen – verschrieben haben. In ihrer populärsten Form besagt die hinduistische Sublimationstheorie etwa das folgende:

Virya ist die Quelle der Körper- und der Geisteskraft, das Wort steht sowohl für «sexuelle Energie» wie auch für «Samen». *Virya* ist mit der Essenz der Männlichkeit identisch. *Virya* kann sich in zwei Richtungen bewegen: beim Geschlechtsverkehr bewegt sie sich nach unten und wird in ihrer groben Form als Samen ausgeschieden. In ihrer subtilen Form *(Ojas)* kann sie sich durch das Rückenmark nach oben in das Gehirn bewegen. Für die Hindus stellt die Abwärtsbewegung der sexuellen Energie und ihr Ausstoß als Samen eine Schwächung dar, eine Verschwendung von Vitalität und essentieller Energie. Es wird gesagt, für das Körpersystem sei die Sinneslust das verhäng-

nisvollste aller Gefühle, und jede heftige Leidenschaft zerstöre Millionen von roten Blutkörperchen. Die metaphysische Physiologie Indiens behauptet, es dauere dreißig Tage, bis die Nahrung über Blut, Fleisch, Fett, Knochen und Knochenmark zu Samen destilliert sei – vierzig Tropfen Blut gäben einen Samentropfen. Bei jeder Ejakulation gingen vierzehn Gramm Samen verloren, dies entspreche der Vitalität, die man aus siebenundzwanzig Kilogramm Nahrung gewinne.
Einer anderen, pädagogisch gefärbten Berechnung zufolge verbraucht jeder Geschlechtsakt gleich viel Energie wie vierundzwanzig Stunden konzentrierter geistiger Aktivität oder zweiundsiebzig Stunden harter körperlicher Arbeit.[130] Gandhi wiederholt also diese populären Ideen nur, wenn er sagt:

Wenn Männer und Frauen sich erst einmal mit der Vorstellung angefreundet haben, daß die Fortpflanzung die einzige und oberste Aufgabe der Geschlechtsorgane ist, werden sie jede Vereinigung, die nicht diesem Zweck dient, als kriminelle Verschwendung der vitalen Flüssigkeit betrachten. Konsequenterweise ist auch die sexuelle Erregung von Männern und Frauen eine kriminelle Verschwendung kostbarer Energie. So gesehen ist es leicht zu verstehen, warum die alten Wissenschaftler einen dermaßen großen Wert auf die vitale Flüssigkeit gelegt haben, und warum sie zum Wohle der Gesellschaft auf deren Umwandlung in die höchste Energieform bestanden haben.[131]

Wird der Samen dagegen der *Brahmacharya* gehorchend zurückgehalten, in *Ojas* verwandelt und nach oben geleitet, führt er nicht zum körperlichen Zerfall, sondern wird zur Quelle des spirituellen Lebens. Die Langlebigkeit, die Kreativität, die körperliche und geistige Vitalität werden durch die Zurückhaltung des Samens verbessert. Das Erinnerungsvermögen, die Willenskraft, die wissenschaftliche und die künstlerische Inspiration – alles hängt von der Einhaltung der *Brahmacharya* ab. Wer während zwölf Jahren in Gedanken, Worten und Taten eine ununterbrochene *(Akhanda) Brahmacharya* einhält, wird *Moksha* spontan erreichen.
Wie ich schon betont habe, gehören diese Vorstellungen über den Samen und das Zölibat zum Erbe der indischen Kultur; sie werden von Heiligen wie von Sündern gleichermaßen

geteilt. Die erste Fallgeschichte, die in der psychoanalytischen Literatur Indiens veröffentlicht wurde, klingt denn auch tatsächlich wie eine Parodie auf Gandhi:

Der Patient ist ein junger, verheirateter Mann mit mehreren Kindern. Er ist religiös veranlagt und sein Lebensideal besteht darin, *Jivanmukti* zu erreichen. Das ist die hinduistische Bezeichnung für die Befreiung von den weltlichen Fesseln, die vollkommene Freiheit von körperlichen und geistigen Leidenschaften. Daß ein solcher Zustand existiert und daß er erreicht werden kann, wird vom Patienten nie in Frage gestellt. Er sagt, sein Glaube an die Hindu-Schriften sei bedingungslos. Diese behaupten, die Verwirklichung des *Brahma* oder der höchsten Einheit führe zu einer solchen Befreiung. Er glaubt, er müsse sich nur allen Arten der Sexualität enthalten, dann würde er die Befreiung als eine Art Belohnung erhalten… Weil ein Vergnügen immer ein anderes nach sich zieht, ist es ratsam, allen Vergnügungen des Lebens zu entsagen, weil sie letztendlich zur Sexualität führen. Der Patient will keine Bindung eingehen, weder mit seiner Frau, den Kindern, den Freunden, noch mit irgend einem leblosen Objekt. Wenn trotz seiner Verbindungslosigkeit und Geschlechtslosigkeit manchmal vulgärste, lüsterne Gedanken, unkontrollierbare Liebesgefühle und Begierden in seinem Kopf auftauchen, ist er sehr ungehalten… Seiner tiefen Verehrung für die Hindu-Götter und -Göttinnen zum Trotz kommen bei ihm zwanghafte, «schmutzige» sexuelle Gedanken hoch, wenn er sich vor ihren Abbildern verneigt.[132]

Das «Hochziehen des Samens» ist den psycho-philosophischen Selbstverwirklichungs-Schulen Indiens, die gemeinhin unter dem irreführenden Begriff «Mystik» zusammengefaßt werden, in erstaunlicher Weise vertraut. Wendy O'Flaherty bemerkt dazu: «Diese Vorstellung ist so weit verbreitet, daß populäre Formen der Philosophie glauben, der Same entstehe im Kopf.»[133] Das Konzept findet sich sogar im Erotik-Lehrbuch *Kamasutra,*[134] dem vermeintlichen Zerstörer asketischer Ideale. Danach weist sich der ideale Liebhaber nicht durch eine möglichst große Leidenschaft aus, sondern durch die Beruhigung und Beherrschung seiner Sinne mit *Brahmacharya* und Meditation. Die indische Mythologie ist voller

Geschichten über menschliche Wesen, die sich der Unsterblichkeit nähern, weil sie durch Enthaltsamkeit und Meditation immense Eigenschaften erworben haben. Von diesen fühlen sich die Götter bedroht, deshalb werden die Asketen von himmlischen Nymphen verführt, was sie wieder zu gewöhnlichen Menschen aus Fleisch und Blut macht (schon das Vergießen eines Tropfens sexueller Flüssigkeit gilt als fatal). Angesichts dieser Horrorvorstellungen über die Sexualität kann sich wohl kein Mensch mehr an der Fortpflanzung erfreuen – es sei denn, er setzt den sexuellen Vorschriften und Idealen des «kulturellen Über-Ichs» eine gehörige Portion Skepsis oder sogar offenen Widerstand entgegen. Nicht nur die Götter spüren Erleichterung, wenn die Ideale der Asketen von den üppigen Reizen einer himmlischen Verführerin gedemütigt werden. Die Erleichterung wird auch von den Sterblichen geteilt, wenn sie einem entsprechenden Mythos zuhören oder diesen in einem populären Tanz oder Volksschauspiel dargestellt sehen. Die Ideale des Zölibats werden also gleichzeitig gebilligt und verspottet. In der indischen Tradition gibt es viele Weise, die wegen ihres erfolgreichen Zölibats und der dadurch erworbenen Kräfte bewundert werden – Gandhi ist nur der letzte einer ganzen Reihe, die sich dem hochkarätigen Gremium angeschlossen haben. Aber es gibt auch unzählige beliebte Volkssagen, in denen die Mißgeschicke geiler Asketen beschrieben werden. In den etwas würdevolleren Mythen wird sogar der Schöpfer von der Fleischeslust aufs Kreuz gelegt; auch er ist unfähig, die Keuschheit zu bewahren:

Die himmlische Nymphe Mohini verliebte sich in Brahma, den Herrn der Schöpfung. Nachdem sie sich die Unterstützung durch den Liebesgott Kama gesichert hatte, ging sie zu Brahma und tanzte vor ihm. Sie enthüllte ihren Körper, um ihn zu verführen, Brahma blieb jedoch ohne Leidenschaft. Dann schoß Kama mit einem Pfeil auf Brahma. Brahma schwankte und fühlte Verlangen, aber er hatte sich rasch wieder unter Kontrolle. Brahma sagte zu Mohini, geh weg, Mutter, du mühst dich hier umsonst ab. Ich kenne deine Absicht, aber ich eigne mich nicht für dein Werk. Die Schrift sagt: «Asketen müssen alle Frauen meiden, besonders die Prostituierten.» Ich bin außerstande, etwas zu tun, das von den Vedas verabscheut wird. Du bist eine kluge Frau, suche einen klugen jungen Mann, der sich für dein Werk eignet, dann wird eure Verbindung tugendhaft sein. Ich bin ein alter Mann, ein asketischer Brahmane. Welches Vergnügen sollte mir eine Prostituierte bereiten? Mohini lachte und sagte zu ihm: «Ein Mann, der sich weigert, mit einer von der Begierde gequälten Frau Liebe zu machen, ist ein Eunuch. Er mag ein Ehemann, ein Asket oder ein Liebhaber sein, aber er darf eine Frau nicht zurückweisen, wenn sie sich ihm nähert, sonst geht er zur Hölle. Komm jetzt und liebe mich an einem ungestörten Ort.» Während sie das sagte, zog sie an seinem Gewand. Die Weisen wandten sich an Brahma: «Wie kommt es, daß Mohini, die beste aller himmlischen Prostituierten, sich bei dir aufhält?» Brahma wollte sein Vorhaben verheimlichen und sagte: «Sie hat lange getanzt und gesungen, und als sie müde wurde, ist sie hierher gekommen wie ein junges Mädchen, das zu seinem Vater kommt.» Aber die Weisen lachten nur, weil sie die Wahrheit kannten, und Brahma lachte mit ihnen.[135]

Das Geschwätz, wonach Gandhi «im hohen Alter mit nackten Frauen geschlafen» habe, findet also in der indischen Tradition seine Parallelen. Es ruft sowohl beim Schwätzer wie beim Zuhörer hintergründige Emotionen hervor, insbesondere eine arglistige Erleichterung, die aber nicht ganz vor der quälenden Befürchtung gefeit ist, das Gerücht könnte tatsächlich stimmen.

Die höchste – wenn auch ironische – Raffinesse des Zölibats findet sich in seiner tantrischen Version. Dort muß sich der Aspirant darin üben, den Geschlechtsakt frei von Begierden und ohne das «Verschütten des Samens» zu vollziehen, wodurch der sexuelle Impuls von der menschlichen Physiologie und allen ihren bewußten oder unbewußten geistigen Repräsentationen getrennt wird. In diesem rituellen und in unglaublicher Weise leidenschaftslosen Sexualakt wirbelt der Impuls den Samen auf und erzeugt energische Kräfte, die nach oben geleitet werden können – so wird jedenfalls angenommen.

Gandhi war mit dieser und anderen tantrischen Techniken vertraut. Seine eigene Religion, der Vaishnavismus, von dem er tief überzeugt war, wird von vielen tantrischen Vorstellungen durchdrungen. Manchmal klingt Gandhi wie Chaitanya, der Vater des nordindischen Vaishnavismus aus dem fünfzehnten Jahrhundert, der einen Schüler abwies, weil er seine Aufmerksamkeit auf eine Frau gerichtet hatte. Chaitanya sagte zu dem Schüler: «Ich kann nie mehr in das Gesicht eines Asketen blicken, der sich mit Frauen abgibt. Die Sinne sind schwierig zu kontrollieren; sie versuchen immer, sich auf weltliche Dinge zu richten. Sogar das hölzerne Bildnis einer Frau hat die Macht, einem Weisen den Verstand zu rauben.»[136] Andererseits scheint Gandhi mit seinen sexuellen Experimenten den Beispielen anderer berühmter Vaishnavas, wie etwa Ramananda und Viswanatha, zu folgen. Ramananda, Chaitanyas Anhänger und Gefährte, führte zwei schöne, junge Tempeldirnen in einen verlassenen Garten, wo er ihre Körper einölte, badete und kleidete, ohne «angegriffen» zu werden.[137] Vom Philosophen Vishwanatha wird erzählt, daß er sich auf Befehl seines Gurus zu seiner jungen Frau legen mußte: «Er lag bei ihr auf dem Bett, aber Vishwanatha war verwandelt, er hat sie nicht berührt, wie es sonst seine Gewohnheit war. Er lag bei seiner Frau, wie ihm der Guru befohlen hatte... so gut beherrschte er seine Sinne.»[138]

Die außergewöhnliche Bedeutung, die der Sexualität in der traditionellen indischen Kultur zukommt, ist nicht ganz unberechtigt. Die Vorstellung, wonach sich die sexuellen Triebe zu einem kreativen Feuer vereinigen, das genauso zur Zeugung der Nachkommenschaft wie zur Selbst-Zeugung dienen kann, vermag tatsächlich zu faszinieren. Darüber hinaus verdient eine Tradition sicher einige Sympathie, wenn sie die sexuelle Liebe nicht auf den Geschlechtsakt reduziert und stattdessen danach trachtet, ihn zu einer Feier oder sogar zu einem Ritual zu erheben, bei dem die Partner von einem Hauch des Heiligen berührt werden, und bei dem der Orgasmus als ein «symbolischer Segen der Ahnen und der Natur der Dinge» erlebt wird.[139]

Trotzdem habe ich meine Bedenken, und zwar in bezug auf die überaus große Furcht, «das Sperma zu verschwenden» und ein «biologisches Selbstopfer» zu bringen. Solche Ideen – und die dahinter steckenden Phantasien – können die zweifelhaften Vorstellungen über die Frau, die Frauenfeindlichkeit und die krankhafte Angst vor Frauen nur vergrößern. Was die

Selbstverwirklichung durch den Verzicht auf die sexuelle Liebe betrifft, möchte ich Thomas Mann zitieren:

Es läßt sich nicht verleugnen, daß sich die Würde des Menschen durch die zwei Geschlechter, das männliche und das weibliche, verwirklicht; wenn man weder das eine noch das andere ist, überschreitet man die Grenzen des Anstandes, wie könnte man da seine menschliche Würde finden? Die Versuche, sie aufrechtzuerhalten, verdienen unseren Respekt, denn sie haben mit dem Spirituellen zu tun, und damit, dies dürfen wir ehrenvoll zugeben, mit dem überragend Menschlichen. Aber die Wahrheit verlangt uns das schwierige Geständnis ab, daß die Gedanken und der Geist gegen die Natur langfristig unterliegen. Wie wenig können die Regeln der Zivilisation gegen das dunkle, tiefe, leise Wissen des Fleisches ausrichten! Wie wenig läßt es sich vom Geist umgarnen![140]

Was hätte wohl Freud, der sich in seiner Lebensmitte ebenfalls für die Enthaltsamkeit entschied, zu Gandhis Zölibat und zu der damit beabsichtigten Wirkung gesagt? Freud stand der Vorstellung, wonach die sexuelle Abstinenz energische Männer, originelle Denker oder unerschrockene Reformatoren hervorbringen könne, verständlicherweise skeptisch gegenüber. Trotzdem hat er diese Sublimations-Versuche der «genitalen Libido» relativiert:

Das Verhältnis zwischen dem möglichen Ausmaß an Sublimation und der dazu erforderlichen sexuellen Aktivität variiert natürlich von Mensch zu Mensch und sogar von einer Berufsgruppe zur anderen sehr stark. So kann man sich zum Beispiel kaum einen enthaltsamen Künstler vorstellen, aber ein enthaltsamer junger Gelehrter ist sicher keine Seltenheit. Letzterer kann durch seine Selbstbeschränkung Kräfte für seine Studien freisetzen, während die Leistungen des Künstlers durch seine sexuellen Erfahrungen wahrscheinlich stark stimuliert werden.[141]

Es ist durchaus verständlich, wenn Freud einigen außergewöhnlichen, wirklich originellen Menschen mit einem selbstverleugnenden Sendungsbewußtsein oder mit transzendenten Absichten die Möglichkeit eines erfolgreichen Zölibats zugestanden hat. Er hätte also dem lateinischen Ausspruch zugestimmt, der da lautet: «Was Jupiter erlaubt ist, bleibt dem Ochsen versagt.» Die psychoanalytische Problematik dreht sich deshalb nicht um die Sublimation, sondern um die Frage, warum Gandhi die phallische Begierde so anstößig fand, daß er sie sozusagen samt der Wurzel ausreißen wollte.

Gandhis Unbehagen der phallischen Begierde gegenüber hat zum Teil mit seinem Glauben zu tun, wonach die sexuelle Liebe das verflixte und abstoßende Vorrecht des Vaters sei. In seiner Autobiographie äußert Gandhi neben viel Bewunderung für seinen Vater auch den Verdacht, dieser sei «sexbesessen» gewesen, weil er mit über vierzig Jahren bereits zum vierten Mal geheiratet hatte und Putlibai, Gandhis Mutter, damals erst achtzehn war. Dies legt die Vermutung nahe, Gandhi habe seine junge Mutter in der Phantasie als unschuldiges Opfer der übermächtigen Begierde eines alten Mannes erlebt, der er nur verängstigt und hilflos zuschauen konnte; er war unfähig, seine geliebte Ernährerin vor der Schändung und der Gewalt zu schützen, die ihrem Körper angetan wurde. Im späteren Leben hat sich Gandhi der Heirat von älteren Männern mit jungen Mädchen eifrig und unnachgiebig entgegengestellt. Er schrieb Artikel, die Titel trugen wie «Heirat zwischen jung und alt – eine Ausschweifung?» und er hat seine Briefpartner dazu ermahnt, diesbezügliche Vorkommnisse zu bekämpfen. Er zählte diejenigen alten Männer zu seinen Vorbildern, die seine Abscheu vor der genitalen Sexualität teilten. Es waren Männer, die wie Tolstoi und Raichandra versucht hatten, die sexuelle Leidenschaft in eine universellere, religiöse Suche oder (wie Ruskin) in eine moralisch-ästhetische Inbrunst zu transformieren.

Während die phallische Begierde für Gandhi die gewalttätige und stürmische «Manier des Vaters» kennzeichnete, eröffneten die Enthaltsamkeit und der Verzicht einen ruhigen und friedlichen Weg zurück zur Mutter. Hier glich Gandhi dem heiligen Augustinus, der das Zölibat auch innerlich mit beruhigenden, mütterlichen Bildern ausschmückte:

...vor mir erschien die keusche Würde der Enthaltsamkeit, heiter, aber nicht entspannt-lebhaft. Sie forderte mich aufrichtig dazu auf, ihr zu folgen und nicht zu zweifeln. Und sie beugte sich vor, um mich aufzunehmen und zu umarmen.

Ihre heiligen Hände waren gefüllt mit einer Vielzahl guter Beispiele; es waren viele junge Männer und Jungfern da, eine Vielzahl von Alten und Jungen, ernsthafte Witwen und alte Jungfern; und die Enthaltsamkeit selbst, nicht unfruchtbar, sondern als Mutter von Kindern der Fröhlichkeit...[142]

Etwas genauer ausgedrückt beweist das oben aufgeführte psychobiographische Material, daß Gandhis Frauenbeziehungen vom unbewußten Verlangen nach einer Aufrechterhaltung einer idealisierten Beziehung zum Körper der Mutter beherrscht wurden. Diese ersehnte Einheit mit der Mutter ist von Dankbarkeit, gegenseitiger Bewunderung und Bestätigung durchdrungen; das trennende, auseinanderführende Verlangen fehlt völlig. Gandhi, der vom Wunsch nach Verschmelzung und nach der Beseitigung der Unterschiede und Grenzen erfüllt war, begriff das sexuelle Verlangen der Mutter und des Kindes als das einzige und größte Hindernis dieser Illusion. Viele seiner Einstellungen, Überzeugungen und Handlungen gegenüber Frauen können demzufolge als Abwehrmanöver gegen die Möglichkeit verstanden werden, diese Sicht der Dinge könnte ins Bewußtsein dringen.
Da die Mutter eine Frau ist, besteht der erste Verteidigungsschritt im Glauben, Frauen hätten keine oder eine nur geringfügige Sexualität. «Ich glaube nicht, daß die Frau im gleichen Maße Opfer der sexuellen Begierde ist wie der Mann. Für sie ist es leichter, Selbstbeherrschung zu üben.»[143] Diese Meinung wiederholt sich in Gandhis Schriften häufig. Über seine Erfahrungen mit Kasturbai behauptet er: «Von Seiten meiner Frau gab es nie ein Bedürfnis nach Einschränkung. Sie zeigte sehr oft Einschränkung, aber sie hat sich selten widersetzt, wenn sie auch sehr oft abgeneigt war.»[144] Während er die männliche Sexualität mit der rücksichtslosen, lustbetonten Gewalt gleichsetzt, erscheint ihm die weibliche Sexualität da, wo sie überhaupt existiert, als passive, leidvolle Hinnahme einer männlichen Attacke.
Hier müssen wir uns wieder daran erinnern, daß dies nur für die bewußte Ebene gilt. Im Unbewußten scheinen sich die männliche Gewalt und die weibliche Passivität in ihr Gegenteil umzukehren. Dies wird aus den bildhaften Vorstellungen in den Beschreibungen seiner wenigen erotischen Begegnungen

mit Frauen ersichtlich. Bei seiner allerersten Begegnung in der Jugendzeit wird er «blind und stumm», die Frau hingegen ist selbstsicher und aggressiv. In England zittert er wie ein wildes Tier, das gerade seinem Jäger (bzw. seiner Jägerin) entkommen ist.
Gandhi sieht die Lösung des Grundproblems zwischen den Geschlechtern demnach nicht in der Beseitigung der gesellschaftlichen und rechtlichen Benachteiligungen der Frauen, obwohl er sich eigentlich begeistert für die Rechte der Frauen eingesetzt hat. Sie besteht für ihn in der vollkommenen Entsexualisierung der männlich-weiblichen Beziehung, bei der die Frau die Führung übernehmen muß. «Wenn sie nur lernen würden, ‹Nein› zu sagen, wenn sich ihre Männer mit fleischlichen Absichten nähern... Wenn eine Frau zu ihrem Mann sagt: ‹Nein, ich will es nicht›, wird er keine Schwierigkeiten machen. Aber es wurde ihr nie beigebracht... Ich will, daß die Frauen das Grundrecht auf Widerstand lernen.»[145]
Eine weitere Methode zur Bekämpfung der Begierde besteht in der Idealisierung der Frau (besonders der indischen) zu einem reinen, gottähnlichen Objekt der Verehrung und Bewunderung. Deshalb muß die Frau in ihrem letzten Lebensabschnitt (im Gegensatz zum Mann) der Welt nicht entsagen, um in Gott eingehen zu können. «Sie schaut ihn immer. Sie braucht keine andere Vorbereitung für den Himmel als die Ehe mit einem Mann und die Betreuung der Kinder.»[146] Die Frau ist auch

die Inkarnation von *Ahimsa. Ahimsa* bedeutet grenzenlose Liebe, dies wiederum bedeutet grenzenlose Leidensfähigkeit. Wer außer der Frau, der Mutter des Menschen, besitzt diese Fähigkeit in höchstem Maß? Laßt sie diese Liebe auf die ganze Menschheit übertragen, laßt sie vergessen, daß sie je das Objekt der männlichen Begierde war oder sein könnte. So wird sie ihre vornehme Stellung als Mutter, Schöpferin und stumme Führerin an der Seite des Mannes einnehmen.»[147]

Eine weitere Methode, die weibliche Erotik zu verleugnen, besteht also darin, daß die Frau primär als Mutter betrachtet und idealisiert wird. Millie Polak, eine Mitarbeiterin im Phoenix-Ashram in Südafrika, hat Gandhis Idealisierung der Mutterrolle einmal mit dem Argument in Frage gestellt, eine Frau werde doch nicht zur Weisen, nur weil sie eine Mutter sei. Daraufhin pries Gandhi die Mutterliebe als eine der edelsten Formen der Liebe. Seine bildliche Vorstellung von der Mutterschaft ist die von Säuglingen, die an einer nie versiegenden Mutterbrust nuckeln. In einem Brief, in dem er eine Erklärung dafür lieferte, warum die *Gita,* das heilige Buch der Hindus, als Mutter bezeichnet werde, schwärmte er:

Sie wurde mit der heiligen Kuh verglichen, der Spenderin aller Begierden. Deshalb wird sie Mutter genannt. Nun, diese unsterbliche Mutter gäbe uns alle Milch, die wir als spirituelle Nahrung brauchen, wenn wir uns ihr nur als Säuglinge nähern und an ihr saugen würden. Mit ihrem unerschöpflichen Euter ist sie imstande, alle ihre Millionen von Säuglingen zu versorgen.
Bei meiner Arbeit mit den Harijan [Unberührbare] inmitten von Verleumdungen, Entstellungen und augenscheinlichen Enttäuschungen, spendet mir ihr Schoß Trost, er bewahrt mich davor, in den Abgrund der Verzweiflung zu fallen.[148]

Ein Teil seines Bollwerks, mit dem er die Illusion von der Einheit mit dem mütterlichen Körper aufrechterhielt, bestand in der Entsexualisierung und Idealisierung der Frau sowie in der ausschließlichen Beachtung ihrer nährenden Aspekte. Der andere Teil bestand aus seinen Bemühungen, auf die Gabe der sexuellen Begierde zu verzichten und seiner eigenen Männlichkeit abzuschwören. Hier muß ich anmerken, daß die hinduistische Vaishnava-Kultur, in der Gandhi aufwuchs und der er immer tief verbunden blieb, die weiblichen Neigungen des Mannes nicht nur billigt, sondern sogar auf die Ebene eines religiös-spirituellen Ideals erhebt. Für die frommen Vaishnavisten ist Lord Krishna der Mann, alle seine Anhänger gelten ungeachtet ihres Geschlechts als Frauen. Gandhis Erklärung, er sei geistig zur Frau geworden, er beneide die Frauen, und es gebe für einen Mann ebensoviele Gründe für den Wunsch, als Frau geboren worden zu sein, wie es sie für die Frauen im umgekehrten Sinn gebe, stieß bei seinen Zuhörern deshalb auf offene Ohren.
Wenn es nach Gandhi ginge, würde die Schönheit der Frau in Kunst und Dichtung kaum gefeiert:

Man hat mir erzählt, unsere Literatur sei voller übertriebener Vergötterungen der Frauen. Diese Vergötterung ist ganz und gar falsch. Ich möchte nur eine einfache Tatsache anführen. In welchem Licht seht ihr sie, wenn ihr über sie schreibt? Ich schlage vor, daß ihr sie euch als eure eigene Mutter vorstellt, bevor ihr zur Feder greift. Ich verspreche euch, dann wird die keuscheste Literatur aus eurer Feder fließen, wie ein wunderschöner Regen, der vom Himmel fällt und die durstige Erde tränkt. Erinnert euch daran, daß eine Frau eure Mutter war, bevor sie eure Gattin wurde.[149]

Obwohl Gandhis ersehnte Feminisierung ihrem Ursprung nach defensiv war, läßt sich nicht verleugnen, daß sie auch anpassungsfähige Elemente entwickelte. Gandhis mehr oder weniger bewußte Erforschung der mütterlichen Verhaltensweisen und der weiblichen Aspekte in seinen Handlungen wurden unter anderem von Erik Erikson kommentiert.[150] Trotz seiner starken Inanspruchnahme durch die Öffentlichkeit hat er sich mit mütterlicher Fürsorge um seine Anhänger gekümmert, er war ängstlich um ihre Gesundheit und ihr Wohlbefinden besorgt. Seine Betreuung konnte sogar so weit gehen, daß er sich nach ihrem täglichen Stuhlgang erkundigte.[151] Er hat seine mütterlich-feminine Art – Neckereien, auf die Probe stellen, Leiden auf sich nehmen usw. – auch auf seinen politischen Stil und seine militant-gewaltlosen Aktionen ausgedehnt.

Wir haben gesehen, daß Gandhi die hochverehrte Einheit mit dem Mütterlich-Femininen nicht immer aufrechterhalten konnte, daß sie oft von der phallischen Begierde bedroht wurde. Die in seinen Briefen und Schriften bezeugte zwanghafte Beschäftigung mit der Ernährung diente nicht nur dem Aufbau von physiologischen Barrieren gegen die Begierde, sondern auch der Verstärkung seiner psychologischen Abwehr und damit der Stärkung seiner spirituellen Waffen. Anders gesagt: Gandhi lebte die «orale Grundphantasie» aus, indem er sich mit der Nahrung (und ihrer Ausscheidung) beschäftigte, und indem er körperlichen Stoffen psychologische Qualitäten zuordnete. Der Psychoanalytiker Donald Winnicott beschrieb das so: «Wenn ich hungrig bin, denke ich ans Essen, wenn ich esse, denke ich an die Nahrungsaufnahme. Ich überlege mir, was ich in mir behalten will, ich überlege mir, was ich loswerden will, und ich überlege mir, wie ich es loswerde». Das zugrundeliegende Thema ist die Einheit mit der Mutter.[152] Gandhis zahlreiche Experimente mit Nahrungsmitteln und die mengenmäßige Beschränkung – als wollte er eine «Erotisierung» der Eingeweide vermeiden, verzichtete er im Alter völlig auf Milch – scheinen Teil einer unbeabsichtigten, intuitiven Bestrebung zu sein, die Vereinigung mit der Mutter wiederzuerlangen.

Gandhis Frauenbeziehungen und die dadurch hervorgerufenen Leidenschaften waren also vielschichtiger, als er sie in seinen inbrünstigen Bekenntnissen dargestellt hat. Auch ein Rückgriff auf die Hindu-Tradition mit ihren Erläuterungen und Rezepten für «Diagnose und Heilung» vermag die Tiefe seines Innenlebens, den Ursprung seiner Begierden, nicht angemessen auszuleuchten. Die Konflikte, die ihn von allen Seiten bedrängten, kleidete er in moralische Begriffe, wie man sie sowohl aus dem Christentum wie auch aus der klassischen Psychoanalyse kennt; er kämpfte gleichzeitig mit der Göttin der Sehnsucht und dem Gott der Begierde. Analog zu einer bekannten indischen Metapher, wonach eine der beiden Brüste der Frau für ihr Kind, die andere für ihren Mann bestimmt sei, könnte man sagen, Gandhis unbewußter Wechsel von der einen Brust zur anderen sei nicht immer erfolgreich verlaufen. Er war trotz allem ein Mann. Die Sinnlichkeit, die er aus seiner tief empfundenen Einheit mit der mütterlichen Welt schöpfte und mit der er den Tod herausforderte, hat ihn mit Energie versorgt. Sie beflügelte seine transzendenten Bestrebungen, und sie hat ihn auf dem Weg zu einem befreiten Geist vorangetrieben, von dem Indien und die ganze Welt profitiert haben. Wir haben aber auch gesehen, daß er während seines ganzen Lebens immer wieder schwere emotionelle Krisen durchmachte, daß er seiner inneren «Güte» und «Kraft» beraubt wurde, sobald diese – in ihren Ursprüngen wie in ihrer Gesamtheit – illusorische Verbindung unterbrochen wurde.

Am 11. April 1929 schrieb Girindrasekhar Bose, Gründer und erster Präsident der *Indian Psychoanalytic Society* an Freud einen Brief über die von ihm festgestellten Unterschiede zwischen indischen und westlichen Patienten in der Psychoanalyse:

Selbstverständlich erwarte ich nicht von Ihnen, daß sie meine Deutung der Ödipus-Situation ohne weiteres akzeptieren. Ich will die Bedeutung der Kastrationsangst bei europäischen Patienten nicht verleugnen; ich bin der Meinung, die Kastrationsangst sei deshalb so einflußreich, weil sie mit dem Wunsch verbunden ist, weiblich zu sein [Freud hatte Bose in einem Brief freundlich dazu ermahnt, die Kastrationsangst nicht zu unterschätzen]. Der wahre Kampf besteht im Verlangen, gleichzeitig männlich und weiblich zu sein. Ich habe bereits auf die Tatsache hingewiesen, daß die Kastrationsangst in der indischen Gesellschaft sehr verbreitet ist, daß die Symptome bei meinen indischen Patienten aber nicht so ausgeprägt sind wie bei den europäischen. Der Wunsch, eine Frau zu sein, läßt sich bei indischen Patienten leichter aufdecken als bei europäischen... Die Ödipusmutter erscheint sehr oft als eine Kombination beider Elternteile, dies ist ein sehr wichtiges Faktum. Ich habe Grund zur Annahme, ein großer Teil der Motivation hinter der mütterlichen Gottheit lasse sich auf diese Ursache zurückführen.

Freuds Antwort ist höflich und diplomatisch:

Ich bin über den Unterschied der Kastrationsreaktion zwischen indischen und europäischen Patienten äußerst beeindruckt, und ich verspreche, meine Aufmerksamkeit weiterhin auf den von ihnen akzentuierten Wunsch nach dem Gegensätzlichen zu richten. Letzterer ist so wichtig, daß man nicht übereilt urteilen sollte.[153]

In einer anderen Schrift, in der Bose näher auf seine Beobachtungen eingeht, erklärt er diese anhand seiner Theorie über die Wünsche nach dem Gegensätzlichen:

In meiner Analyse indischer Patienten habe ich nie einen Fall erlebt, bei dem der Kastrationskomplex in der Form auftrat, wie sie von europäischen Beobachtern beschrieben wird. Das scheint darauf hinzudeuten, daß die Kastrationsidee ein Resultat der Umwelt ist, die sich auf eine eher primitive Tendenz im Patienten auswirkt. Die unterschiedlichen sozialen Umgebungen von Indern und Europäern sind für die unterschiedlichen Ausdrucksformen verantwortlich. Üblicherweise wird davon ausgegangen, für den Komplex sei die Kastrationsangst der frühen Kindheit als Folge einer bestimmten Verletzung direkt verantwortlich, aber die Geschichten indischer Patienten scheinen dies zu widerlegen.[154]

Bose sagt weiter, die vom europäischen Verhalten abweichenden Reaktionen der Inder auf die extrem verbreitete Kastrationsangst – die bei Mädchen als eine Bedrohung durch Schlangen auftritt – sei darauf zurückzuführen, daß indische Kinder nackt aufwachsen (Knaben bis zum neunten oder zehnten, Mädchen bis zum siebten Lebensjahr). Somit würde der Unterschied zwischen den Geschlechtern niemanden überraschen. Hinter der Kastrationsidee, die in Träumen symbolisch als Enthauptung, als Schnitt in einen Finger oder als Schmerz in irgend einem Körperteil erscheint, stehe die «Vorstellung, eine Frau zu sein».

Tatsächlich: Wenn man frühe indische Fallgeschichten liest, ist man von der Flüssigkeit der gegengeschlechtlichen und elterlichen Identifikation beeindruckt. Die Phantasie von der Übernahme der sexuellen Attribute beider Elternteile scheint bei indischen Patienten einen verhältnismäßig leichteren Zugang zum Bewußtsein zu haben. So beschreibt Bose einen Anwalt in den mittleren Jahren, der bezüglich seiner Eltern manchmal «eine aktive männliche Geschlechterrolle übernahm, in der er beide unbewußt als Frauen behandelte, und manchmal nahm er – besonders gegenüber seinem Vater – eine weibliche Haltung ein und sehnte sich nach einem Kind von ihm. In der männlichen Rolle identifizierte er sich manchmal mit seinem Vater und hatte ein sexuelles Verlagen nach seiner Mutter. Bei anderen Gelegenheiten konstruierte sein Unbewußtes eine Verbindung beider Elternteile, auf die männliche sexuelle Bedürfnisse gerichtet wurden. Aus dieser

Haltung heraus ließ er seinen Vater im Traum ein Kind gebären, als wäre dieser eine Frau.»[155]
Ein anderer junger Bengali fühlte jedesmal mit halluzinatorischer Intensität, wie sein Penis und seine Hoden verschwanden und durch weibliche Genitalien ersetzt wurden, sobald er an einen bestimmten Mann dachte. Während des Stuhlgangs glaubte er die gebieterische Stimme seines Guru zu hören, der ihn fragte: «Hast du mir schon ein Kind gemacht?» In vielen seiner Träume erschien er selber als Mann, sein Vater und seine Brüder hingegen als Frauen. Während des Geschlechtsverkehrs mit seiner Frau verband er sich die Augen mit einem Taschentuch, um so das Gefühl zu bekommen, er sei eine verschleierte Braut. Dabei stellte er sich vor, sein Penis sei der seines Vaters, und dessen Penis sei zusammen mit der Vagina seiner Frau die Vagina seiner Mutter.[156]
Bei meiner Arbeit habe ich im indischen Geistesleben Muster entdeckt, die mit den von Bose entdeckten große Ähnlichkeit haben (ich habe seine vor fünfzig Jahren entstandenen Arbeiten bis vor kurzem nur vage gekannt). Das ist um so erstaunlicher, da wir unterschiedliche emotionelle Vorlieben, analytische Stile, Schwerpunkte, geographische Standorte und historische Situationen haben. Diese Übereinstimmung bestärkt mich in meinem von jedem praktizierenden Analytiker geteilten Glauben, daß es bei der Darstellung unseres Innenlebens keine absolute Willkür gibt. Die Existenz eines überdauernden «Etwas» läßt sich nicht verleugnen, eines Etwas, das sich nur als «körperliche Wirklichkeit» beschreiben läßt, die vom Analytiker und vom Patienten gemeinsam entdeckt wird und der sie gemeinsam eine Bedeutung geben.
Ich möchte die Allgegenwart und Vielseitigkeit der Vorstellung, eine Frau zu sein, und die Einbettung dieser Phantasie in die mütterlichen Konfigurationen von Familie und Kultur in Indien anhand meiner eigenen Beobachtungen erläutern. Mein Hauptargument besteht darin, daß die beherrschende Erzählung der Hindu-Kultur – was die männliche Entwicklung angeht – weder mit Freuds Ödipus noch mit dem Adam des Christentums etwas zu tun hat. Eine der wichtigsten Erzählungen handelt von Devi, der großen Göttin, insbesondere von ihren vielgestaltigen Erscheinungsformen als Mutterfigur im Innenleben der Hindu-Söhne.

Zumindest in Indien besteht eine Hauptaufgabe der Psychoanalyse – der Wissenschaft von der Imagination, oder, wie Wallace Stevens sagt, der «Wissenschaft von der Illusion», oder sollte man sie Mayalogie[157] nennen? – darin, daß man sich mit der Göttin *Mahamaya,* der «Großen Illusion», beschäftigt. Es ist nicht meine Absicht, die Bedeutung der mächtigen Mutter in der westlichen Psychoanalyse zu verleugnen oder zu unterschätzen. Ich möchte nur darauf hinweisen, daß gewissen Formen des Mütterlich-Weiblichen in den indischen Mythen und in der indischen Psyche eine wichtigere Bedeutung zukommt als ihren westlichen Entsprechungen. Ich möchte meine Betrachtung mit der Schilderung der ersten fünfzehn Minuten einer analytischen Sitzung beginnen.

Der Patient ist ein sechsundzwanzigjähriger Sozialarbeiter, der seit drei Jahren in der Psychoanalyse ist. Er kommt viermal wöchentlich, jede Sitzung dauert fünfzig Minuten und wird in klassischer Manier geführt, das heißt, der Patient liegt auf der Couch und der Analytiker sitzt hinter ihm auf einem Stuhl. Der Patient kam nicht wegen irgendwelcher akuter Probleme in die Analyse, sondern weil er dachte, diese würde ihn beruflich weiterbringen. In der hier beschriebenen Sitzung beginnt er mit einer Phantasie, die er beim Busfahren hatte. Sie handelt von einem Eingeborenenstamm, der im Dschungel lebt und bei dem die Toten nackt in die Bäume gehängt werden. Der Patient – nennen wir ihn M. – stellte sich eine wunderschöne Frau vor, die in einem der Bäume hing. Er stellte sich vor, wie er nachts zum Baum geht und mit ihr Geschlechtsverkehr hat. Andere Mitglieder des Stammes essen die Körperteile anderer Leichen, die im Baum hängen. Diese Phantasie wird unmittelbar von der Erinnerung an ein Ereignis des Vorabends abgelöst. M. war im Haus seiner Eltern zu Besuch. Er wohnte dort, bis er vor kurzem heiratete und einen eigenen Hausstand gründete. Dieser Umzug war für ihn schmerzlich, zudem ist er in seinen Kreisen unüblich, denn normalerweise leben die Söhne mit ihren Frauen im Haus der Eltern. Gleichzeitig mit M. war auch eine ältere Kusine mit ihrem dreijährigen Sohn zu Besuch. Die ängstliche Aufmerksamkeit, die seine Mutter und die Großmutter dem Knaben widmeten, hat M. irritiert. Die Großmutter sagte dem Kleinen ständig, er dürfe nicht außerhalb des Hauses spielen, er dürfe nicht zu weit weggehen usw. Auf meine Bemerkung, er würde sich vielleicht in dem kleinen Neffen wiedererkennen, reagierte M. mit ungewöhnlicher Heftigkeit: «Ja, mich haben die Frauen [seine Mutter, seine Großmutter und seine Tanten, die bei ihnen wohnten] auch immer so behandelt.»

Anhand dieser ersten fünfzehn Minuten aus einer Sitzung mit M. möchte ich seine Konflikte rund um die mütterlichen Stellvertreterinnen aufzeigen und sie mit den zentralen Mutter-Konfigurationen der indischen Kultur verweben. Die Besonderheit dieses Vorhabens bringt es mit sich, daß das weitere Material aus M.'s Analyse einer «erzählerischen Glättung» unterliegt.[158] Eine Fallgeschichte steht immer auf der Grenze zwischen Fakt und Fiktion, auch wenn sie sich als wahre Geschichte ausgibt. Ihre fiktiven Qualitäten beruhen allerdings weniger auf einem Engagement der Imagination als auf einer mangelhaften Wiedergabe der Realität.

M. wurde in einer Familie der unteren Mittelschicht in einem großen Dorf in der Nähe von Delhi als Ältester von drei Brüdern und zwei Schwestern geboren. Seine weit in die Kindheit zurückreichenden Erinnerungen werden von der mütterlichen Phalanx der vier Frauen durchdrungen. Wie seine Mutter, die sich in seinen frühesten Erinnerungen deutlich im mütterlich-weiblichen Kontinuum abzeichnet, um dann von ihm absorbiert zu werden, taucht auch M. oft aus der Weiblichkeit auf und zieht sich wieder in sie zurück. In der Transferenz ist die Phantasie, eine Frau zu sein, nicht sehr beunruhigend. Das gleiche gilt für die Phantasie, als Säugling an einer Brust zu saugen, die er sich auf meiner stark behaarten Brust vorstellte. Eine seiner frühesten Erinnerungen handelt von einer Frau, die an den Penissen der kleinen Knaben zupfte, wenn sie auf der Straße spielten. M. hatte nie Angst, wenn die Frau an seinen Penis faßte. Er mochte es sogar, weil es ihm bestätigte, daß er einen Penis hatte.

M. wurde immer von einer der Frauen gebadet, angezogen, gekämmt und liebkost, womit seine Wünsche und Bedürfnisse schon befriedigt waren, bevor er sie überhaupt äußern konnte. Er wurde ständig gefüttert, besonders mit den indischen, mit Milch hergestellten Süßigkeiten. Auch heute noch wird er bei seinen Besuchen zu Hause von einer der Frauen zuerst gefragt, was er essen möchte. In der Analyse gab es eine lange

Periode, in der er der Meinung war, meinen Interventionen mangle es an mütterlichem Einfühlungsvermögen. Nach solchen Sitzungen war er gestreßt, und er war gezwungen, sich vor der Heimkehr in einem Restaurant mit Süßigkeiten vollzustopfen.

Abgesehen von der Allgegenwart der Frauen sind mir an M.'s früher Kindheit vor allem die Schlafgewohnheiten seiner Familie und der damit verbundene Körperkontakt aufgefallen. Dieser läßt sich zum Teil auf die engen Wohnverhältnisse indischer Familien zurückführen, bei denen kaum an eine Privatsphäre zu denken ist, geschweige denn an den Luxus getrennter Eltern- und Kinderzimmer. Aus dieser Zeit hat M. eine Erinnerung, die ihn besonders beunruhigt. Er schlief wegen der Hitze mehr oder weniger nackt und hatte einen Arm oder ein Bein um den mütterlichen Körper geschlungen. Sein Penis war erigiert und berührte das Gesäß der schlafenden Mutter. Es widerstrebte ihm, sich abzuwenden, gleichzeitig kämpfte er gegen Scham- und Verlegenheitsgefühle an, weil er Angst hatte, die Mutter könnte aufwachen und seine verbotene Berührung bemerken. Später, im Jugendalter, wurde die Mutter durch Kusinen ersetzt, die auf Besuch kamen. Sie schliefen gemeinsam auf Matratzen, die in einem Zimmer oder auf dem Dach ausgebreitet wurden, sie rieben ihre Körper heimlich aneinander, und es kam zu gelegentlichen Berührungen der Geschlechtsteile, während die anderen Mitglieder der Großfamilie schliefen.

Das Eingebettet-Sein in diesen glückseligen Überfluß an mütterlichen Leibern und ausschweifenden Berührungen ist für M. ein Alptraum. Seit seiner Kindheit hat M. oft im Schlaf geschrien, weil ihn eine düstere, verschwommene Gestalt einzuhüllen drohte. Dann mußte ihn der Vater jeweils wecken und ihm versichern, daß alles in Ordnung sei. Erst danach konnte er sich soweit fassen, daß er weiterschlafen konnte. Abgesehen davon war der Vater – ein freundlicher, zurückhaltender Mann, der morgens früh zur Arbeit ging und erst spät nachts wieder heimkehrte – eine undeutliche Gestalt, die sich an der Peripherie des lebhaften Familienlebens bewegte.

In der allerersten Sitzung seiner Analyse sprach M. über einen sexuellen Zwang, der ihm peinlich war. Er bestand darin, daß M. in überfüllten Bussen fuhr und dabei versuchte, sich im

Mittelgang stehend gegen die Hüften einer beliebigen rundlichen Frau in den mittleren Jahren zu pressen. Für die daraus resultierende Erregung war es ausschlaggebend, daß sie ihm den Rücken zukehrte. Sobald sie sich umdrehte und M. anschaute – der sich darüber bewußt war, daß man seine Begierde in seinem Blick erkennen konnte –, ging seine Erektion sofort zurück und er machte sich beschämt davon. Auch nach der Heirat war sein Verlangen oft dann am größten, wenn seine Frau beim Schlafen auf der Seite lag und ihm den Rücken zukehrte. Mit wachsender Erregung hat er sich dann an ihr gerieben, und er wollte sie lieben, solange sie noch nicht ganz wach war. Wenn ihm die Frau aber andeutete, daß sie mit Begeisterung an der Übung teilnehmen wollte, hatte M. oft einen vorzeitigen Orgasmus, oder seine Erektion schrumpfte vorzeitig zusammen.

Diese Ausschnitte aus M.'s Fallgeschichte machen deutlich, wie eng sein Verlangen mit den trägsten Körperteilen der Frau, nämlich den Hüften und dem Gesäß, verbunden ist. Anders gesagt: seine Begierde verlangt zur Befriedigung eine sexuell inaktive, ein «tote» Frau. Die Phantasie von der Leiche, mit der M. in der Nacht Geschlechtsverkehr hat, hat ihre Wurzeln sowohl in der Angst vor der mütterlichen Sexualität wie auch in seinem Zorn über die Beschränkungen, denen sein Entdeckungsdrang durch die Frauen unterlag. Ich habe M.'s Fall allerdings nicht deshalb ausgewählt, weil er aus der psychoanalytischen Perspektive von Interesse sein könnte. Die Wahl hat mit dem zentralen Thema des Falles zu tun, insbesondere mit den verschiedenen Pfaden der Imagination, die M. angesichts der vielen Hindernisse beschreiten muß, wenn er seine idealisierte Beziehung zum mütterlichen Körper aufrechterhalten will. Dieses Thema und die phantasierten Lösungen für die gestörten Mutter-Sohn-Beziehungen wiederholen sich in indischen Patienten- und Lebensgeschichten noch und noch. So gesehen ist Boses Bemerkung über die «Vorstellung, eine Frau zu sein» der indischen Patienten nur ein spezieller Beitrag zu einem umfassenderen Theroem. Der Wunsch, eine Frau zu sein, ist eine Antwort auf den Konflikt, der das Aufbrechen der vom Sohn phantasierten Verbindung zur Mutter bedroht, eine Antwort, deren Zugang zum Bewußtsein durch die kulturelle Einstellung gegenüber sexuellen Abweichungen und der Durchlässigkeit der geschlechtlichen Abgrenzung erleichtert wird. Wenn Gandhi öffentlich erklärt, er sei geistig eine Frau geworden, oder wenn er in Unkenntnis von Karen Horney und anderen Abweichlern von der orthodoxen Analytikermeinung dieser Zeit über den Neid des Mannes auf die Gebärfähigkeit der Frau sagt: «Es gibt für einen Mann ebenso viele Gründe für den Wunsch, als Frau geboren worden zu sein, wie es sie für die Frauen im umgekehrten Sinn gibt», findet er deshalb bestimmt ein verständnisvolles und empfängliches Publikum.[159]

In Indien findet sich dieses Thema sowohl in persönlichen Geschichten wie auch in mythischen Erzählungen, von denen beide stärker mit der Kultur verwoben sind als im Westen. In offensichtlicher Umkehrung westlicher Muster dienen die traditionellen indischen Mythen weniger zur intellektuellen und ästhetischen Befriedigung der Mythologen, als vielmehr zur emotionellen (Wieder-) Erkennung der anderen; sie sind eher für den Patienten als für den Analytiker gedacht. Die Mythen Indiens sind nicht Teil eines vergangenen Zeitalters. Sie sind keine «gespeicherten Fragmente aus dem infantilen Seelenleben einer Rasse», wie sie Karl Abraham genannt hat.[160] Es sind auch keine «Spuren infantiler Phantasien ganzer Nationen, profane Träume einer jugendlichen Menschheit», wie Freud meinte.[161]

Indische Mythen sind von pulsierendem Leben erfüllt, ihre symbolische Kraft ist intakt, sie sind ein kulturelles Idiom, eine Sprache, die dem Individuum bei der Erschaffung und Integration seiner Innenwelt hilft. Populäre, bekannte Mythen stellen Parallelen zur Kindererziehung und zu den Strukturen und Werten der Familienbeziehungen dar. Ihre Form entspricht den wichtigsten psychologischen Konstellationen der Kultur, und sie werden ständig durch die subjektive Erfahrung erneuert und aktualisiert.[162] Dank dem mythologischen Idiom ist die Mythologisierung einer Psychoanalyse – wie etwa derjenigen des Patienten M. – fast so einfach wie die Analyse eines Mythos, und es ist fast so bequem, psychische Konflikte in einer mythologischen Modus zu erörtern wie in einem fallgeschichtlichen Erzählmodus.

Bereits früher habe ich die These aufgestellt, daß die Mythen von Devi, der Großen Göttin, eine beherrschende Erzählung der Hindu-Kultur darstellen. Es gibt Hunderte von Mythen, die von ihren verschiedenen Manifestationen handeln. Hier gilt mein Interesse der Göttin als Mutter, insbesondere als Mutter von Ganesha und Skanda. Bevor ich M.'s Erzählung in einen Zusammenhang mit der größeren, kulturellen Geschichte bringe, möchte ich darauf hinweisen, daß ich dazu die diversen Versionen der Mythen, wie sie in den traditionellen Texten und in der modernen Folklore erscheinen, ausgelassen habe (die gehören ohnehin in die Domäne der Mythologen und Folkloreforscher). Stattdessen habe ich ihre bekanntesten volkstümlichen Versionen ausgewählt.

Die Popularität der Gottheiten Ganesha und Skanda, die im psychologischen Sinn zwei verschiedene Kindheitstypen des indischen Sohnes repräsentieren, ist unbestreitbar. Ganesha, der «Beseitiger von Hindernissen» und «Gott aller Anfänge» wird von den Hindus wahrscheinlich am meisten bewundert. Ikonographisch wird er als Kleinkind mit einem Kugelbauch, einem Elefantenkopf und nur einem Stoßzahn dargestellt; auf den «Familienporträts» mit seiner Mutter Parvati und seinem Vater Shiva erscheint er als kleines Kind. Sein Abbild, ob in Stein gehauen oder farbig auf Papier gedruckt, ist allgegenwärtig, es erscheint in Tempeln, Wohnungen, Läden, in Schreinen am Straßenrand, auf Kalendern. Ganeshas jüngerer Bruder Skanda (Kartikkeya) hat seine eigene Gefolgschaft, besonders in Südindien, wo er außerordentlich beliebt ist und unter dem Namen Murugan oder Subramanya verehrt wird. Im Gegensatz zu Ganesha ist Skanda ein anmutiges Kind, ein Jugendlicher von schlanker Gestalt und großen Taten; analytisch betrachtet nimmt er die phallische Position ein.

Ganeshas und Skandas Mythen enthüllen je einen Teil von M.'s Innenleben. Von Ganesha wird oft gesagt, er sei Parvatis alleinige Schöpfung. Diese wünschte sich ein Kind, doch Shiva verweigerte sich ihrem Vorhaben, deshalb erschuf sie ihn aus dem Schmutz und dem Schweiß ihres Körpers, den sie mit einer Salbe vermischte. Wie in M.'s Phantasien über seine Weiblichkeit, ist auch Ganesha nicht einfach der Sohn seiner Mutter, vielmehr enthält er ihre ureigene Essenz. Obwohl M. zweifellos ebenso männlich ist wie Skanda, wird er in die mütterliche Welt der indischen Großfamilie eingebettet. Auch Skanda ist der Sohn mehrerer Mütter. Der Same seines Vaters

Shiva war so mächtig, daß er nicht von einer einzigen Frau ausgetragen werden konnte, sondern von Schoß zu Schoß wanderte, bis Skanda geboren wurde. M.'s heißhungriger Konsum von Süßigkeiten, mit dem er sein Wohlgefühl wiedererlangt, findet in Ganeshas Appetit nach *Modakas* (süßen Weizen- oder Reisknödeln) eine Parallele. Diese werden ihm von seinen Verehrern in großen Mengen geopfert, sie «wissen», daß der Gott nie satt ist, daß sich sein Bauch so schnell entleert, wie er gefüllt wurde.[163]
Genauso wie der fette Gott lechzt auch M. nach Süßigkeiten. Sie sind die Rettungsleine, die ihn mit der Mutterbrust verbindet. Seine Sehnsucht nach dem Körper der Mutter ist trotz vorübergehender Besänftigungen letztlich dazu verdammt, unerfüllt zu bleiben. M. gleicht Ganesha im weiteren auch darin, daß er aus der Kindheit die Fähigkeit und den Willen mitbekommen hat, sich aktiv für andere einzusetzen.
In der Dramatisierung von M.'s Problemen bezüglich der Mutter, die durch seine entwicklungsbedingte Entdeckungslust und die wachsenden Andeutungen seiner biologischen Identität als Mann gekennzeichnet sind, spielen Ganesha und Skanda die Hauptrollen. Eine Version, die in Südindien und Sri Lanka bekannt ist, lautet so:

Eine Mango trieb den Strom hinunter, und die Mutter Uma (Parvati) sagte, wer am schnellsten rund ums Universum reiten könne, werde die Mango bekommen [in anderen Versionen werden *Modakas* oder Frauen versprochen]. Skanda bestieg seinen goldenen Pfau und ritt ums Universum. Aber Ganesha, der auf einer Ratte saß, war schlauer. Er dachte sich: «Was könnte meine Mutter damit gemeint haben?» Darauf umkreiste er seine Mutter, verehrte sie und sagte: «Ich habe mich um mein Universum bewegt.» Ganesha bekam die Mango. Als Skanda zurückkehrte, wurde er wütend und forderte die Mango für sich. Aber bevor er sie bekommen konnte, hatte Ganesha schon hineingebissen und sich dabei einen seiner Stoßzähne abgebrochen.[164]

Skanda und Ganesha verkörpern zwei gegensätzliche Wünsche des älteren Kindes kurz vor der Ödipusphase. Es wird hin- und hergerissen zwischen einem starken Drang, unabhängig und autonom zu handeln, und einem ebenso starken Drang, in die einhüllende mütterliche Geborgenheit zurückzukehren. Skanda gibt dem Drang nach Individuation und Unabhängigkeit nach, wofür er sowohl bestraft wie auch belohnt wird: einerseits wird er aus der freigiebigen Gegenwart der Mutter verbannt, andererseits erhält er die Aussicht auf ein Funktionieren als Erwachsener, als potenter Mann. Ganesha hingegen ißt die Mango, was als eine Rückkehr zur Mutterbrust betrachtet werden kann (die Mango gilt in Tamil Nadu allgemein als eine Analogie zur Brust).[165] Er bleibt ein Kind, und als Konsequenz verliert er einen Stoßzahn und damit seine potentielle Männlichkeit. Aber auch Ganesha wird belohnt, und zwar indem ihm die schmerzliche Trennung von der Mutter und die Verzweiflung über deren Abwesenheit erspart bleiben. Daß Ganeshas Schicksal über das von Skanda gestellt wird, ist vielleicht ein Hinweis auf die Vorliebe des indischen Mannes in bezug auf das Dilemma zwischen Trennung und Individuation. Er steht voll hinter dem Wunsch seiner Mutter, sich nicht von ihr zu trennen, sich nicht aus der gemeinsamen Anima zu individualisieren.[166]

Wie wir gesehen haben, sehnt sich M. oft nach Ganeshas Situation, und in seiner Phantasie kehrt er häufig dahin zurück. Damit wird das Problem der Aufrechterhaltung der phallischen Begierde gegen die überwältigende innere Präsenz der Großen Mutter allerdings nicht auf Dauer gelöst. Anders erging es Skanda: nachdem er den Dämon Taraka getötet hatte, der die Götter terrorisierte, wurde die Göttin ihrem Sohn gegenüber nachgiebig und erlaubte ihm, sich nach Herzenslust zu amüsieren. Er wurde eigensinnig und seine Wollust war grenzenlos. Er liebte die Frauen der Götter, und die Götter konnten ihn nicht aufhalten. Nachdem sie sich bei der Göttin beschwert hatten, entschloß sie sich, immer die Gestalt der Frau anzunehmen, die Skanda gerade verführen wollte. Skanda näherte sich einer Götterfrau nach der anderen, aber er sah in jeder nur seine Mutter, und deshalb verlor er seine Leidenschaft. Schließlich sagte er sich: «Meine Mutter ist überall im Universum» und blieb für immer ledig.[167]

Auch M. verlor jeweils seine Leidenschaft, sobald sich ihm eine der mütterlichen Frauen im Bus zuwandte. Er wählte aber nicht das Zölibat, sondern versuchte an der Begierde festzuhalten, indem er den sexuellen Aspekt der Mutter, den unteren Teil ihres Rumpfes, der seine Potenz bedrohte, abtötete. Darüber hinaus wird die eingebildete sexuelle Überwältigung durch die Mutter, der sich das Kind nicht gewachsen sieht und die es fürchten läßt, von ihren dunklen Tiefen verschluckt zu werden, von M. nicht in Gestalt deutlicher Phantasien erlebt, sondern in wiederkehrenden Alpträumen, aus denen er schreiend erwacht.

Ich habe die Spuren der mächtigen, sexuellen Mutter in den Hindu-Mythen, im Volksglauben, in Sprichwörtern, Symptomen und in der rituellen Verehrung der Göttin in ihren furchterregenden, wilden Formen an anderer Stelle detailliert beschrieben.[168] Deshalb werde ich hier nur eine der bekannteren Mythen von Devi erzählen, deren ikonographische Darstellung in Skulpturen und Gemälden weit verbreitet ist, um mit Hilfe der mythischen Sprache des Konkreten, Bildhaften und Symbolischen einiges von der Furcht und der panischen Angst zu vermitteln, mit denen das Kind dieses spezielle Mutterbild erlebt.

Der Dämon Mahisasura hatte alle drei Welten erobert. Er verliebte sich in die Göttin und teilte ihr seinen Wunsch in einer Botschaft mit. Devi antwortete, sie würde nur denjenigen als ihren Ehemann akzeptieren, der sie im Kampf besiegte. Mahisasura trat mit einer riesigen Armee und einer umfangreichen Ausrüstung aufs Schlachtfeld. Devi kam allein auf ihrem Löwen angeritten. Die Götter waren erstaunt, sie ohne jegliche Rüstung und nackt zur Schlacht reiten zu sehen. Devi stieg vom Löwen und begann zu tanzen. Im Rhythmus ihres Tanzes hackte sie mit ihrem Schwert die Köpfe von Abermillionen von Dämonen ab. Den Tod vor Augen, verwandelte sich Mahisasura in einen Elefanten und versuchte zu entkommen. Devi schnitt ihm den Rüssel ab, worauf sich der Elefant in einen Büffel verwandelte, der ein so dickes Fell hatte, daß Devis Schwert und Speer wirkungslos waren. Verärgert sprang Devi auf den Rücken des Büffels und ritt auf ihm, bis er erschöpft war. Als die Widerstandskraft des Büffeldämonen gebrochen war, stieß Devi ihren Speer in sein Ohr, und Mahisasura fiel tot um.

Die Geschichte ist in ihrer Unmittelbarkeit so deutlich, daß die Omnipotenz und die sexuelle Energie der Göttin nicht weiter unterstrichen werden müssen. Das einzige Merkmal der Geschichte, das ich hervorheben möchte, und das sowohl in M.'s Fallgeschichte wie auch in den bisher erzählten Mythen fehlt, ist die mit Schwert und Speer bewaffnete Devi in der Rolle der phallischen Mutter. Im indischen Kontext geht es bei dieser Phantasie weniger um eine Ablehnung der Kastrationsangst als um die phallische Mutter als Verleugnerin der erwachsenen Vagina und des mit der Vagina verbundenen Unterlegenheitsgefühls, wie sie Chasseguet-Smirgel beschrieben hat.[169] Darüber hinaus sehe ich im Bild von der Göttin als Mann-Frau (oder hier von Shiva als *Ardhanarishwara,* halb Mann, halb Frau) für den Knaben eine Möglichkeit, seinen Wunsch, ein Mann zu werden, zu integrieren, ohne sich von der Mutter zu trennen und sich sexuell von ihr unterscheiden zu müssen; er kann die männlichen Geschlechtsattribute annehmen, ohne auf die weiblichen zu verzichten.

Der Mythos von Devi geht so weiter, daß sie ihren wilden Tanz auch dann noch fortsetzte, als sie den Büffeldämonen schon getötet hatte. Darüber waren die Götter beunruhigt und baten Shiva um Hilfe. Dieser legte sich auf den Rücken, und als die Göttin auf ihren Gatten trat, streckte sie vor Scham die Zunge heraus und hörte auf zu tanzen. Wie M.'s liebenswürdiger und irgendwie isolierter Vater, der den Alptraum als einziger bekämpfen konnte, betritt auch Shiva die Szene liegend, aber dennoch als Gefäß für die Energie und Macht der Großen Mutter. Der Vater mag also bescheiden und distanziert sein, aber er ist auch mächtig. Er wird zuerst als Verbündeter und Beschützer (oder sogar als Mit-Opfer) erlebt, erst später taucht er als Rivale auf. Auch die Rivalität gleicht in den populären indischen Mythen und in den meisten meiner Fallgeschichten nicht der von Ödipus, in dessen Mythos sich die Kraft aus der Schuld des Sohnes über einen phantasierten und schließlich unbewußt verübten Vatermord ableitet. Im indischen Kontext wird die Sehnsucht des Vaters nach allem, was dem Sohn gehört (einschließlich der Mutter) betont, und damit auch die Verfolgungsangst des Sohnes, die einen Hauptfaktor der Vater-Sohn-Beziehung darstellt. Diese wird so mit der Angst vor einer Tötung des Sohnes oder vor seiner Kastration als einer möglichen Lösung des Vater-Sohn-Wettbewerbs belastet. Shivas Enthauptung von Ganesha, der auf ausdrücklichen Wunsch seiner Mutter vor deren Tür wachte, während sie badete, und der Ersatz seines Kopfes durch den eines Elefanten, die Legenden von Bhishma und Puru, die der Sexualität entsagten, um ihre Zuneigung zum Vater aufrechtzuerhalten, sind nur zwei bekanntere Beispiele, die das oben Gesagte illustrieren.[170] Aber die Schicksale von Vätern, Söhnen, Familien und Töchtern sind besondere Geschichten – Geschichten, die noch erzählt, und Texte, die noch geschrieben werden müssen.

Kulturelle Vorstellungen, Männlichkeits- und Weiblichkeitsideale, die sich in Mythen manifestieren, durchdringen die tiefsten Erfahrungen des Selbst. Deshalb kann man nicht über eine «frühere» oder «tiefere» Schicht des Selbst sprechen, ohne die kulturellen Einflüsse zu berücksichtigen. Da die Psychoanalyse eine Tiefenpsychologie ist, taucht sie tief, aber sie taucht im selben Gewässer, in das auch die kulturellen Flüsse münden. Weil die Psychoanalyse mit Vorliebe aus dem Zentrum westlicher Mythen heraus arbeitet, weil sie in Europas *Mahamaya* eingeschlossen ist – das von den alten griechischen Mythen bis zu den «Illusionen» der Erleuchtung reicht –, kommt sie kaum dazu, den tieferen Einfluß der Mythen anderer Kulturen auf das Selbst von innen heraus zu erforschen.

Die Fragen nach dem Wie dieses Prozesses hängen mit der größeren Frage nach der Beziehung zwischen den inneren und äußeren Welten zusammen, die von ewigem psychologischem und philosophischem Interesse sind. Ich habe keineswegs die Absicht, diese Fragen in aller Länge zu erörtern. Ich möchte nur darauf hinweisen, daß der starke Einfluß der Kultur auf die Entwicklung des Identitätsgefühls – modern ausgedrückt: auf die Konstruktion des Selbst – von den meisten Theoretikern unterschätzt wurde. Erik Erikson, der die Vision einer «Psychoanalyse, die kultiviert genug ist, daß sie die Umwelt mit einschließt» verfocht und mit wichtigen Beiträgen bereicherte, ist eine der wenigen Ausnahmen.[171] Freuds «Zeittafel», wonach die Kultur relativ spät im Leben als «Ideologie des Über-Ich» in die psychische Struktur eintritt, wurde von den Kalendermachern der Psyche weiterhin benutzt.[172]

Wie Janis Long gezeigt hat, befolgt nicht einmal Heinz Kohut die logischen Folgerungen seines Konzepts vom «Selbstobjekt»[173] genau. Dabei handelt es sich natürlich um die Aspekte des anderen, die in das Selbst eingegliedert und als Teil der eigenen Subjektivität erfahren werden. Auch Kohut folgt Freud, wenn er von einem «kulturellen Selbstobjekt» im späteren Leben spricht, das zum Teil aus kulturellen Idealen abgeleitet wird, und das zur Erhaltung der Integrität und Vitalität des individuellen Selbst beiträgt.[174] Der Begriff des Selbstobjekts, der weitergeht als die Vorstellung von einer losen Verbindung zwischen dem Selbst und seiner Umwelt, beinhaltet eine umweltprägende Wirkung auf das Werden des Selbst. Er schließt mit ein, «was und wie die Eltern mit ihrem Kind schon im frühesten Stadium kommunizieren, und was sie für vorbildhaft halten.»[175] Mit anderen Worten: Das Verständnis, das ein Erzieher von einem und für ein Kind hat, und das Einfluß und Erkenntnis in idealer Weise vereinigt, ist in großen Teilen kulturell; es bildet für das Kind die Grundlage zur Selbsterkenntnis. Die Vorstellung, wonach Entwicklung und Erfahrung des Selbst von allem Anfang an stark durch die Kultur beeinflußt werden, impliziert nicht, daß zwischen individuellen Gesichtern und kulturellen Masken kein Unterschied besteht, daß es zwischen den inneren und äußeren Welten keine Grenzen gibt. Psychoanalyse und Literatur beziehen einen großen Teil ihrer erzählerischen Kraft aus der Spannung zwischen diesen beiden Bereichen. Ich möchte hier einzig unterstreichen, daß diese Grenze weder zeitlich noch im psychischen Raum festgelegt werden kann. Sie ist dynamisch und mobil, sie unterliegt ständigen Veränderungen.

Dieses Buch hat die Rollen der Schauspieler veranschaulicht, die am indischen Drama der Geschlechter beteiligt sind. Jedes Kapitel war sozusagen eine Reportage vom Drehort, ein Bericht über die intimen Beziehungen und wie diese von den Akteuren wahrgenommen und definiert werden. Die tonangebenden, orthodoxen Gesellschaftswissenschaften haben solche persönlichen Aussagen während langer Zeit verächtlich als «subjektiv» bezeichnet. Sie betrachteten persönliche Gefühle, Wünsche und Ängste mit Vorliebe als Nebenerscheinungen größerer Kräfte, die den Genen, der Kultur und der sozialen oder geschlechtlichen Arbeitsteilung innewohnen. Damit konnten die Konflikte zwischen den Geschlechtern durch eine der vielen Modetheorien erklärt werden: Genetisch programmierte Eigenschaften, Patriarchales System, Produktionsmethode usw.[176]

Es war die Absicht dieser Studie, eine Konzeptualisierung indischer Geschlechterbeziehungen mit solchen abstrakten Begriffen und damit die Überobjektivierung des menschlichen Verhaltens zu vermeiden. Stattdessen habe ich versucht, das persönliche und geschichtliche Wesen der Geschlechterbeziehungen hervorzuheben. Deshalb habe ich die Geschichten in einer Weise interpretiert, die der zweiten, den meisten Gesellschaftstheorien anhaftenden Schwäche nicht unterliegt: der fehlenden Würdigung der Sexualität und des Irrationalen in den menschlichen Angelegenheiten.

Wie die verschiedenen Beispiele aus Erzählungen, Filmen, Volkssagen, Autobiographien und Fallgeschichten belegen, werden die Geschlechterbeziehungen eher von Feindseligkeiten angetrieben als von Zärtlichkeit und Liebe. Die Phantasien, die jedes Geschlecht gegenüber dem anderen hegt, werden ebenso stark von Angst und Haß durchdrungen wie von Sehnsucht und Verlangen. Dies hat zum Teil mit dem ureigenen Wesen des erzählerischen Vorhabens zu tun. Eine Geschichte, die unsere Aufmerksamkeit erregt und unsere Phantasie fesselt, ohne daß es zwischen Held und Heldin zu Konflikten kommt, kann man sich nur schwer ausdenken. Irgendwo im Verlauf der Geschichte müssen sich Männer und

Frauen mißverstehen, mißtrauen oder einander verletzen, auch wenn der dabei entstehende Abgrund nur vorübergehend ist und später wieder überbrückt wird. Geschichten, in denen sich die Liebenden in einem seligen Paradies tummeln, wo die Ruhe nicht einmal durch eine Schlange gestört wird, und Dramen, in denen die Paare in völliger Harmonie ohne die kleinste Erschütterung leben, sind begreiflicherweise eine Seltenheit.

Abgesehen von den erzählerischen Notwendigkeiten läßt es unsere kulturelle Konditionierung nicht zu, daß wir die Existenz einer grundsätzlichen Feindschaft zwischen den Geschlechtern akzeptieren. Nur ihrer Reproduktion zuliebe muß jede Gesellschaft die positiven Aspekte dieser grundlegendsten aller menschlichen Beziehungen betonen. Die offiziellen Repräsentanten einer Kultur, die Verteidiger und Sentimentalisten ihrer Tradition müssen gezwungenermaßen affirmative Beispiele hochhalten. In Indien zum Beispiel wurden die Bilder der *Pativrata*-Frau und des *Ardhanarishwara*-Paares als der Geschlechterbeziehung innewohnende Wirklichkeit hingestellt. Man neigt dazu, Feindschaft und Zorn als pathologische Episoden abzutun, als vermeidbare Erscheinungen, die kein integraler Bestandteil des sexuellen Dramas sind und die der Mann-Frau-Verbindung nicht innewohnen.

Dabei wissen wir aus der Psychoanalyse, daß das sexuelle Verlangen, das Männer und Frauen in der erhofften Erfüllung einer zeitlosen Sehnsucht zueinander zwingt, noch ein anderes, dunkleres Gesicht hat. In der Begierde fließt alles zusammen: das Verlangen des Körpers und seine Gewalttätigkeit, das Sehnen des Geistes nach sexuellem Vergnügen und sein Bedürfnis, alte Schmerzen und schädliche Haßgefühle loszuwerden, der erregende Orgasmus und die hämische Freude über die Besitzergreifung.[177] Das Streben nach sexueller Vergnügung und spiritueller Vereinigung wird immer von Selbstsucht, Zerstörung und Ambivalenz begleitet. In der Vereinigung der Geschlechter erleben wir eine Verletzung der Körpergrenzen, auch wenn wir uns nichts sehnlicher wünschen, als diese zu überschreiten. Wir haben Angst, die Sexualität könnte die instabile Ordnung bedrohen, die wir während unseres Wachstums aufgebaut haben – obwohl wir uns eigentlich nach deren Auflösung, nach dem wahren

Mahabhava («das großartige Gefühl») sehnen, das uns nicht nur die kleinen Freuden und die paar Tröpfchen Vergnügen bringt, die wir unserer inneren Ordnung abringen können, sondern Ekstase und Verzückung.

Es ist deshalb kein Wunder, daß Theorien über die Geschlechterbeziehungen – besonders in bezug auf die Unterdrückung der Frauen – an den Zweideutigkeiten und Ambivalenzen der Sexualität scheitern. Die in vielen Gesellschaften unterdrückten Frauen können mit keiner ausgebeuteten Gruppe verglichen werden, etwa mit den Schwarzen in Südafrika oder der Kaste der Unberührbaren in Indien. Schwarze und Weiße, niedrige und hohe Kasten müssen sich nicht mit den bewußten und unbewußten Nöten eines Verlangens herumschlagen, das sowohl ein Versprechen auf Selbst-Steigerung und sogar auf Transzendenz wie auch eine drohende Desintegration des Selbst beinhaltet. Genausowenig brauchen sie einander, um, wie es Plato in seinem Kommentar zum Mythos über den Ursprung der Geschlechter gesagt hat, «unser ursprüngliches Wesen zu vereinigen, aus zweien eins zu machen, den Zustand des Menschen zu heilen.»[178]

Um auf die indischen Geschlechterbeziehungen zurückzukommen: Wir haben beim Ausloten der Phantasien von Männern und Frauen einen gemeinsamen Unterbau gefunden. Hier nun scheinen die Ähnlichkeiten, mit denen sich die Geschlechter innerhalb der Kultur und unter den Kulturen wahrnehmen, die Unterschiede zu überwiegen, zumindest was die patriarchalen Gesellschaften betrifft. Diese Universalität geht auf unsere Kindheit zurück, als wir entdeckten – und mit den diesbezüglichen Ängsten und Wünschen kämpften –, daß wir entweder dem einen oder dem anderen Geschlecht angehören – wie unsere geliebten und gehaßten Erzieher und Geschwister auch. Anders gesagt, die universellen, gemeinsamen Merkmale in der dargestellten Fusion von Fakt, Phantasie und Folklore, die von den Männern als «Frau» und von den Frauen als «Mann» bezeichnet wird, haben einen gemeinsamen körperlichen Ursprung, sie sind aus meiner psychoanalytischen Perspektive relativ unabhängig.

Universalität heißt nicht Uniformität. Es gibt so etwas wie globale «Schwärme» menschlicher Sehnsüchte und Ängste, von denen die verschiedenen Kulturen bestimmte Elemente stärker akzentuieren als andere. In Indien zum Beispiel hat die dominierende Hindu-Kultur eine eigene «Marke» der sexuellen Mythologie geschaffen, indem sie in ihren Erzählungen bestimmte Phantasien besonders unterstreicht. Die Mutterschaft betrachtet man deshalb in allen patriarchalen Gesellschaften als wichtigsten, wenn nicht sogar als einzigen Grund für die Existenz der Frau, während die Bedeutung der Vaterschaft für den Mann ironischerweise heruntergespielt wird. Auch die Hindus teilen diese weitverbreitete Ansicht, mit der versucht wird, das Bild von der Frau als einem sexuellen Wesen mit dem Mutter-Bild zu überblenden. Aber während dieser Überblendung – und dies ist das hervorstechendste Merkmal der männlichen Phantasie in Indien – taucht das kombinierte Bild der *sexuellen Mutter* auf. Wie wir gesehen haben, stellt sie in der männlichen Wahrnehmung der Frau eine überwältigende Erscheinung dar, von der die Gefahr ausgeht, daß man ihr sowohl die Genitalien wie auch das Selbst abtreten muß. Sie durchdringt Gandhis Qualen und spielt in Krankengeschichten, Mythen und in populären Erzählungen eine große Rolle.

Die «untreue Mutter» mit ihren etwas undeutlicheren Merkmalen folgt der sexuellen Mutter auf den Fersen. In der Geschichte von der Schlangenfrau haben wir einen ihrer berühmten Auftritte erlebt, aber ihr Antlitz läßt sich auch in anderen Erzählungen und in den Sprichworten und Aussprüchen der alten Gesetzgeber ausmachen. Mit ihrem Willen oder Unwillen, sich dem «Vater» sexuell hinzugeben, ist sie die universelle Verräterin der ersten Liebe und der ursprünglichen Leidenschaft des Knaben. Seit über acht Jahrzehnten ist sie die Lieblingsheldin der psychoanalytischen Geschichten, es gibt nichts mehr über sie zu sagen und wir müssen uns hier nicht länger mit ihr aufhalten.

Mit der Furcht vor der sexuellen und der Wut gegenüber der untreuen Mutter wird in den angeführten Geschichten in einer ganz bestimmten Weise umgegangen. Man könnte auch sagen, die Kultur habe eine Vorliebe für bestimmte Abwehrmechanismen. Während die Vorstellung von der Frau als einer gefährlichen Feindin, die gewaltsam unterdrückt oder deren Existenz durch eine frauenfeindliche Hinwendung zur Männerwelt völlig verleugnet werden muß, in den Patriarchaten zur Genüge verbreitet ist, scheint die indische Phantasie einer speziellen Verteidigungsart den Vorzug zu geben. Es handelt sich um die Entsexualisierung des Selbst oder der Frau. Beim ersteren wird versucht, der Wahrnehmung des sexuellen Unterschiedes in asketischen Schwärmereien abzuschwören, oder indem man sich in die Passivität eines Säuglings an der Mutterbrust flüchtet. Beim letzteren wird die Frau (wie z.B. in den Hindi-Filmen) entsexualisiert, indem man sie in einen mütterlichen Roboter, eine Verteilerin von Gefühlsbreien oder in eine androgyne Jungfrau verwandelt.

Ähnlich teilen auch die Frauen in unseren Geschichten viele Charakteristiken mit ihren Ebenbildern anderer patriarchaler Gesellschaften. Frauen aller Gesellschaftsschichten protestieren in ihren Familien gegen eine Sozialisierung, die sie auf die Rolle als Mutter und Hausfrau beschränkt. Wie in den Eheszenen der nordindischen Romane findet in den Haushalten ein ständiger Kampf um die Verteilung der Mächte zwischen den Geschlechtern statt. In der von der sexuellen Phantasie benützten Metapher reißt die Frau den Phallus aus, das Symbol der männlichen Macht, oder sie erschafft sich durch ihr männliches Kind, das sie sich deshalb erwünscht und dem sie später ihre ganze Zuneigung widmet, einen eigenen Phallus.

An der Phantasie der indischen Frau, wie sie in den Erzählungen geschildert wird, erstaunt mich allerdings nicht so sehr ihr flammender Zorn, sondern ihre schmerzliche Enttäuschung. Ihre Imagination wird offensichtlich von der Sehnsucht nach einem Zwei-Personen-Universum angetrieben (die Frauen aus den Slums nennen es *Jodi*), in dem ihr weiblicher Körper Bestätigung und ihre feminine Seele Anerkennung findet. Die Sehnsucht ist auf einen idealisierten Phallus gerichtet, der bei der Konsolidierung ihrer weiblichen Identität als «transitionales Objekt» dient. Nur im Vorbeigehen möchte ich noch einmal auf das zurückkommen, was bereits früher gesagt wurde: Ich vermute die Wurzeln dieser Sehnsucht in den Interaktionen des Mädchens mit den erwachsenen Männern der Familie, besonders mit dem Vater. Wie wir wissen, hängt das sexuelle Erwachen des Mädchens zu einem großen Teil von der verführerischen Aufmerksamkeit ab, die ihr der Vater schenkt. Dieser kann je nach Familientypus von einer einzelnen Person oder von der Gesamtheit der Männer repräsentiert werden. Der Vater hat die Aufgabe, dem Mädchen die Anerkennung ihrer Weiblichkeit durch die Männerwelt innerhalb der vom Inzesttabu festgelegten Grenzen bewußt zu machen. Dies gilt besonders für die verschiedenen kritischen Entwicklungsphasen, also zum Beispiel die frühe Kindheit oder die Jugendzeit.[179] Ohne diese «normale Verführung» kann das Verlangen der Tochter gehemmt werden. Wenn sich der Vater allerdings abwendet oder sich sonst irgendwie aus dem Leben des Mädchens entfernt, nachdem er anfänglich ein erotisch gefärbtes Interesse gezeigt hat, wird sie der permanenten Erfahrung einer normalen Vater-Tochter-Beziehung beraubt, die ihr geholfen hätte, den Vater allmählich zu entsexualisieren. Ein Gefühl der Zurückweisung ihrer Erotik und eine Fixierung auf das erwachte, frühkindliche Verlangen nach dem väterlichen Phallus sind nur zwei Konsequenzen, die in der Psyche der Frau einen Bereich der Verletzlichkeit schaffen.

Die Struktur der Geschlechterbeziehungen, besonders die Vater-Tochter-Beziehung in den höheren Hindu-Kasten, verschafft dieser besonderen Entwicklung im Leben der Frau eine breitere kulturelle Bedeutung. Sobald sie vier oder fünf Jahre alt ist, entzieht sich der Vater zunehmend der Interaktion mit seiner heranwachsenden Tochter, um sich beim Eintreten der Pubertät völlig von ihr abzuwenden. Dies führt dazu, daß das Mädchen schon in jungen Jahren von der Gemeinschaft der Frauen übernommen und an diese angepaßt wird. Dadurch wird sie zwar von den Erniedrigungen abgeschirmt, die von der patriarchalen Ordnung ausgehen, aber sie wird auch vom Vater isoliert. Dies wiederum steigert ihre Sehnsucht nach dem idealisierten väterlichen Phallus, die sich zum Beispiel in den bedrohlichen Vergewaltigsszenen durch die Vaterfiguren in den Filmen äußert.

Wenn man die Frage nach ihren Ursprüngen beiseite läßt, wird durch die Geschichten sehr deutlich, daß die Gefühle der Frauen gegenüber den Männern – im Gegensatz zu den Phantasien der Männer über die Frauen, die von Furcht und Schrecken durchdrungen sind – zum großen Teil von Wut und Enttäuschung beherrscht werden.

Zum Schluß tun wir gut daran, uns zu erinnern, daß die Saga über die intimen Beziehungen in der indischen Kultur– oder in diesem Fall diejenige aller Kulturen – viele Aspekte hat. Die hier erzählte, nüchterne und düstere Version, in der der Traum von der Intimität zu einem Alptraum und die geschlechtliche Vereinigung von Mann und Frau zu einem sexuellen Schlachtfeld wird, ist in erster Linie eine psychoanalytische Geschichte. Als solche ist sie nur ein Baustein jenes imposanten und geheimnisvollen Gebäudes, das wir Liebe nennen, und das für unsere Seele wichtiger ist als die Gebäude aus Stroh und Lehm, aus Ziegelsteinen und Mörtel, die wir für unsere Körper bauen.

Anmerkungen

1 Richard Shweder und N. Munch, *Determination of Meaning: Discourse and Moral Socialization* (University of Chicago, 1985, unveröffentlicht).
2 Margaret T. Egnor, *The Ideology of Love in a Tamil Family* (Hobart and Smith College, 1986, unveröffentlicht).
3 Oliver Sacks, *The Man Who Mistook His Wife for a Hat* (Harper and Row, 1987), 147.
4 ebenda, 148.
5 Robert Goldman, *The Serpent and the Rope on Stage,* (Journal of Indian Philosophy 14, 1986), 149-69.
6 In Devi Bhâgvata sagen die Termiten zu Brahma: «Nidrâbhagah kathâchedo/Dampatyo pritibhedanam/Sisimâtrivibhedasca Brahmâtyasamam smrtam» (Jemanden im Schlaf zu stören, eine Geschichte zu unterbrechen, einen Ehemann und eine Ehefrau oder die Mutter vom Kind zu trennen – das alles ist gleich schwerwiegend wie das Töten eines Brahmanen). Zitiert in Vettam Mani, *Puranic Encyclopaedia* (Motilal Banarsidas, Delhi, 1985), 183.
7 John A. Robinson und Linda Hawpe, *Narrative Thinking as Heuristic Process in Narrative Psychology,* Hrsg. T. Sarbin (Praeger, New York, 1986), 123.
8 A. MacIntyre, *After Virtue* (Notre Dame, Ind., 1981), 201.
9 Siehe Robert S. Wallerstein, *Psychoanalysis as a Science* (Psychoanalytic Quarterly 55, 1986), 414-51; M. Sherwood, *The Logic of Explanation in Psychoanalysis* (Academic Press, New York, 1986).
10 Donald Spence, *Psychoanalytic Competence,* (International Journal of Psychoanalysis 62, Nr. 1 1981), 113-24.
11 Für eine ausgezeichnete Zusammenfassung der Objekt-Beziehungs-Theorie vgl. J. R. Weinberg und S. Mitchell, *Object Relations in Psychoanalytic Theory* (Harvard University Press, Cambridge, 1982).
12 Meredith Anne Skura, *The Literary Use of Psychoanalytic Process* (Yale University Press, New Haven, 1981), 178.
13 Für eine von Lacan beeinflußte, neue und interessante Annäherung vgl. Peter Brooks, *Reading for the Plot,* Knopf, New York, 1984).
14 Meredith Anne Skura, *The Literary Use of Psychoanalytic Process* (Yale University Press, New Haven, 1981).
15 Dale Boesky, *Correspondence with Miss Joyce Carol Oates,* (*International Review of Psychoanalysis* 2, 1975), 482.
16 Rajinder Singh Bedi, *Ek Chadar Maili Si* (Neelam Prakashan, Allahabad, 1961).
17 Margaret T. Egnor, *The Ideology of Love in a Tamil Family* (Hobart and Smith College, 1986, unveröffentlicht), 112-13.
18 Für eine Sammlung ind. Sprüche über Frauen vgl. *Bharatiya Kahawat Sangraha,* Bd. 2, Hrsg. von V. O. Narvane (Triven Sangam, Pune, 1979), 641-51.
19 *Rig Veda* 10.145 und 10.159. Hrsg. F. Max Mueller (Oxford University Press, London), 1890-92.
20 *Rig Veda,* 10.18.8.

21 *Ramayana,* 3.57.17. Hrsg. G.H. Bhatt et al. (Oriental Institute, Baroda), 1960-75.

22 Meine Erfahrungen über die tatsächlichen und potentiellen sexuellen Intimitäten von Frauen mit den jüngeren Brüdern ihrer Gatten werden von mindestens einer empirischen Studie gestützt. Behere und Natraj haben herausgefunden, daß fast die Hälfte aller Männer mit vorehelichen Beziehungen mit der Frau des älteren Bruders Verkehr hatten. Siehe P.B. Behere und G.S. Natraj, *Dhat* Syndrome: *The Phenomenology of a Culture-bound Syndrome* (*Indian Journal of Psychiatry* 26, Nr. 1, 1984), 76-78.

23 Krishna Sobti, *Mitro Marjani* (Raj Kamal Prakashan, New Delhi, 1967).

24 Sigmund Freud, *A Special Type of Choice Made by Men,* (Hogarth Press, London, 1952), Bd. 2, 163-76. Nachfolgend als *Standardausgabe* bezeichnet.

25 *The Laws of Manu,* 3.56, Hrsg. F. Max Mueller, übersetzt von G. Buehler (Clarendon Press, Oxford, 1886), 85.

26 Ebenda, 9.26, 332.

27 Ebenda, 9.3, 328.

28 Ebenda, 9.11, 329.

29 Ebenda, 9.12.

30 Ebenda, 9.14, 330.

31 Ebenda, 9.15.

32 9.17.

33 Ebenda, 9.20.

34 *Bharatiy Kahawat Sangraha,* Bd. 2.

35 *The Laws of Manu,* 3.47

36 D.W. Winncott, *The Family and Individual Development* (Tavistock, London, 1965), 40. Siehe auch *The Subjection of Women* (1869) von John Stuart Mill.

37 G. Lakoff und M. Johnson, *Metaphors We Live by* (Univ. of Chicago Press, Chicago, 1980).

38 Über den Einfluß von den in Filmen dargestellten Werten auf die indische Kultur vgl. Satish Bahadur, *The Context of Indian Film Culture* (National Film Archives, Poona, o.J.). Vgl. auch die verschiedenen Beiträge in *Indian Popular Cinema: Myth, Meaning, and Metaphor,* Sondernr. des *India International Quarterly* 8, Nr. 1 (1980).

39 Robert J. Stoller, *Perversion,* (Pantheon Books, New York, 1975), 55.

40 Sudhir Kakar, *The Inner World: A Psychoanalytic Study of Childhood and Society in India* (Oxford University Press, New Delhi, 1978), Kap. 3.

41 Arjun Appadurai und Carol Beckenridge, *Public Culture in Late Twentieth-Century India,* (University of Pennsylvania, Pittsburgh, 1986, unveröff.).

42 Vgl. Bruno Bettelheim, *The uses of Enchantment* (Knopf, New York, 1976).

43 Einige Filmtitel: *Junglee, Bees Saal Baad, Sangam, Dosti, Upkaar, Pukeeza, Bobby, Aradhana, Johnny Mera Nam, Roti Kapda aur Makan, Deewar, Zanjeer, Sholay, Karz, Muqaddar Ka Sikandar* und *Ram Teri Ganga Maili.*

44 Wendy O'Flaherty, *The Mythological in Disguise: An Analysis of Karz* in *Indian Popular Cinema,* 23-30.

45 Sudhir Kakar und John M. Ross, *Tales of Love, Sex, and Danger* (Unwyn Hyman, London, 1987), Kap. 3.

46 J. A. B. von Buitenen, *The Mahabharata* (University of Chicago Press, Chicago), 453.
47 Die psychologischen Auswirkungen der Modernisierung wurden erläutert in: E. James Anthony und C. Chiland (Hrsg.), *The Child in his Family: Children and Their Parents in a Changing World* (John Wiley, New York 1978).
48 Martha Wolfenstein und Nathan Leites, *Movies: A Psychological Study* (Free Press, Glencoe, Ill., 1950).
49 Joyce McDougall, *Theatres of the Mind* (Basic Books, New York, 1986).
50 Vgl. Max Lüthi, *European Folktale: Form and Nature* (Institute for the Study of Human Issues, Philadelphia 1982), 4-10. Vgl. auch Kamil V. Zvelebil, *Two Tamil Folktales,* (Motilal Banarsidas, Delhi 1987), i-vii.
51 So gesehen handelt es sich bei dieser Erzählform auch um «Lehrgeschichten». Vgl. Arthur Deikman, *The Observing Self* (Beacon Press, Boston 1982), 153.
52 Sudhir Kakar, *The Inner Woorld: A Psychoanalytic Study of Childhood and Society in India* (Oxford University Press, Delhi 1978), 87 ff.
53 Robert P. Goldmann, *Fathers, Sons, and Gurus: Oedipal Conflicts in Sanskrit Epics (Journal of Indian Philosophy* 8, 1978), 325-92.
54 *Mahabharata Virataparva* 2:14. (Oriental Publishing, Kalkutta, o.J.).
55 Zvelebil, *Two Tamil Folktales,* 131-36. A. K. Ramanujan hat die volkstümliche Erzählung ‹The Serpent Lover› aus Karnataka veröffentlicht, die mit dem zweiten Teil mit der Erzählung über die Prinzessin identisch ist.
56 Siehe David Will, *Psychoanalysis and the New Philosophy of Science* (Internat. Review of Psychoanalysis 13, 1986), 163-74.
57 Siehe Manfred Lurker, *Adler und Schlange: Tiersymbolik in Glauben und Weltbild der Völker* (Tübingen 1983) und Balaji Mundkur, *The Cult of the Serpent: An Interdisciplinary Survey of Its Manifestations and Origins* (State University of New York Press, Albany, 1983).
58 Für eine zusammenfassende Erörterung der ödipalen und vor-ödipalen Bedeutungen des Schlangensymbols siehe Philip Slater, *The Glory of Hera* (Beacon Press, Boston 1966), 88 ff.
59 B. E. F. Beck und Peter J. Claus (Hrsg.), *Folktales of India* (University of Chicago Press, Chicago 1986), 27.
60 Bruno Bettelheim, *The Uses of Enchantment* (Knopf, New York 1976), 282-310.
61 Stuart Blackburn und A. K. Ramanujan (Hrsg.), *Another Harmony: New Essays in the Folklore of India* (University of California Press, Berkeley 1986), 14.
62 Oscar Lewis, *La Vida* (Vintage Books, New York 1968), xiii.
63 B. Bernstein, *Soziale Struktur und Sprachverhalten* (Amsterdam 1970).
64 *Mahabharata: Anusasana Parva* (Oriental Publishing, Kalkutta, o.J.), 325.
65 Erörterung der Jung'schen Vorstellung findet sich in R. M. Stein, *Coupling-Uncoupling: Bindung und Freiheit,* in: ‹Analytische Psychologie 14›, 1983, 1-14.

66 Keinz Kohut, *The Analysis of the Self* (International Universities Press, New York 1971).
67 Für eine psychoanalytische Sicht der Autobiographie vgl. Robert Steele, ‹Deconstructing Histories› in T.R. Sarbin (Hrsg.), *Narrative Psychology* (Praeger, New York 1986). Vgl. auch Erik H. Erikson, ‹In Search of Gandhi: On the Nature of Psychohistorical Evidence›, in *Daedalus* (Sommer 1968).
68 Über Nabokovs *Speak, Memory* vgl. die Erörterung von Sudhir Kakar und John Ross, *Tales of Love, Sex, and Danger* (Unwin Hyman, London 1987), Kap. 8.
69 M.K. Gandhi, *Satya na Prayoga athva Atma-Katha* (veröff. in der Übers. von Mahadev Desai mit dem Titel *The Story of My Experiments with Truth* , Navjivan Prakashan Mandir, Ahmedabad 1927), 10; nachfolgend als *Autobiography* bezeichnet.
70 Ebenda, 31.
71 V.S. Naipaul, *India: A Wounded Civilization* (Knopf, New York 1976), 102-6.
72 Gandhi, *Autobiography,* 75.
73 Ebenda, 69.
74 A.K. Ramanujan, ‹Hanchi: A Kannada Cinderella›, in A. Dundes (Hrsg.): *Cinderella: A Folklore Casebook* (Garland Publishing, New York 1982), 272.
75 M.K. Gandhi, *Bibi Amtussalam ke nam patra (Briefe an Bibi Amtussalam)* (Navjivan, Ahmedabad 1960), 70.
76 Gandhi, *Autobiography,* 91.
77 Ebenda, 205.
78 Pyarelal, *Mahatma Gandhi; The First Phase* (Sevak Prakashan, Bombay), 213.
79 Ebenda 207.
80 M.K. Gandhi, *The Collected Works of Mahatma Gandhi* (Publication Division, Government of India, Delhi 1958), Bd. 3, nachfolgend bez. *Collected Works.*
81 Ebenda, 208-9.
82 Gandhi, *Collected Works,* Bd. 5, 56.
83 M.K. Gandhi, *To the Women,* 194.
84 Gandhi, *To the Women,* 194.
85 M.K. Gandhi, ‹Yervada Mandir›, in *Selected Works,* (Navjivan, Ahmedabad 1968), Bd. 4, 220.
86 Ebenda.
87 M.K. Gandhi, ‹Hind Swaraj›, in *Collected Works.*
88 Millie G. Polak, *Mr. Gandhi: The Man* (Vora & Co., Bombay 1949), 63-64.
89 Gandhi, ‹Yarvada Mandir›, 223.
90 St. Augustine, *The Confessions,* (Modern Library, New York 1949), 227.
91 Ebenda, 228.
92 Gandhi, *Autobiography,* 324.
93 Ebenda, 210.
94 Ebenda, 501
95 Ebenda, 24.
96 St. Augustine, *Confessions,* 162.
97 Gandhi, *Collected Works,* Bd. 37, ‹Speech on the Birth Centenary of Tolstoi› (10. September 1928), 258.
98 Ebenda, 265.
99 Gandhi, *Autobiography,* 209.
100 Gandhi, *Collected Works* (1928), Bd. 37, 258.
101 Gandhi, *Collected Works* (1927-28), Bd. 36, Brief an Harjivan Kotak, 378.
102 Gandhi, ‹Ek Tyag›, in *Harijanbandhu,* 22.9.1935.
103 M.K. Gandhi, *Kumari Premaben Kantak ke nam patra*

(Briefe an Premaben Kantak, Navjivan, Ahmedabad 1960), 260-62.
104 Der beste Augenzeugenbericht über Gandhis Zeit in Bengalen stammt von N.K. Bose, seinem zwischenzeitlichen Sekretär, einem respektvollen Anhänger und sachlichen Beobachter: *My Days with Gandhi* (Nishana, Kalkutta 1953).
105 Ebenda, 52.
106 Ebenda, 189.
107 1942, inmitten einer anderen depressiven Phase, die auf die Gewaltätigkeiten der ‹Quit India›-Bewegung und den Tod seiner Frau im Gefängis folgte, hat er *Key to Health* überarbeitet. Darin schreibt er über diese Art der Selbstprüfung: «Einige Experimente haben nicht das Stadium erreicht, wo sie erfolgreich in die Öffentlichkeit getragen werden könnten. Ich hoffe, dies einmal tun zu können, sobald ihr Erfolg mich befriedigt. Ein Erfolg könnte das Erreichen von *Brahmacharya* erleichtern.» Vgl. *Selected Works*, Bd. 4, 432. Eine leidenschaftliche und erkenntnisreiche Erörterung dieser Experimente findet sich in Erik H. Erikson, *Gandhis Truth* (Norton, New York 1969), 404.
108 Gandhi, *Kumari Premaben Kantak ke nam patra*, 16.
109 Ebenda, 19.
110 Ebenda, 188.
111 Ebenda.
112 Ebenda, 39.
113 Ebenda.
114 Ebenda.
115 Ebenda.
116 Ebenda, 190.
117 Ebenda, 151.
118 Ebenda, 173.
119 Ebenda, 369.
120 Vgl. Mira Behn (Hrsg.), *Bapu's Letters to Mira* (1924-48) (Navjivan, Ahmedabad 1949), und *The Spirit's Pilgrimage* (Longman, London 1960).
121 Behn (Hrsg.), *Bapu's Letters to Mira*, 27-28.
122 Ralph Greenson, *The Technique and Practice of Psychoanalysis* (International Universities Press, New York 1967), 338-41.
123 Vgl. Martin Bergman, *Transference Love and Love in Real Life*, in J.M. Ross (Hrsg.), *Internat.Journal of Psychoanalytic Psychotherapy* 11 (1985-86), 27-45.
124 Behn (Hrsg.), *Bapu's Letters to Mira*, 42.
125 Ebenda.
126 Ebenda, 43.
127 Ebenda, 71.
128 Ebenda, 88.
129 Ebenda, 166.
130 Für eine sorgfältige Beschreibung einiger populärer physiologischer Ideen vgl. Swami Sivananda, *Mind: Its Mysteries and Control* (Divine Life Society, Sivanandanagar 1974), Kap. 28, und Swami Narayanananda, *The Mysteries of Man, Mind, and Mind-Functions* (Universal Yoga Trust, Rishikesh 1965), Kap. 19.
131 Gandhi, *To the Women*, 71.
132 G. Bose, *All or None Attitude in Sex*, in: *Samiska* 1, (1947), 14.
133 Wendy O'Flaherty, *Women, Androgynes, and other Mythical Beasts* (Unversity of Chicago Press, Chicago 1980), 45.
134 Vgl. Wendy O'Flaherty, *Asceticism and Eroticism in the Mythology of Siva* (Oxford University Press, London 1973), 55.
135 *Brahmavaivarta Purana*,

4.31, 4.32, 1.20, 4.33, 1.76; Übersetzung gekürzt aus O'Flaherty, *Asceticism and Eroticism in the Mythology of Siva,* 51.
136 Aus Edward C. Dimock, Jr., *The Place of the Hidden Moon* (Unversity of Chicago Press, Chicago 1966), 154.
137 Ebenda, 54.
138 Ebenda, 156.
139 Vgl. Ramchandra Gandhi, *Brahmacharya* (University of Haiderabad, 1981, unveröffentlicht), 26.
140 Thomas Mann, *Joseph and his Brothers* (Secker and Warburg, 1959), 719.
141 Sigmund Freud, ‹Civilized Sexual Morality and Modern Nervousness› (1908), *Standard Edition,* Bd. 9, 197.
142 St. Augustine, *The Confessions,* 165.
143 Gandhi, *To the Women,* 81.
144 Ebenda, 60.
145 Ebenda, 57.
146 Polak, *Mr. Gandhi,* 31.
147 Gandhi, *To the Women,* 28-29.
148 Behn (Hrsg.), *bapu's Letters to Mira,* 141.
149 Gandhi, *To the Women,* 102.
150 Erikson, *Gandhi's Truth.*
151 Ved Mehta, *Mahatma Gandhi and his Apostles* (Indian Book Co., New Delhi 1977), 13.
152 D.W. Winnicott, ‹Appetite and Emotional Disorder›, in *Collected Papers* (Tavistock Publications, 1958), 34.
153 T.C. Sinha, *Psychoanalysis in India, Lumbini Park Silver Jubilee Souvenir* (Calcutta 1966), 66.
154 G. Bose, ‹The Genesis of Homosexuality›, (1926), *Samiksa* 4, Nr. 2 (1950), 74.
155 G. Bose, ‹A New Theory of Mental Life‹, in:*Samiksa* 2 (1948), 158.
156 G. Bose, *The Genesis and Adjustment of the Oedipus Wish,* in: *Samiksa* 3, Nr. 1 (1949), 222-40.
157 Der Begriff wurde von Clifford Geertz an einem Symposium über Kultur und menschliche Entwicklung geprägt, das 1987 an der Universität von Chicago stattfand.
158 D.P. Spence, *Narrative Smoothing and Clinical Wisdom,* in T. Sarbin (Hrsg.), *Narrative Psychologiy,* New York 1986).
159 M.K. Gandhi, *To the Women,* (Hingorani, Karachi 1943), 194 und 28-29. Karen Horney, *The Flight from Womanhood: The Masculinity Complex in Women as Viewed by Men and Women,* in *Feminine Psychology* (Norton, New York 1967).
160 Karl Abraham, *Dreams and Myths: A Study in Race Psychology* (The Journal of Nervous and Mental Health Publishing Company, New York 1913), 72.
161 Sigmund Freud, ‹Creative Writers and Daydreaming›, in *Standard Edition,* Bd. 9, 152.
162 Gananath Obeysekere, *Medusa's Hair: A Study in Cultural and Personal Symbols* (Univ. of Chicago Press, Chicago 1981).
163 Paul B. Courtright, *Ganesha* (Oxford University Press, New York 1986), 114.
164 G. Obeysekere, *The Cult of Pattini* (Universitiy of Chicago Press, Chicago 1984), 471.
165 Margaret T. Egnor, *The Ideology of Love in a Tamil Family* (Hobart and Smith College 1984, unveröffentlicht).
166 Sudhir Kakar, *Psychoanalysis and Anthropology: A Renewed*

Alliance, Contributions to Indian Sociology 21, Nr. 1 (1987), 88.
167 *Brahma Purana,* 81.1-5.
168 Sudhir Kakar: *The Inner World: A Psychoanalytic Study of Childhood and Society in India* (Oxford University Press, New Delhi 1978).
169 J. Chasseguet-Smirgel, ‹Feminine Guilt and the Oedipus Complex›, in J. Chasseguet-Smirgel (Hrsg.), *Female Sexuality* (University of Michigan Press, Ann Arbor 1964), 94-134. Für traditionelle Betrachtungsweisen vgl. Sigmund Freud, ‹Fetishism›, *Standard Edition,* Bd. 23 (1924) und ‹Splitting the Ego in the Process of Defence›, *Standard Edition,* Bd. 23 (1940). Vgl. auch R.C. Bak, ‹The Phallic Woman: The Ubiquitous Fantasy in Perversions›, *The Psychoanalytic Study of the Child,* Bd. 23, 15-16.
170 Sudhir Kakar und John Ross, *Tales of Love, Sex and Danger* (Unwin Hyman, London 1987).
171 Erik H. Erikson, *Childhood and Society* (Norton, N. Y. 1950).
172 Sigmund Freud, *New Introductory Lectures on Psychoanalysis. Standard Edition,* Bd. 22 (1922).
173 Janis Long, ‹Culture, Selfobject, and the Cohesive Self›, präsentiert an den American Psychological Association Meetings, August 1986.
174 Heinz Kohut, *Self Psychologies and Humanities,* Hrsg. D. Strozier (Norton, New York 1985), 224-31.
175 Janis Long, *Culture, Selfobject, and the Cohesive Self,* 8.
176 Für eine ausführliche Erörterung dieser konzeptionellen Modelle vgl. A. Brittan und M. Maynard, *Sexism, Racism and Oppression* (Basil Blackwell, Oxford 1984).
177 Sudhir Kakar und John Ross, *Tales of Love, Sex, and Danger* (Unwin Hyman, London 1987).
178 Plato, *Symposium,* in *The Portable Plato* (Viking Press, New York 1950), 145.
179 Vgl. z.B. L.H. Tessmann, ‹A Note on the Father's Contribution to the Daughter's Ways of Loving and Working›, in S.H. Chath et al. (Hrsg.), *Father and Child: Developmental and Clinical Perspectives,* (Little Brown, Boston 1982), 219-38.